아침에 죽음을 생각했기에 나는 아직 살아있다.

2023년 가을 김 영민

KB097602

아침에는 죽음을 생각하는 것이 좋다

아침에는 죽음을 생각하는 것이 좋다

김영민

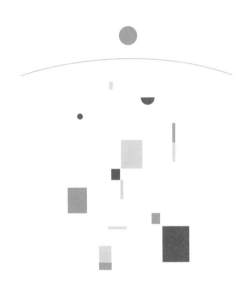

어크로스

나는 왜 아직 살아 있는가

태어난 사람은 누구나 죽는다. 너 나 할 것 없이 자기가 누울 관을 향해 낙하 중이다. 삶을 바라본다는 것은 낙하물을 바라보는 일과 같다. 수명이 긴 사람은 제법 높은 곳에서, 수명이 짧은 사람은 꽤 낮은 곳에서 예외 없이 떨어지는 중이다. 그런데 나는 왜 살아 있는가. 나의 머리가 아직 땅에 닿지 않았기 때문에 살아 있다.

아침에 눈을 뜬다. 신기하다. 독을 탔는지 확인하지 않고 밥을 먹었는데, 코앞의 땅이 무너질지 확인하지 않고 걸었는데, 안전 검사를 하지 않은 채 엘리베이터에 탔는데, 철근이 빠진 아파트 앞을 지나갔는데, 많은 이들이 지난 계절 재해로 죽었는데, 인구 감소를 막을 아무 대책도 내놓지 못했는데, 돌봄의 공백은 커져만 가는데, 거리에서는 칼부림이 벌어졌는데, 신앙을 공고히 하는 데 실패했는데, 희망을 훈련하는 데 게을렀는데, 나는 아직 살아 있다.

나는 왜 아직 살아 있는가. 무신경함을 이유로 적나라한 결점을 드러냈고, 참을 만하다는 이유로 알 수 없는 통증을 방치했고, 무력함을 핑계로 진부한 악들을 용인했고, 바쁘다는 핑계로 기약 없는 작별을 일삼았고, 한 번뿐인 인생이란 생각으로 분별없는 짓을 저질렀고, 어쩔 수 없다는 명분으로 어쩔 수 있는 일들을 어쩔 수 없게 만들었고, 그리하여 결국 이렇게 불완전한 사람이 되고 말았는데, 그랬는데, 나는 왜 아직 살아 있는가.

누군가의 도움으로 간신히 살아 있다. 누군가의 관용으로 아슬아슬하게 살아 있다. 누군가의 희생으로 고맙게도 살아 있다. 누군가의 기도로 가까스로 살아 있다. 누군가의 무관심으로 요행히 살아 있다. 누군가의 착각으로 다행히 살아 있다. 알 수 없는 행운으로 여전히 살아 있다. 관성에 의해 멈추지 않고 살아 있다. 생명체 본연의 힘으로 버티고 살아 있다. 그리고 아침에 죽음을 생각했기에 아직 살아 있다.

아침에 죽음을 생각하는 것은 아침에 직장 상사를 생각하는 것보다 낫다. 매출을 생각하는 것보다 낫다. 밀린 과제를 생각하는 것보다 낫다. 당일 스케줄을 생각하는 것보다 낫다. 공과금을 생각하는 것보다 낫다. 공인인증서를 생각하는 것보다 낫다. 부동산 투기를 생각하는 것보다 낫다. 재개발을 생각하는 것보다 낫다. 성과급을 생각하는 것보다 낫다. 선거운동을 생각하는 것보다 낫다. 엎질러진 물을 생각하는 것보다 낫다. 실패한 농담을 생각하는 것보다 낫다. 옛 애인을 생각하는 것보다 낫다. 원수를 생각하는 것보다 낫다.

아침에 죽음을 생각하는 것이 좋다. 노을을 보며 죽음을 두려워하는 것은 좋지 않다. 술잔을 앞에 놓고 죽음에 압도되는 것은 좋지 않다. 천장을 바라보며 죽음의 충동에 시달리는 것은 좋지 않다. 아침에 일어나 단련된 마음의 근육으로 죽음을 '생각'하는 것이 좋다. 프란츠 카프카는 "사람들이 무언가 사진 찍는 것은 그것을 정신에서 몰아내기 위해서다"라고 말한 적이 있다. 죽음에 대해 생각함으로써 죽음을 삶으로부터 몰아낼 수 있다. 삶을 병들게 하는 뻔뻔한 언어들과 번쩍이는 가짜 욕망들을 잠시 몰아낼 수 있다. 아침에 죽음을 생각함으로써 우리는 선진국에 대해서, 랭킹에 대해서, 입시에 대해서, 커리어에 대해서, 무분별한 선동에 대해서 잠시 생각하지 않을 수 있다. 아니, 그것들에 대해 좀 더 잘 생각할 수 있다.

나는 왜 아직 살아 있는가. 뜨거운 열기 속으로 지구는 자전 중이고, 오늘도 빙하는 녹아 사라지고, 사회의 폐허는 빠르게 모습을 드러내고, 인류의 분노는 조용히 폭주 중인데, 좋은 사람이 되겠다는 열망이 희박해진 이곳에서, 삶을 구원하겠다는 선전이 판치는 이곳에서, 타인의 삶을 넘겨짚어 증오하기 바쁜 이곳에서, 자기와 자기 가족만 애처롭게 생각하는 이곳에서. 갈수록 아이 낳기 꺼리는 이곳에서 나는 왜 아직 살아 있는가. 아침에 죽음을 생각했기에 나는 아직 살아 있다.

2023년 가을

김영민

아침에 죽음을 생각한 이들의 연대기

이 책에 "아침에는 죽음을 생각하는 것이 좋다"라는 제목을 붙이면서, 일찍이 죽음을 생각하라고 우리에게 권했던 선학先學들을 떠올렸다. 그들은 모두 인생의 지리멸렬함에 대해서 잘 알고 있었다. 부와 영광을 누릴 대로 누린 로마의 황제 마르쿠스 아우렐리우스 Marcus Aurelius는 인간의 조건에 대해 이렇게 말했다. "삶은 전쟁이고, 나그네가 잠시 머무는 곳이며, 죽고 나면 명성은 잊힌다." 소동파蘇東坡는 적벽赤壁에서 술잔을 기울이며 물었다. 그토록 용맹을 떨쳤던 일세의 영웅들은 지금 어디에 있는가固一世之雄也, 而今安在哉?

　이토록 부질없는 생인데도 불구하고, 아니 부질없는 생이기에, 우리는 평생 욕망으로 몸부림친다. 루크레티우스Titus Lucretius

Carus(로마의 시인이자 철학자)는 말했다. "우리는 없는 것을 바라고, 있는 것은 무시한다. ……삶은 그런 식으로 소진되며, 죽음은 예기치 못하게 다가온다." 이처럼 덧없는 욕망으로 인해 삶이 소진되기를 원하는가? 아니면 헛된 욕망으로부터 자유로워지기를 원하는가? 선학들은 말했다. 죽은 자에게 찬사는 아무 가치가 없다고.

그렇다. 죽은 자는 아무 말도 들을 수 없고, 아무것도 느낄 수 없기에 사후의 명성 따위는 당사자에게 가치가 없다. 마찬가지 이유에서 우리는 죽음을 슬퍼하거나 두려워할 필요도 없다. 죽은 자신에 대해 슬퍼할 자신은 더 이상 존재하지 않을 것이므로. 그리하여 장자莊子도, 몽테뉴Michel Eyquem de Montaigne도, 세네카Lucius Annaeus Seneca도, 루크레티우스도 입을 모아 말했다. 살아 있지 않음을 슬퍼하거나 두려워한다면, 태어나기 이전도 슬퍼하거나 두려워해야 한다고. 키케로Marcus Tullius Cicero는, 바위 위에 누군가 죽어 있다면, 그 죽은 사람보다는 차라리 바위가 더 고통받을 것이라고 말했다.

죽음을 두려워하지 않을 때, 우리는 비로소 죽음을 직면하고 죽음에 대해 생각할 수 있게 될 것이다. 잠시 후 모두 죽는다고 생각하면, 자신을 괴롭히던 정념으로부터 다소나마 풀려날 것이다. 평생 원했으나 가질 수 없었던 명예에 대한 아쉬움도 달랠 수 있을 것이다. 언제 죽을지 모르는 게 인생이라면, 영원히 살 것처럼 굴기를 멈출 것이다. 소소한 근심에 인생을 소진하는 것은, 행성이 충돌하는데 안전벨트를 매는 것과 다를 바 없다. 고등학교 시절 어느 선배는 노트에 썼다. 우리가 시한부 인생이라는 것을 깨닫는다면, 우리는 좀 더 다르게 살게 되겠지. 그래, 근심을 버리고 해야 할 일을, 하고 싶은 일을 하는 거다. 《위대한 개츠비》의 머틀은 스스로에게 다짐한다. "영원히 살 것도 아니면서. 영원히 살 것도 아니면서." 야마모토 쓰네토모山本常朝(일본 에도 시대 무사)는 아침부터 죽음을 각오하고 있어야, 무사로서 합당한 행동을 할 수 있다고 믿었다. 마르쿠스 아우렐리우스는 말했다. "당장 세상을 하직할 수 있는 사람처럼 행하고 말하고 생각하라."

그렇다면 우리는 죽음을 생각해야 한다. 묘지가 사람들의 생활공간 가까이에 있는 것은 죽음이라는 인간 조건을 잊지 않기 위해서라고 리쿠르고스Lycourgos(스파르타의 입법자)가 그토록 말했건만, 오늘날 사람들은 되도록 죽음을 외면한다. 묘지와 화장터는 혐오시설로 간주되고 부동산 가격을 떨어뜨린다. 그러나 몽테뉴는 죽음을 생각하지 않는 것이야말로 죽음이 주는 무서움에 대한 가장 한심한 대응이라고 말했다. "도대체 얼마나 바보이기에 사리를 못

보는 장님이 되려느냐!" 언제 어디서든 죽음을 떠올려보라고 권한다. "바늘에 조금 찔렸을 때, '그래 이것이 죽음이라면?' 하고 생각해보라."

현재 견딜 수 없는 고통 속에 있는 이에게는, 삶이 고해라고 생각하는 이에게는 죽음이야말로 차라리 해방일지 모른다. 로마의 칼리굴라 황제는 죄수가 감옥에서 자살이라도 할라치면 "저자는 내 손아귀를 벗어났다!"라며, 고문할 기회를 놓친 것을 아쉬워했다. 죽음조차 허락되지 않는 상태보다는 죽음이 나은 것이다. 로마의 오비디우스Publius Ovidius Naso는 자신이 비참해지기 전에, 여전히 한창일할 수 있을 때에 죽을 수 있기를 바랐다. "어떻게 죽건 간에, 한창일하는 도중에 죽을 수 있었으면." 호라티우스Quintus Horatius Flaccus는 노래했다. "기대치 않던 시간이 오는 것을 감사하라."

그러나 어쩌면 우리는 죽을 수조차 없다. 이미 죽어 있으므로. 살아가는 일은 죽어가는 일이므로. 그리하여 에픽테토스Epiktētos(로마 시대 철학자)는 말했다, 우리는 시체를 짊어지고 다니는 불쌍한 영혼들에 불과하다고. 부하가 이만 죽으러 가야겠다고 하자, 카이사르Gaius Julius Caesar는 이렇게 말했다. "스스로 아직 살아 있다고 여기는구나." 삶이 곧 죽음이라면, 그리하여 이미 죽어 있다면, 여생은 그저 덤이다.

그리하여 나는 어려운 시절이 오면, 어느 한적한 곳에 가서 문을 닫아걸고 죽음에 대해 생각하곤 했다. 그렇게 하루를 보내고 나면, 불안하던 삶이 오히려 견고해지는 것을 느꼈다. 지금도 삶의 기반이 되어주는 것은 바로 그 감각이다. 생활에서는 멀어지지만 어쩌면 생에서 가장 견고하고 안정된 시간. 삶으로부터 상처받을 때 그 시간을 생각하고 스스로에게 말을 건넨다. 나는 이미 죽었기 때문에 어떻게든 버티고 살아갈 수 있다고.

인생의 허무에 대해 누구보다도 명료한 언어로 이야기했던 루크레티우스는 어떤 여인이 건네준 사랑의 미약을 먹고 그만 미쳐버렸다고 전해진다. 그가 잠시 제정신이었을 때였을까. 그는 삶의 허무에 대해 이렇게 묘사한 적이 있다.

꽃다운 나이의 소녀들이

구멍 뚫린 그릇에,

어떻게 해도 채워질 수 없는 곳에,

물을 길어 붓네.

그러나 물이 흐르지 않으면, 아름다움도 없고, 이야기도 없는 법. 루크레티우스를 만나게 되면, 나는 일본 헤이안 시대 사카노우 에노 고레노리坂上是則의 노래를 들려줄 것이다.

단풍잎이 떨어져 물에 흐르지 않았다면

타츠타 강물의 가을을

그 누가 알 수 있었을까.

2018년 11월

김영민

차례

1 시간의 흙탕물 속에서

2 희미한 희망 속에서

3 고독과 이웃하며

4 이 세상 것이면서 이 세상 것이 아닌 것들에 대하여

5 찰나의 행복보다는 '소소한 근심'을 누리며 살기를 원한다

시간의
흙탕물 속에서

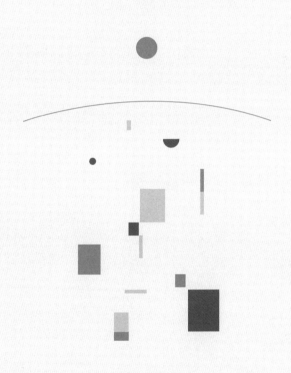

1

© KIMYOUNGMIN

"또 한 해가 가고 오네요."

"당신 나이가 되면 모든 게 선명해질까요?"

"아니요."

"그럼 더 혼돈스러워지나요?"

"그냥 빨리 흘러가요. 비 많이 왔을 때 흙탕물처럼."

아침에는 죽음을 생각하는 것이 좋다

아침을 열면서 죽음을 생각하는 것이 좋다. 얼굴에 비누를 가득 칠한 채 중얼거리는 거다. "나는 이미 죽었고 내가 속한 정치공동체도 이미 죽었다"라고. 무슨 말이지? 나는 멀쩡히 살아서 이렇게 세수를 하고, 정부는 어김없이 세금을 걷어가고, 국회 인사청문회에서는 변함없이 그다지 질이 높지 않은 쇼가 상연되고 있는데?

그럼에도 불구하고 아침을 열면서 공동체와 나의 죽음을 생각하는 것이 좋다. 일단 실제로 자신과 자신의 공동체가 이미 죽어 있을 가능성이 높다. 부고는 늘 죽음보다 늦게 온다. 밤하늘의 별이 반짝여도, 그 별은 이미 사라졌을 수 있다. 별이 폭발하기 전에 발산한 빛이 지구까지 도달하는 데 걸리는 시간 때문에 우리가 그 별을 지금 보고 있을 뿐. 나와 공동체는 이미 죽었는데 현재 부고가 도달하는 데 시간이 걸리는 것일 뿐.

많은 사람들이 죽고 있다. 작년만 해도 자살률이 경제협력개발기구OECD 회원국 중 압도적 1위였으며, 통계상 37분당 한 명씩 스스로 목숨을 끊었다. 그중에는 투신을 했다가 채 목숨이 끊어지지 않아 부서진 몸을 끌고 옥상으로 올라가 몸을 다시 던진 경우도 있다. 오늘을 사는 사람들은 옥상으로 올라가던 그 사람들이 그토록 살고 싶지 않았던 그 하루를 사는 것이다.

많은 사람들이 태어나지 않고 있다. 낙태가 금지된 상태에서도 한국의 낙태율은 OECD 최상위권이고 출생률은 전 세계적으로 최하위권이다. 인구 감소로 인해 한국은 2750년 즈음 왜소한 공룡처럼 멸종할 것이라는 전망이 있다. 그렇다면 오늘을 사는 사람들은 누군가 그토록 태어나고 싶지 않았던 그 하루를 사는 것이다. 이미 태어난 사람들도 애써 이 공동체의 소멸에 공헌하고 있다. 이를테면 일정 규모의 경제를 유지하는 국가들 가운데 해외 이민을 떠난 뒤 모국의 국적을 포기하는 비율은 한국인이 2014년 이래 가장 높다.

그리고 사람은 두 번씩 죽는다. 자신의 인생을 정의하던 일을 더 이상 할 수 없어 삶의 의미가 사라졌을 때 사회적 죽음이 온다. 그리고 자신의 장기가 더 이상 삶에 협조하기를 거부

할 때 육체적 죽음이 온다. 사회적으로 유의미한 일자리는 지속적으로 줄어들고, 수명은 전례 없이 연장되고 있다면, 우리를 기다리고 있는 것은 사회적 죽음과 육체적 죽음 사이의 길고 긴 연옥 상태다. 이것은 어쩌면 새로운 관광자원이다. 한국으로 여행 오시면 멸종 위기의 공동체를 구경할 수 있어요, 한국은 사라지는 중이에요, 상영 시간이 얼마 남지 않았어요.

고도성장을 통한 중산층 진입, 절대악 타도를 통한 민주주의의 실현이라는 과거 수십 년간 이 사회에 에너지를 공급했던 두 약속에 대해 사람들은 이제 낯설어하게 되었다. 이것이었던가, 우리가 열망했던 것은? 민주화와 경제발전이라는 구호가 낯설게 느껴지게 된 이 공동체의 선택은 이제 무엇인가? 마치 형식상 승진은 끝났으나 진정한 연구로부터는 마침내 스스로 소외된 교수들을 바라보는 기분으로 이 공동체의 다음 선택을 바라본다.

이러한 시절에 아침을 열 때는 공동체와 나의 죽음을 생각하는 것이 좋다. 첫째, 이미 죽어 있다면 제때 문상을 할 수 있다. 둘째, 죽음이 오는 중이라면, 죽음과 대면하여 놀라지 않을 수 있다. 셋째, 죽음이 아직 오지 않는다면, 남은 생을 어떻게 살 것인가에 대해 보다 성심껏 선택할 수 있다. 넷째, 정치인들이 말하는 가짜 희망에 농락당하지 않을 수 있다. 다섯째,

공포와 허무를 떨치기 위해 사람들이 과장된 행동에 나설 때, 상대적으로 침착할 수 있다. 그렇게 얻은 침착함을 가지고 혹시 남아 있을지도 모르는 자신의 생과 이 공동체의 미래에 대해 생각해보는 거다. 화전민이나 프리라이더가 아니라 조용히 느리게, 그러나 책임 있는 정치 주체로 살아보고야 말겠다는 열정을 가져보는 거다. 그러나 오늘날 많은 사람들에게 열정이란 그 자체로 지나치게 큰 야망처럼 보인다.

ⒸKIMYOUNGMIN

새해에 행복해지겠다는 계획은 없다

종이 울리고 또 한 해가 시작되었다. 2018이라는 숫자가 적힌 '빤쓰'를 입고 다시 인생이라는 사각의 링에 올라야 한다. 새도복싱을 시작하는 머리 위로 스포트라이트처럼 하얀 눈이 쏟아진다. 만화 〈허니와 클로버〉의 주인공은 말했다. "내리는 눈을 올려다보고 있자면, 모래시계 바닥에 서 있는 듯한 느낌이 든다"고. 속절없이 쏟아지는 시간의 눈을 맞으며, 부랴부랴 새해의 계획이라도 세우고 싶어진다.

그러나 새해에 행복해지겠다는 목표나 계획 같은 건 없다. 역사상 가장 뛰어난 권투 선수 중 한 사람이었던 마이크 타이슨은 이렇게 말했다. "누구나 그럴싸한 계획 하나씩은 가지고 있다. 처맞기 전까지는." 사람들은 대개 그럴싸한 기대를 가지고 한 해를 시작하지만, 곧 그 모든 것들이 얼마나 무력하게 무너지는지 깨닫게 된다. 링에 오를 때는 맞을 것을 각오해야 한다. 따라서 나는 새해에 행복해지겠다는 계획 같은 건 없다.

행복의 계획은 실로 얼마나 인간에게 큰 불행을 가져다주는가. 우리가 행복이라는 말을 통해 의미하는 것은 대개 잠시의 쾌감에 가까운 것. 행복이란, 온천물에 들어간 후 10초 같은 것. 그러한 느낌은 오래 지속될 수 없기에, 새해의 계획으로는 적절치 않다. 오래 지속될 수 없는 것을 바라다보면, 그 덧없음으로 말미암아 사람은 쉽게 불행해진다. 따라서 나는 차라리 소소한 근심을 누리며 살기를 원한다. 이를테면 '왜 만화 연재가 늦어지는 거지', '왜 디저트가 맛이 없는 거지'라고 근심하기를 바란다. 내가 이런 근심을 누린다는 것은, 이 근심을 압도할 큰 근심이 없다는 것이며, 따라서 나는 이 작은 근심들을 통해서 내가 불행하지 않다는 것을 안다.

세이 쇼나곤淸少納言(헤이안 시대 작가)은 "겨울은 이른 아침이 좋다. 눈이 내리고 있으면, 그 아름다움이야 이루 말할 나위도 없다. 서리가 새하얗고, 또 그렇지 않더라도 매우 추운 때에, 불을 급히 피워 숯불을 들고 복도를 지나는 것도 계절에 꼭 어울린다"고 말했다. 나는 《마쿠라노소시枕草子》의 이 대목을 읽을 때마다, 세이쇼 나곤이 느끼는 눈과 숯불의 아름다움보다는, 그 느낌을 가능하게 하는 세이쇼 나곤의 위치를 생각한다. 그는 밤새 떨지 않고 분명 따뜻한 전기장판 위에서, 아니

이불 속에서 소소한 근심을 누리며 아침을 맞았겠지.

하지만 애당초 새해가 무슨 의미가 있단 말이죠? 해가 바뀐다고 우리가 흥분해야 할 이유가 있나요? 검은 옷에 금속 목걸이를 하고 다니던, 그러나 지금은 연락이 끊긴 S양이 이렇게 반문한 적이 있다. 어디선가 혹시 이 글을 읽고 있다면 이렇게 말하고 싶다. 새해라는 건 원래 존재하지 않는다고. 과학소설에 나오듯이, 통 속에 든 뇌에다가 어떤 미친 과학자가 새해라는 이름의 자극을 주는 것일지도 모른다고. 그 미친 과학자가 바로 우리 자신일 수도 있다고. 그런 가상현실을 통해서라도 우리 삶에 리듬감을 주는 것이 영장류가 발명한 삶의 지혜일 수 있다고.

1분이 60초라는 것도, 한 시간이 60분이라는 것도, 하루가 24시간이라는 것도, 열두 달이 지나면 한 해가 저문다는 것도, 그리하여 마침내 새로운 해를 맞는다는 의식도 모두 인간이 삶을 견디기 위해 창안해낸 가상현실이다. 인간은 그 가상현실 속에서, 그렇지 않았으면 누릴 수 없었던 질서와 생존의 에너지를 얻는다. 그리하여 나는, 2018년이라는 평행우주에서 야구 선수로 살고 있는 또 다른 나를 생각하겠다. 새해에 쏟아져 내리는 눈송이들은, 모래시계 속으로 떨어져 내리는 시간의 입자가 아니라, 살고 싶었으나 끝내 살지 못했던 삶을 대신 살아주는 또 다른 내가 때려낸 홈런들이라고 생각하겠다. 평행 우주의 펜스를 넘어온 장외 홈런들이라고 생각하겠다. 이것이 내가 올 한 해를 계획하는 방식이니, 시간이여, 또 한 해치를 쏟아부어라. 그리고 2018년 연말의 나로 하여금 말하게 하라. 올 한 해가 불행하지 않았다고.

시간의 흙탕물 속에서

성탄절 전야. 그날이 일 년 중 가장 로맨틱한 때라고 생각한 젊은 연인들은 이런 대화를 나누었으리라. 살쪄 돼지가 되어도 날 영원히 사랑할 거지? 응, 당연하지! 하느님께 맹세할 수 있어.

그러나 성탄절 미사가 끝나기 무섭게 한 해를 마무리하는 '개와 늑대의 시간 l'heure entre chien et loup'이 시작된다. 날이 어두워져 사물을 분간할 수 없는 때, 그래서 저 언덕 너머로 다가오는 물체가 내가 기르던 개인지 나를 해치러 오는 늑대인지 분간할 수 없는 때가 오는 것이다. 마치 영화 〈정사〉(1998)에 나오는 주인공들이나 된 것처럼, 사람들은 이런 대화를 나누기 시작한다.

"또 한 해가 가고 오네요."

"당신 나이가 되면 모든 게 선명해질까요?"

"아니요."

"그럼 더 혼돈스러워지나요?"

"그냥 빨리 흘러가요. 비 많이 왔을 때 흙탕물처럼."

연말연시를 맞아 시간이라는 흙탕물에 서 있는 자세를 가다듬을 필요가 있다. 핵심은, 감당하기 어려운 일을 당하면 거치게 되는 심리 변화 4단계, 부정-분노-체념-인정을 오롯이 밟아나가는 것이다. 자신은 충분히 단련되어 있으므로 그중 어떤 단계를 건너뛸 수 있다고 자만하지 말자.

먼저 부정 단계. 내가 또 한 살을 먹을 리 없어! 365일이 지났다고 한 살 더 먹는다는 거 자체가 말이 안 돼, 라고 스스로를 설득해본다. 지구의 공전주기에 따라 우리가 한 살 더 먹어야 할 이유가 대체 어디 있단 말인가. 다른 날도 아닌 하필 12월 25일에 예수가 탄생했다는 주장만큼이나 근거가 부족하다. 군주의 목을 베고 잠시나마 영국에 공화정 시대를 연 올리버 크롬웰Oliver Cromwell은 복음서에 근거가 없다는 이유로 성탄절을 금지한 바 있다. 12월 25일이란 날짜를 인간이 정했듯, 365일이 지나면 한 살 더 먹는다는 것도 인간이 정한 허구에 불과하다. 허구 때문에 감정의 기복을 겪어야 할 이유는 없다!

나이란 허구에 불과하다는 것을 증명했음에도 기분은 과히 나아지지 않을 것이다. 나이는 허구일지 몰라도 닥쳐온 노안,

오십견, 그리고 연말정산은 허구가 아니므로. 올리버 크롬웰은 결국 부관참시 당했으므로. 진짜 성탄이 언제든, 12월 25일이 다가오면 사람들은 어김없이 케이크를 살 것이므로.

그래서 분노 단계로 진입한다. 젊었을 때는 팔다리가 몸에 잘 붙어 있었는데, 이제 안간힘을 쓰지 않으면 쑤시는 팔다리가 몸통에서 떨어져 하수구로 굴러가 버릴 것 같다. 끝나버린 잔칫상의 먹다 남은 돼지고기 편육 같은 자신의 육체가, 아니 존재 자체가 한심스럽다. 분노를 다스리며 시간의 하수구에 빠지려는 자신의 존재를 끌어올리고 싶다. 늪에 빠진 허풍선이 남작처럼 스스로의 머리채라도 잡고 자신을 끌어올리고 싶다. 그러나 탈모가 너무 진행된 사람은 어떡하란 말인가. 화가 치밀어도 막상 할 수 있는 일은 없기에 체념 단계로 진입한다.

그리하여 마침내 인정 단계. 시간의 몰매를 피할 방법은 없다. 그나마 바로 이 순간이 남아 있는 나날 중에서 가장 젊고 좋은 때다. 할 수 있는 일을 하자. 길거리 인파에 섞이지 말자. 재미없는 건배사를 남발하는 사람으로부터 멀리 떨어져 앉자. 새해의 운세, 새해의 사자성어 같은 신문 기사를 읽지 말자. 버려진 놀이공원 같은 데 혼자 가지 말자. 대신 자신의 집에서 가장 따뜻한 곳을 찾아 고양이처럼 웅크리자. 오래전 지구를 호령했지만 지금은 화석으로만 남아 있는 거대 공룡을 생각하

자. 탐사선이 보내온 무심한 우주 사진을 물끄러미 들여다보자. 영원한 것은 없다는 걸 알면서도 영원을 추구하는 존재의 모순을 껴안고 애무하자.

하필 그때 철없는 애인이 전화를 해서 묻는다. 나이를 먹고 살이 쪄서 돼지가 되어도 당신은 날 사랑할 거야? 부정-분노-체념-인정 단계를 완수한 사람답게 온화하게 대답하는 거다. 아니. 그땐 돼지를 사랑할 거야. 당신은 사라지고 돼지만 남아 있을 테니.

교토 기행: 무진 기행 풍으로

하루카 쾌속열차가 산모퉁이를 돌아갈 때 나는 '교토'라는 이정비를 보았다. 그리고 뒷좌석에 앉아 있는 사람들 사이에서 다시 시작된 대화를 들었다. "그러고서도 대학이라고 할 수 있어요?" "학생들 가르친다는 사람들이 부끄러움도 모르고." 비행기에서 열차로 갈아탄 이래 뒤에 앉은 대학원생들이 낮은 목소리로 얘기하는 것을 반수면 상태에서 듣고 있었다. "교토엔 옛 절들 빼면, 명산물이…… 뭐 별로 없지요?" 그들은 대화를 계속하고 있었다. "별게 없지요. 그러면서도 그렇게 많은 관광객들이 모여든다는 건 좀 이상스럽거든요."

교토엔 명산물이 없는 게 아니다. 나는 그것이 무엇인지 알고 있다. 그것은 허공에 대고 말하는 사람들이다. 매해 단풍드는 철이 되면, 이승에 한이 있어서 찾아오는 귀신들처럼 외국 관광객들이 교토의 절들에 몰려든다. 그리고 안개와 같은 입김을 내뿜듯이 교토 사람들에게 자신들이 가야 할 곳의 위치를 묻는다. "금각사로 가려면 어떻게?" 교토 사람은 손을 들어 북서쪽을 가리킨 뒤, 천천히 금각사에 대해 설명하기 시작한다. "당신이 찾는 금각사는 그곳에 없어요……."

관광객들은 그 말을 듣지 않은 채 그가 가리킨 방향으로 이미 바삐 걸어가고 있다. 그러나 교토 사람은 아랑곳하지 않고 자신이 정해둔 대로 금각사에 대해 차근차근 설명을 계속한다. "원래 금각사는 세상에 불만을 품은 승려가 방화를 해서 타버렸어요. 새로 지었기에, 당신이 찾는 그 금각사는 거기 없어요. 차라리 은각사로 가세요." 아무도 없는 허공을 향해서. 원칙대로, 매뉴얼대로, 설명이 끝나야 비로소 그 역시 자기 길을 갈 것이다. 이 허공이야말로 교토 사람과 관광객을 떼어놓는 교토의 안개와도 같은 것. 허공을 향해 이야기하고 있는 사람들이야말로 교토의 명산물이 아닐까.

내가 교토로 향할 때는 매번 서울에서의 실패로부터 도망해야 할 때거나 무언가 새 출발이 필요할 때였다. 직장에 새 건물이 들어설수록, 총장 선거를 위한 구호가 화려해질수록, 취업을 앞둔 학생들의 불안이 높아질수록, 나는 허공에 대고 이야기하고 있다는 생각이 들었다. 그럴 때면, 교토가 무진의 안개처럼 내 마음속에 피어올랐다. 학생들을 가르친다는 것, 논문을 쓴다는 것, '진리란 무엇인가'라고 묻는 이 모든 것이 실없는 장난이라는 생각이 든 것이다. 특히 올해는 누가 정권을 잡느냐에 따라 대학병원에 입원한 환자의 진단 결과가 바뀌는 황당한 경험을 했다. 생명을 다루는 의학의 세계에서마저 원칙도 매뉴얼도 없단 말인가. 이런 생각이 나를 확 잡아 끌어당겨서 교토로 가는 비행기 앞으로 내던진 것이었다.

여기까지 생각이 미쳤을 때 문득 메신저를 통해 누군가 말을 걸어온다. "칼럼 잘 읽고 있어요. 교토에 오셨다죠. 저도 마침 교토에 있는데. 칵테일 한잔 하실래요, 라고 하면 저 차단하실 거예요? 독자 1인 올림." 후쿠오카처럼 교토에도 현직 승려가 바텐더로 재직 중인 칵테일 바가 있을지 모른다. 칵테일 이름은 애욕지옥愛欲地獄, 극락정토極樂淨土라고 한다던데. 그 칵테일 바 앞에는 정적 속에서 개 두 마리가 혀를 빼물고 교미를 하고 있고, 칵테일 바 뒤에는 배 속에 숨어 있던 불타가 뚱보의 기름진 뱃가죽을 에일리언처럼 찢고 나오는 형상의 부처상이 있다던데.

살아가다 보면, 자기 안의 관광객이 질문을 던질 때가 있다. "깨달음을 얻는 곳, 금각사로 가려면 어떻게 해야 하죠?" 자기 안의 고지식한 안내자가 천천히 답을 생각하고 길을 가르쳐주려고 하면, 그 관광객은 이미 서둘러 떠나고 없다. 그래서 삶에 대한 진짜 이야기는 대개 허공에 흩어지게 된다. 허공에다 이야기하다가 죽는 게 인생이지. 그러나 이것도 사치스러운 생각일 거야, 병원에 누워 있지 않으면 행복한 것이지. 이처럼 건전한 생활철학에 생각이 미치자, 길가에 세워진 하얀 팻말이 보였다. "당신은 교토를 떠나고 있습니다. 안녕히 가십시오."

성장이란 무엇인가

태어남과 동시에 우리는 시간의 강물 속으로 던져진다. 그리고 시간이 흐르며 몸이 자라고 마음이 영글어간다. 흔히 '성장'이라고 부르는 이 사태는 도대체 무엇을 의미하는 것일까?

먼저, 성장한다는 것은 주변과 자신의 비율이 변화하는 것이다. 성장의 체험 속에서 크기란 상대적이며 가변적이다. 꼬마였을 때, 가로수는 아주 커 보였다. 그러나 자라면서 그 가로수는 점점 작아 보이고 가로수 너머가 보이기 시작한다. 그 확장된 시야 속에서, 한때는 커 보였던 부모 품도, 고향 동네도 점점 작게 느껴진다. 그러다가 마침내 저 멀리 새로운 세계가 눈에 들어오고 나면, 어느 날 문득 떠나게 된다.

그런 식으로 사람들은 가족을, 옛 친구를, 혹은 자신이 나서 자란 고장을 떠나 새로운 곳으로 나아갔다. 이렇듯 성장은, 익숙하지만 이제는 지나치게 작아져버린 세계를 떠나는 여행

일 수밖에 없다. 익숙한 곳을 떠났기에 낯선 것들과 마주치게 되고, 그 모든 낯선 것들은 여행자에게 크고 작은 흔적 혹은 상처를 남긴다. 그 상처는 우리를 다시 성장하게 한다. 혹은 적어도 삶과 세계에 대한 이해를 증진시킨다.

그리하여 이제 세상 이치를 알 만하다고 느낄 무렵, 갑자기 부고를 듣는다. 예상치 못했던 어느 순간, 사랑하거나 미워했던 이의 부고를 듣는다. 무관심할 수 없는 어떤 이의 부고를 듣는다. 이 부고 역시 우리의 시야를 확장시킨다. 이제 삶뿐만 아니라 죽음 이후의 세계까지 시야에 들어오기 시작한다. 그런데 이 부고의 체험은 다른 성장 체험과는 조금 다르다. 그것은 알 것만도 같았던 삶과 세계를 갑자기 불가사의한 것으로 만든다. 그 누가 죽음 이후의 세계에 대해서 낱낱이 알겠는가. 이 세계는 결코 전체가 아니라 그보다 더 큰 어떤 불가해한 흐름의 일부라는 것을 알게 되는 일, 우리의 삶이란 불가해한 바다 한가운데 떠 있는 위태로운 선박이라는 사실을 알게 되는 일, 이 모든 것이 성장의 일이다.

그렇다면 성장은 무시무시한 것이 아닌가. 그러나 성장은 무시무시하게 확장된 시야와 더불어 심미적 거리라는 선물도 함께 준다. 미학자들이 이야기하듯이, 아름다움을 향유하기 위해서는 거리가 필요하다. 깎아지른 벼랑도 그 바로 앞에 서 있을 때나 무섭지, 멀리서 바라보면 오히려 아름답게 보인다. 풍랑 한가운데 있는 선원들은 공포에 사로잡힐지 모르지만, 멀리서 그 광경을 바라보는 이는 아름다움을 느낄 수도 있다. 그래서 회화사의 걸작 중에는 꽃다발을 가까이에서 묘사한 정물화만 있는 것이 아니라 멀리서 난파선이나 전함을 그린 그림도 있다.

영국 화가 윌리엄 터너William Turner의 〈전함 테메레르〉(1838)라는 그림을 보라. 트라팔가르해전에서 살아남은 전함 테메레르호의 선체는 상처로 가득하다. 이 늙은 전함의 마지막 순간을 그릴 때, 터너는 가까이 다가가서 상처투성이의 갑판을 그리지 않고, 대상과 심미적 거리를 유지한다. 그런데 거리를 두어야지 아름답게 볼 수 있다고 해서 대상으로부터 한껏 멀어져버리기만 해서는 안 된다. 대상으로부터 너무 멀어지면, 그 대상은 작아져버린 나머지 아예 시야에서 사라져버리게 된다. 그래서 터너는 전함으로부터 무조건 물리적으로 멀어지기를 택하지 않고, 그 특유의 모호한 붓질을 통해 물리적으로 그다지 멀리 있지 않아도 아련하게 느껴지게끔 전함을 그렸다. 아련하되, 그 거리는 물리적 거리가 아니기에, 테메레르호는 결코 보는 이의 눈을 떠나지 않는다.

우리는 태어나고, 자라고, 상처 입고, 그러다가 결국 자기 주변 사람의 죽음을 알게 된다. 인간의 유한함을 알게 되는 이러한 성장 과정은 무시무시한 것이지만, 그 과정을 통해 확장된 시야는 삶이라는 이름의 전함을 관조할 수 있게 해준다. 그 관조 속에서 상처 입은 삶조차 비로소 심미적인 향유의 대상이 된다. 이 아름다움의 향유를 위해 꼭 필요한 것은 시야의 확대와 상처의 존재다.

시야의 확대가 따르지 않는 성장은 진정한 성장이 아니다. 확대된 시야 없이는 상처를 심미적으로 바라볼 수 있는 거리를 확보할 수 없다. 동시에 아무리 심미적 거리를 유지해도 상처가 없으면, 향유할 대상 자체가 없다. 상처가 없다면, 그것은 아직 아무것도 그리지 않은 캔버스, 용기가 없어 망설이다가 끝낸 인생에 불과하다. 태어난 이상, 성장할 수밖에 없고, 성장 과정에서 상처는 불가피하다. 제대로 된 성장은 보다 넓은 시야와 거리를 선물하기에, 우리는 상처를 입어도 그 상처를 응시할 수 있게 된다.

상처도 언젠가는 피 흘리기를 그치고 심미적인 대상이 될수 있다는 것. 그것이 성장이, 예술이 우리에게 주는 구원의 약속이다.

설거지의 이론과 실천

먼저 설거지의 존재론. 설거지는 과정입니다. 인생이 한순간의 이벤트가 아니듯, 설거지 역시 긴 취식 과정의 일부입니다. 요리의 시작은 쌀을 밥솥에 안치는 일일까요? 아닙니다. 요리의 시작은 장보기입니다. 식사의 끝은 디저트일까요? 아닙니다. 식사의 끝은 설거지입니다. 설거지의 끝은 식기를 헹구는 일일까요? 아닙니다. 싱크대의 물기를 닦고, 가스레인지의 얼룩을 닦고, 도마를 세워놓고, 수세미를 잘 마를 수 있는 위치에 놓을 때 비로소 설거지는 끝납니다. 마찬가지 이야기를 화장에 대해서도 할 수 있겠지요. 화장이란, 기초화장을 하는 데서 시작되는 것이 아니라 화장품을 바를 수 있을 정도로 무난한 피부를 유지하고 자신의 피부톤과 어울리는 화장품을 갖추는 데서부터 시작합니다. 그리고 화장은 립스틱을 바르고 집을 나설 때 끝나는 것이 아니라 귀가해서 폼 클렌저로 세안

할 때야 비로소 끝납니다. 그런데 한국 사회는 과정에 대한 고려 없이 결과만을 강조하곤 합니다. 적절한 상대를 소개시켜 준 적도 없으면서, 어느 날 갑자기 결혼하라고 다그치기도 하고, 별다른 지원을 하지 않다가 어느 날 갑자기 세계적인 학자가 되라고 요구하기도 합니다.

설거지의 윤리학. 설거지는 밥을 하지 않은 사람이 하는 게 대체로 합리적입니다. 취식은 공동의 프로젝트입니다. 배우자가 요리를 만들었는데, 설거지는 하지 않고 엎드려서 팔만대장경을 필사하고 있어서는 안 됩니다. 아무리 귀여운 미남도 그런 일은 용서받을 수 없습니다. 혹자의 삶이 지나치게 고생스럽다면, 누군가 설거지를 안 했기 때문일 가능성이 큽니다. 한국의 현대사는 19세기 유한계급 양반들이 게걸스럽게 먹고 남긴 설거지를 하느라 이토록 분주한 것이 아닐까요? 후대의 사람들이 자칫 설거지만 하며 인생을 보내지 않으려면, 각 세대는 자신의 설거지를 제대로 해야 합니다. 이것이 이른바 세대 간의 정의justice입니다.

설거지의 문명론. 설거지는 귀찮은 일입니다. 설거지가 귀찮은 나머지 그냥 굶고 싶겠지요. 혹은 일회용 식기를 사서 그때그때 쓰고 버리고 싶겠지요. 설거지를 한껏 미루다가 몰아서 하고 싶겠지요. 그러나 설거지를 너무 미루면, 집에 불을 지르고 싶어집니다. 문명은 귀찮음을 극복하는 데서 시작됩니다. '적폐'가 되도록 설거지를 방치해서는 안 됩니다. 매 끼니마다 설거지를 해야 합니다. 그리고 식기는 음식 거치대가 아닙니다. 문명이냐 야만이냐는, 냉장고에서 반찬통을 꺼내 그대로 먹느냐, 아니면 예쁜 접시에 덜어 먹느냐에 따라 결정됩니다. 화장을 하려면, 그릇을 많이 쓰려면, 보다 부지런해져야겠지요. 물론 문명생활의 대가는 엄청난 설거짓거리입니다.

설거지의 인간론. 결혼은 연애의 업보이고, 자식은 부모의 업보이며, 설거지는 취식의 업보입니다. 설거짓거리는 취식의 상태를 고스란히 반영합니다. 얼마나 깔끔하게 혹은 게걸스럽게 먹었느냐가 고스란히 설거짓거리에 반영됩니다. 사실 인간 자체가 설거짓거리입니다. 하루가 멀다 하고, 인간의 육체는 땀과 침과 피지를 분비하고, 각질과 군살을 만들어냅니다. 정신도 마찬가지입니다. 한 달이 멀다 하고, 타성, 나쁜 습관, 부질없는 권력에 대한 집착을 만들어냅니다. 그런 면에서 성장과 노화란 곧 썩어가는 과정이기도 합니다. 따라서 설거지 없이 깔끔하게 살아 있을 수 있는 존재는 없습니다. 그래서 고전에서는 '날마다 새로워지고 또 날마다 새로워진다'는 뜻인 '일신우일신日新又日新'이라는 말을 강조했습니다. 그런데 이 말은 원래 고대 중국의 탕湯임금의 목욕통에 새겨져 있던 말입니다. 따라서 이 말의 본뜻은 일단 잘 씻으라는 것, 즉 스스로의 설거지에 게으르지 말라는 뜻이 아니었을까요? 잘 씻고 살기 바랍니다. 그러지 않으면 역사의 설거짓거리로 전락하게 될 테니까.

끝으로 가장 중요한 한마디. 모든 설거지는 이론보다 실천이 중요합니다.

결혼을 하고야 말겠다는 이들을 위한
세 가지 주례사

먼저 간단히 신부 신랑에 대해서 소개해드리고자 합니다. 두 사람 모두 누가 보아도 멋져 보이는 사람들입니다. 신부 신랑 모두 한국의 명문대학교에서 학부를 마치고, 장학생으로 선발되어 미국의 한 명문대학교 박사 과정에서 공부하고 있습니다. 그리고 보시는 바와 같이 신부는 누가 보아도 빼어나게 아름다운 사람이고, 신랑 역시 공부하는 사람치고는 제법 준수한 외모를 가지고 있습니다. 아마 두 사람은 많은 사람들에게 부러움의 대상일 것이라고 생각합니다. 간단히 말해서 '엄친아', '엄친딸'이죠.

그러나 제가 당부하고 싶은 것은, 그러한 것들은 행복한 결혼생활을 하는 데 아무런 직접적 관계가 없다는 점입니다. 혹시라도 자신들이 잘생기고 공부를 잘한다고 해서 결혼생활마저 잘할 거라고 생각한다면 큰 오산입니다. 결혼생활은 그와는 다른 별도의 역량이 필요한 일입니다. 그 역량은 다름 아닌 연민의 능력입니다.

그런데 인물도 뛰어나고, 공부도 잘하고, 장학금도 받고, 장래가 창창해 보이는 스스로와 상대방을 불쌍히 여기기란 쉽지 않을 것입니다. 그래서 강조하고 싶습니다, 이제 결혼을 하고 나서 함께 보낼 미래의 시간들은 다름 아닌 노화의 과정이라는 사실을. 과학자들에 따르면 대략 19세를 전후해서 성장이 멈추고 노화가 시작된다고 합니다. 따라서 본인들이 인정하든 인정하지 않든, 이미 상당히 노화가 진행된 상태라고 하겠습니다. 노화를 겪는 생물체의 고단함과 외로움과 무기력함을 생각하면, 자신과 배우자에 대해 연민이 샘솟을 것입니다.

그렇게 연민을 가질 때, 사람은 비로소 상대에게 너무 심한 일을 하지 않게 됩니다. 우리에게 잘 알려진 성인인 공자孔子님이 왜 성인인지에 대해서, 맹자孟子는 다음과 같이 짧게 말한 바 있습니다. "공자께서는 너무 심한 일은 하지 않으셨다仲尼不爲已甚者."

이제 오늘 이후로 신랑 신부는 노화의 과정을 홀로 겪지 않고, 배우자와 함께 겪게 될 것입니다. 결혼을 통해 유한한 생물

체의 고단함과 외로움과 무기력함을 위로하고 연민할 수 있게 되기를 바랍니다. 그 위로와 연민 속에서 비로소 상대에게 너무 심한 일은 하지 않게 되고, 그러한 절제 속에서 인간에게 허락된 행복을 최대한 누리기를 신랑 신부에게 기원합니다. 두 사람의 결혼을 축하합니다.

5월의 신랑 신부에게

안녕하세요. 신랑과 신부를 가르친 인연으로 결혼식 축사를 하게 되었습니다. 신랑 신부는 수업 시간에 선생님께 질문을 거침없이 던지는 적극적인 학생들이었고, 통찰력 있는 반론으로 선생님을 압도할 정도로 총명한 학생들이었습니다. 그러나 오늘은 신랑 신부라는 역할을 맡았기에 제게 감히 질문이나 반론을 던질 수 없을 것입니다. 따라서 제 마음대로 이 무방비 상태에 있는 두 사람의 비밀을 폭로하고자 합니다.

두 사람이 제게 찾아와 결혼식 축사를 부탁했을 때, 저는 생각에 잠겼습니다. 아니, 무슨 말을 해주기를 바라는 거지? 결혼제도의 정치적 분석 같은 것을 바라는 걸까. ……곰곰 연구해본 결과, 신랑 신부가 제게 결혼식 축사를 해달라고 부탁했을 때, 아마 그들은 다음과 같은 기대를 가진 것 같았습니다. 신부 입장에서는 신랑이 얼마나 잘생기고 멋진 사람인지 많은 사람들에게 자랑해주었으면, 그리고 신랑 입장에서는 신부가 얼마나 똑똑하고 눈부신 미인인지 자랑해주었으면, 하고 바라는 것 같았습니다. 두 사람을 상당 기간 알고 지낸 저로서는 이 두 사람이 자신들의 외모에 대해 상당한 자신감을 가지고 있다는 것을 평소에 느낄 수 있었습니다. 결혼식을 맞아 자신들이 빼어난 미남미녀라는 사실을 선생의 입을 빌려 만천하에 공표하고 싶었던 것은 아닐까요. 저는 그렇게 결론을 내렸습니다.

그러나 그건 신랑 신부의 생각일 뿐, 저는 그런 이야기를 할 생각이 없습니다. 하객들이 보시기에 미남미녀가 아니라면, 그런 이야기를 하는 제가 헛소리를 하는 사람이 될 것이고, 진짜 미남미녀라면 그저 보기만 해도 그 아름다움을 금방 알아볼 테니, 구태여 말할 필요가 없을 것이기 때문입니다. 그리고 예쁘고 잘생기면 뭐하겠습니까. 오랜 시간을 함께 살고자 결혼식을 하는 것이라고 할 때, 청춘의 아름다움은 조만간 사라질 것이고, 빛나는 외모는 장기적으로 결혼생활에 큰 도움이 되지는 않을 것입니다. 연애 기간 동안에야 상대에게 화가 나려고 하다가도 잘생기고 예쁜 얼굴을 보다 보면 저절로 화가 수그러들곤 했겠지요. 그러나 사람이 살다 보면 결국 늙어서 피부의 탄력은 사라지고, 아랫배는 나오고, 경우에 따라서는 탈모라는 충격적인 현실이 다가옵니다. 그러다 보면 상대에게 화낼 일이 없었는데도, 얼굴을 보다 보면 그냥 화가 나버리는 일이 생길지 모릅니다. 요컨대 서로의 외모가 생활에 도움이 되기보다는 방해가 되는 때가 언젠가 올지도 모르는 겁니다. 따라서 이제 제가 살면서 들은 조언 중에서, 외모에 너무 의존하지 않고 결혼생활을 잘해나갈 수 있는 두 가지 가설을 골라 전해주겠습니다.

첫째, 아무리 부부지만 상대를 완전히 파악하고 있다는 생각을 하지 말기 바랍니다. 특히 각자 상대가 모르는 외로운 전투를 하고 있을지도 모릅니다. 배우자가 자신이 모르는 어떤 외로운 싸움을 혼자 수행 중일지도 모른다는 생각을 가끔씩 해주기 바랍니다. 그래서 외로운 전투 중인 상대를 되도록이면 따뜻하게 대해주기 바랍니다.

둘째, 살다 보면 둘 중 한 사람이 어처구니없는 실수나 잘못을 하게 되는 경우가 있을 수 있습니다. 그때 나머지 한 사람은 자연스럽게 그 잘못을 한 상대보다 우위에 서게 되고, 사정 없이 비난을 퍼붓게 되기 십상입니다. 바로 그 순간, 제발 정도 이상으로 잔인해지지 말기 바랍니다. 외로운 전투 중에 실수한 상대를 되도록이면 따뜻하게 대해주기 바랍니다.

요컨대, 상대를 따뜻하게 대해주는 일상적인 습관이 중요합니다. 지금 이 순간 두 사람의 감정이 아무리 뜨거워도, 그 애정이 이 따뜻함의 습관을 만들어주지는 않을 겁니다. 그보다는 거꾸로, 일상적으로 따뜻함을 실천하는 습관이 길게 보아 두 사람 간의 애정을 만들어줄 것이라고 생각합니다. 신랑 신부는 결혼생활 내내 이 가설을 테스트해본 뒤, 타당한 것으로 판명되었는지 나중에 알려주기 바랍니다. 두 사람의 결혼을 다시 한번 축하합니다.

10월의 신랑 신부에게

결혼생활에 가장 중요한 것은 고운 마음씨겠지요. 그러나 사람들의 의견을 널리 청취해본 결과, 고운 마음씨가 중요하다고 말하고 말기에는 얼굴이 너무 중요했습니다. 얼굴로 인해 다음과 같은 현상이 일어난다고 합니다.

부부싸움의 와중에도 상대가 잘생겨 보이면 저절로 화가 누그러진다고 합니다. 화목하게 지내다가도 상대가 못생겨 보이면 저절로 화가 나서 싸우게 된다고 합니다. 그렇다면 얼굴이란 가정의 평화에 얼마나 중요한 요소입니까. 결혼생활을 하다가 느닷없이 배우자가 화를 내면, 십중팔구 당신이 못생겨서입니다. 다른 이유로 화를 내려다가도 상대가 잘생겼으면 화를 참았을 테니, 결국 배우자가 화를 내는 것은 당신이 못생겨서입니다.

함께 사는 상대가 못생겼으면, 단지 그 이유만으로도 슬퍼진다고 합니다. 반면, 배우자가 잘생겼으면 저절로 웃게 된다고 합니다. 그러니 밥을 먹다가 느닷없이 배우자가 오열하면, 십중팔구 당신이 못생겨서입니다. 다른 이유로 슬픔이 차올랐다가도 상대가 잘생겨 보이면 미소를 지었을 테니, 결국 배우자가 오열하는 것은 당신이 못생겨서입니다.

미남이 밥 먹여주냐, 얼굴 뜯어먹고 살 거냐, 라는 말들을 하곤 합니다. 그러나 배우자가 잘생겼으면, 자신이 기꺼이 돈을 벌어 상대의 입을 힘차게 벌리고 밥을 퍼 먹여주고 싶은 심정이 된다고 합니다.

결혼했음에도 불구하고 아름다움을 계속 유지하고 있으면, 결혼한 지 10년이 넘었는데도 밥상머리에서 "당신과 결혼하고 싶어, 제발 결혼해줘"라는 고백을 듣게 됩니다. 즉 결혼생활이 권태롭기는커녕 하도 짜릿해서 아직도 연애하는 줄로 착각하게 됩니다.

얼굴이 결혼생활에 이토록 중요하다면, 과연 어떻게 생겨야 잘생긴 것일까요? 얼굴의 비례나 이목구비의 배치 같은 선천적 특질에 대해 제가 이야기하려는 것은 아닙니다. 제가 강조하고 싶은 것은 피부와 얼굴빛입니다. 피부의 중요성에 대해서는 다들 알고 계시겠지요. 피곤으로 피폐해진 피부 위의 이목구비란, 구겨진 도화지 위에 그린 그림과도 같습니다. 그렇다면 피부 관리의 비결은 무엇이냐. 전문가들이 말하는 바와 같이, 충분한 영양 공급과 수면입니다. 그런데 과로하지 않으면 곧 가난의 수렁에 빠지기 십상인 이 사회에서, 좋은 영양과 충분한 수면은 소수의 특권이 되고 말았습니다. 신랑 신부는, 근로기준법을 준수하여, 가난의 수렁에 빠지지 않는 동시에 좋은 피부를 유지할 수 있기를 기원합니다.

영양 상태가 좋아 뽀송뽀송한 피부를 유지한다고 하여 곧 수려한 얼굴이 되는 것은 아닙니다. 모든 시각적 체험에 중요한 것은 '빛'입니다. 사람의 얼굴에는 누구에게나 어떤 빛이 깃들게 마련이고, 그 빛이야말로 그 사람의 후천적인 얼굴을 완성합니다. 아름다운 얼굴빛은 유복한 생활을 한다고 얻어지는 것은 아니고, 사적인 행복에 안주하지 않고 보다 넓은 '공적인 행복'을 추구할 때 깃드는 것이라고 생각합니다. 이를테면, 법조인인 신랑 신부는 두 사람의 근로소득에 대한 관심을 넘어, 사회 전체 차원에서 근로기준법 개선과 준수를 위해 노력할 수도 있겠지요. 근로기준법이 아니라 하더라도, 본인들이 잠재적인 가난의 위협으로부터 벗어난 순간부터는 보다 적극적으로 이 사회에 기여할 구체적인 방법을 고민해보기 권합니다.

결혼생활에 얼굴이 중요하다는 것은, 다른 주례들도 알고 있었겠지요. 그러나 그들이 고운 마음씨만 들먹이고 얼굴에 대해서 차마 이야기할 수 없었던 것은, 그들 스스로가 못생겼기 때문이 아닐까요? 저 역시 잘생긴 사람이 되고 싶었으나, 노력이 부족하여 결국 조기에 미남 대열에서 이탈하고 말았습니다. 보시는 바와 같이. 그러나 신랑 신부는 앞으로도 계속 미남미녀 대열에 남아 있기를 기원하면서, 끝으로 일본 소설가 다자이 오사무太宰治의 〈생활〉이라는 시를 전합니다.

"기분 좋게 일을 마친 후 한잔의 차를 마신다. 차의 거품에 어여쁜 나의 얼굴이 한없이 무수히 비치어 있구나. 어떻게든, 된다."

자식에 대한 세 가지 에피소드

2004년 여름, 유럽에 사는 친구가 미국에 사는 나를 방문하다

얼마 전에 유럽에 사는 친구 Y가 가족을 끌고 내가 사는 곳을 다녀갔다. 가족의 전부는 아니었고, 부인과 어린 아들, 그리고 사촌 동생과 함께였다. 결혼을 일찍, 그리고 두 번 한 그에게는 아들이 세 명 있다. 현 부인과 사이에서 약 2년 전에 낳은 아들, 전 부인과 사이에서 낳은 아들, 그리고 현 부인이 전 남편과 사이에서 낳아 데리고 온 아들. 아이를 하나 기를 생각도 채 해보지 못했던 나로서는, 입을 딱 벌리고 물어볼 수밖에. 거…… 잘되냐? 친구는 대답한다. 얘는 누구 아이고 쟤는 누구 아이고 이런 거 따지면 못 살고, 그저 다 하느님의 자식이다, 이런 생각을 가지고 살면 된다고.

그는 먼저 내가 사는 교직원 사택이 기가 막히게 멋지다는 것을 알고 입을 쫙 벌렸다. 나도 알고 있다, 한국에 돌아가면

열차 강도를 해도 이런 집에 못 산다는 것을. 오래전 한 건축가가 너른 뜰에 집을 두 채 지어, 하나는 자신의 딸에게 주고, 다른 하나는 내가 일하는 학교에 사택으로 기증했다고 한다. 오래되어 이곳저곳이 삐걱거리고, 다람쥐들이 천장에서 추격전을 벌이느라 분주하지만, 집으로서 갖추어야 할 건축적 위엄을 제대로 갖춘 집이다.

하지만 이 교직원 사택도 미국의 유서 깊은 귀족들이 사는 저 윗동네 저택가에 비하면 방공호에 불과하다. 이번에 마침 친구 차를 타고 그 저택가를 제대로 둘러볼 기회를 가졌다. 나뭇잎이 다 떨어진 이런 겨울에야 비로소 정원 너머에 있는 저택 건물을 먼발치에서나마 볼 수 있다. LA의 비버리힐스 따위와는 비교할 수 없는 권위감을 자랑하는 저택들. 일단 거창한 철대문에는 집안을 상징하는 '지랄병'하는 흑표범 모양의 문장이 걸려 있고, 정원에는 연못이 두서너 개씩 있으며, 거기에는 요염한 다리마저 걸려 있다. 그 다리를 건너면 작은 숲도 시무룩 나타나는데, 해가 뉘엿뉘엿 넘어가니, 숲 너머 거실에 걸려 있는 거대한 샹들리에도 멀찌감치 보였다. 오늘도 이 동네 사람들끼리 가면을 쓰고, 코카인을 인중에 묻힌 채, 아랫도리만 벗고 파티를 여나 보지……. 흰소리를 삼키며, 방공호로 다시 돌아왔다.

부부가 아이를 간수하는 모습을 한 이틀 관찰해보니, 애 키우는 것은 정말 힘드는 일로 보였다. (위대할손, 세상의 부모들이여!) 저 체력이 다 어디서 나오나? 나는 한 몸 간수하기도 어려운데. 정말이지, 팔을 몸통에 붙이고, 손을 팔에 붙이고, 손가락을 떨어지지 않게 손에 붙이고 사느라 힘을 다 써서, 나는 아이들을 간수해낼 힘이 없을 것 같았다……. 이런 나를 보고, 친구 부인은 "이렇게 사시면 안 돼요"라고 충고를 한다. "이렇게 혼자 살면 기운 빠져서 못 살고요, 아이가 생기면 없던 기운이 나요. 그 힘을 자기한테는 못 쓰지만. 그래도 아이한테 쓸 힘은 나요. 그 힘을 쓰면서 나이 먹어가는 거예요." 일리 있는 이야기였다. 그동안은 세상에 대한 분노를 에너지원 삼아 살아왔다지만, 이제 여생을 살기에는 다른 종류의 에너지원이 필요하지 않겠는가. 좋아서 미치겠는 어떤 것 때문에 기운을 쓰면서 살아가야, 제 명에 죽을 수 있지 않겠는가. 그리고 그것은, 저 부부의 경우, 아이인 모양이었다.

이 친구와 나는 대학을 졸업한 뒤 앞서거니 뒤서거니 하며 유학을 나왔다. 우리 두 명 말고도 유학을 나온 친구들이 더 있었는데, 나머지는 행방이 묘연하다. 미국으로 왔던 나와는 달리, 이 친구는 유럽으로 떠났다. 대학 시절 우리는 함께 지리산을 종주한 적이 있다. 지금은 돌아가신 K선생님의 희랍철학 수업을 마친 어느 봄날, "이야아, 날씨 죽인다"라고 누가 말했던가? "우리 그냥 이대로 지리산이나 가지 않을래?"라고 누가 대답했던가? 우리는 그 자리에서 책가방을 든 채로 떠났었다. 구례 근처였나. 책가방을 전당포에 맡기고, 기억하고 싶지 않을 정도로 우울했던 마음도 내려놓고, 대신 사진기를 하나 빌려, 빵만 씹으며 산을 타서, 꼬박 2박 3일이 걸려 종주를 마쳤다. 하필 친구는 양복 차림이었고, 봄이라고 해도 산중은 몹시 추웠다.

2004년의 메모

한국에는 언제나 돌아갈 수 있으려나. 돌아가면 후회는 하지 않으려나. 죽기 전에 자식이라도 하나 두려나?

2008년 가을, 선생님과의 대화

선생님을 찾아뵈었다. 사모님은 다소 야위었고, 정원은 아름답게 다듬어져 있었다. 사모님은 선생님을 중세 수도사라고 놀리셨으며, 집 안의 고양이는 살이 너무 쪄서, 돼지로 변해 있었다. 돼지를 거실에서 키우다니.

나 선생님, 아이는 무슨 생각으로 낳으셨나요?

子曰 (선생님 가라사대) 그게 무슨 의미인지 알고 낳았을 리 있겠나?

나 아이가 번뇌라고 하던데요?

子曰 당연. 인생이 번뇌인데.

나 아이를 낳는 것이 좋습니까, 아니 낳는 것이 좋습니까?

子曰 모른다. 겪어보지 않은 사람은 모를 것이고, 겪은 사람은 자기 행동을 정당화하려 들 것이다. 다시 태어나서 아이를 낳지 않아보기 전까지는 비교할 수가 없다. 그러나 아이를 낳는 것은, 대체로, 세상에 뿌리를 내리는 한 방법이다. 한국으로 귀국한 것에 대한 후회는 없나?

나 한국의 삶과 미국의 삶이, 장단점이 서로 다르게 얽혀 있어서 비교할 수가 없습니다.

子曰 내 둘째 아들이 퍼듀대학교에 재직하던 시절 이야기 인데, 교수가 학교의 다른 수업을 하나 들으면, 대신 강의 부담을 하나 줄여준다고 하네.

나 제가 재직하는 대학의 영문과 교수 한 명은, 뉴욕대학교 영화학과에서 새로 박사학위를 받기 위해 3년여 유급 휴직을 누린 바 있습니다. 학교에서는, 셰익스피어의 영화화를 연구하고 가르치는 데 필요한 일이라고 여겨, 지원해주었습니다.

연구 환경에는 어려움이 있지만, 전 학생들이 좋습니다. 방학보다는 개강이 기다려집니다. 변태인가 봅니다.

子曰 그와 같은 이유로, 리처드 파인만은 프린스턴의 고등연구소로 가기를 거부했었네.

한문에서 '이以' 자가 대상어의 앞에 올 때와 뒤에 올 때 뜻이 어떻게 달라지는가?

나 15세기 말에, 중국 지식인들 사이에서 그에 대한 논쟁이 있었습니다. 그 논쟁에 따르면 다음과 같습니다.(중략)

子曰 (새로 출간한 저서에 서명을 해서 주시며) 여기 책 한 권…….

나 읽어보도록 하겠습니다.

子曰 무슨. 읽지 말게.

추석이란 무엇인가

명절을 보내는 법 1

밥을 먹다가 주변 사람을 긴장시키고 싶은가. 그렇다면 음식을 한가득 입에 물고서 소리 내어 말해보라. "나는 누구인가." 아마 함께 밥 먹던 사람들이 수저질을 멈추고 걱정스러운 눈초리로 당신을 쳐다볼 것이다. 정체성을 따지는 질문은 대개 위기 상황에서나 제기되기 때문이다. 사람들은 평상시에는 그런 근본적인 질문에 대해 별 관심이 없다. 내가 누구인지, 한국이 무엇인지에 대해 궁금해하기보다는, 내가 무엇을 하는지, 한국이 어떤 정책을 집행하는지, 즉 정체성보다는 근황과 행위에 대해 더 관심을 가진다. 그러나 자신의 존재 규정을 위협할 만한 특이한 사태가 발생하면, 새삼 근본적인 질문을 던지지 않을 수 없다.

내 친구가 그 좋은 예다. 그의 부인은 일상의 사물을 재료로 작품을 만드는 예술가인데, 얼마 전 전시회를 열었다. 전시된 작품 중에는 오래된 연애편지를 활용해서 만든 것도 있었다. 특이한 작품이라는 생각이 들어서 그 앞에서 작품의 소재가 된 옛 연애편지를 읽어보았다. 그런데 그 내용과 표현이 내 감수성이 받아들이기에는 너무 느끼해서 그만 그 자리에서 토할 뻔했다. 혹여 내가 연애편지를 쓰게 되는 상황에 다시 처한다면, '영민'이란 이름을 한 글자로 줄여서 '민'이라고 자칭하지는 않으리라. 나 자신을 3인칭으로 부르지 않으리라. "민은 이렇게 생각한답니다"와 같은 문장을 쓰지 않으리라. "사랑하는 나의 희에게, 희로부터 애달픈 사랑을 듬뿍 받고 싶은 민으로부터"와 같은 표현은 결코 구사하지 않으리라.

심정지가 올 정도로 느끼한 문장으로 가득 찬 그 연애편지가 하도 인상적이어서, 그 작품을 만든 친구 부인에게 이거 대체 누가 쓴 편지냐고 물었다. 그러자 천연덕스럽게 "대학 시절 연애할 때 제 남편이 제게 보낸 편지예요"라는 대답이 돌아왔다. 아, 과학자의 탈을 쓴 그 친구에게 이와 같은 면모가 있었다니! 며칠 뒤, 그 친구를 만날 기회가 있었을 때 급기야 "그거네가 쓴 연애편지라며?"라고 묻고 말았다. 그랬더니 평소 감정의 큰 기복이 없던 그 친구가 정서적 동요를 보이면서, 자신도 전시회에서 그 편지를 보고 그 내용과 표현에 큰 충격을 받았다고 털어놓았다. 놀리고 싶어진 나는 왜 그런 느끼한 표현을 썼느냐고 따져 물었다. 그러자 그 친구는 갑자기 과학자다운 평정심을 잃고 고성을 질러댔다. "그 편지를 쓰던 때의 나와 지금의 나는 다른 사람이라고 생각해! 나더러 왜 그랬냐고 묻지 마!" 그러고는 벌떡 일어나 괴성을 지르며 나를 할퀴었다. 그 더러운 손톱에 할퀴어지는 바람에 내 손목은 진리를 위해 순교한 중세 성인처럼 피를 흘렸다.

그 친구의 이러한 난동은 정체성의 질문이란 위기 상황에서 제기되는 것임을 잘 보여준다. 자신이 받아들이고 싶지 않은 과거를 부정하기 위해 기존에 가지고 있던 자기 정체성을 스스로 파괴하려 들었던 것이다. 하나의 통합된 인격과 내력을 가진 인간으로 살아가기를 포기한 것이다. 오늘도 그는 그 느끼한 연애편지를 쓰던 자신과 현재의 '쿨한' 자신을 화해시키고, 새 시대에 맞는 새로운 정체성을 구성하기 위해 '인문학적으로' 씨름하고 있으리라.

추석을 맞아 모여든 친척들은 늘 그러했던 것처럼 당신의 근황에 과도한 관심을 가질 것이다. 취직은 했는지, 결혼 계획은 있는지, 아이는 언제 낳을 것인지, 살은 언제 뺄 것인지 등등. 그러나 21세기의 냉정한 과학자가 느끼한 연애편지를 쓰던 20세기 청년이 더 이상 아니듯이, 당신도 과거의 당신이 아니며, 친척도 과거의 친척이 아니며, 가족도 과거의 가족이 아니며, 추석도 과거의 추석이 아니다. 따라서 '그런 질문은 집어치워주시죠'라는 시선을 보냈는데도 불구하고 친척이 명절을 핑계로 집요하게 당신의 인생에 대해 캐물어 온다면, 그들이 평소에 직면하지 않았을 근본적인 질문을 던지는 게 좋다. 당숙이 "너 언제 취직할 거니?"라고 물으면, "곧 하겠죠, 뭐"라고 얼버무리지 말고 "당숙이란 무엇인가?"라고 대답하라. "추석 때라서 일부러 물어보는 거란다"라고 하거든, "추석이란 무엇인가?"라고 대답하라. 엄마가 "너 대체 결혼할 거니 말거니?"라고 물으면, "결혼이란 무엇인가?"라고 대답하라. 거기에 대해 "얘가 미쳤나?"라고 말하면, "제정신이란 무엇인가?"라고 대답하라. 아버지가 "손주라도 한 명 안겨다오"라고 하거든 "후손이란 무엇인가?" "늘그막에 외로워서 그런단다"라고 하거든 "외로움이란 무엇인가?"라고. "가족끼리 이런 이야기도 못 하니?"라고 하거든 "가족이란 무엇인가?"라고. 정체성에 관련된 이러한 대화들은 신성한 주문이 되어 해묵은 잡귀와 같은 오지랖들을 내쫓고 당신에게 자유를 선사할 것이다. 칼럼이란 무엇인가.

추석을 즐기는 법

명절을 보내는 법 2

어떠한 고통도 결국 지나간다. 올 여름 사람들을 괴롭히던 무더위도 지나갔다. 예언하노니, 어느새 두세 주 앞으로 다가온 추석도 그렇게 지나갈 것이다. 곧 다가와 사라져갈 추석을 어떻게 하면 즐길 수 있을까?

제일 중요한 것은 추석에 대한 기대를 접는 것이다. 기대는 높을수록 충족되기 어렵고, 낮을수록 의외의 만족감이 있다. 최고를 열망했던 미야모토 무사시宮本武蔵는 마침내 천하 제일 검객이 된 뒤에 이렇게 중얼거렸다, 기대했던 것보다 기쁘지 않다. 추석은 명절이고, 명절은 축제이고, 축제는 일상보다 즐거워야 한다. 그러한 기대는 우리를 실망시킬 공산이 크다. 그러니 "더도 말고 덜도 말고 한가위만 같아라"라고 기대감을 부추기지 말라. 대신 "추석도 이번 생의 하루에 불과하지 않겠나"라고 말하라. 추석 특집 프로도 평소보다 더 재밌을 거라고 광고하지 말기 바란다. 부풀려진 기대 때문에 평소 연속극보다도 재미없을 가능성이 크다.

"가족과 이웃이 정을 나누는 명절"이라는 말도 너무 자주하지 않는 게 좋다. 그런 말은 명절을 맞아 갑자기 깊은 정의 사우나를 할 것 같은 기대를 준다. 그러나 한국의 많은 가족은 그런 기대를 충족시킬 만한 상태에 있지 않다. 새정치민주연합은 부양의무를 다하지 않는 자녀로부터 상속재산을 환수할 수 있도록 하는 '불효자식 방지법'을 추진하고 있다. 2015년 8월 24일 국회에서 열린 정책토론회에는 상속 뒤 자식들로부터 폭행을 당해 증여를 해지하는 소송을 진행 중인 78세의 어르신이 참석해 자신의 사례를 증언하기도 했다.

"추석은 민족 최대의 명절"이라는 말도 삼가는 게 좋다. 이미 한국 사회에 많은 다민족 노동자들이 살고 있다. 베트남 여성들이 한국에서 너무 많이 죽는다고, 베트남 정부가 공식 외교 채널을 통해서 항의하는 것을 보라. 도로변에 붙어 있는 "신부가 도망가지 않습니다"라는 국제결혼 주선 광고를 보라. 한국에 온 외국인들은 "빨리빨리 해", "때리지 말아요"와 같은 한국어를 빠른 속도로 습득하며 이 사회의 중요한 일부가 되고 있다. 그리고 한국에는 이미 오랜 다민족 전통이 있음을 잊지 말자. 조선왕조 창업공신의 일부는 여진족이고, 고려

후기 상당수의 왕들은 몽골 공주와 혼인했으며, 단군을 낳은 환웅과 웅녀는 같은 민족이 아니었다.

한복도 좀 더 보편적이고 일상적으로 즐길 수 있게 되면 좋겠다. 색동저고리는 아이가 입으면 예쁘지만, 어른이 즐길 만한 미니멀리즘은 없다. 물론 한복도 꾸준히 현대에 맞게 개량되어왔다. 그러나 나는 개량한복을 입고 나가 소개팅에서 실패한 학생들을 알고 있다. 그 학생들이 추석을 즐기기란 쉽지 않을 것이다.

추석 음식은 어떤가? '손이 많이 가는 음식이어서 교자상에 올리면 가장 좋은 대접으로 여겼다'는 신선로조차도 스스로 해 먹고 싶지는 않다. 손이 많이 가는 음식은 남이 해줄 때만 맛있다. 추석 음식을 마음 편히 맛있게 먹을 수 있는 사람은 직접 음식을 하지 않는 가정의 권력자들일 것이다. 그리고 21세기에도 여전히 송편 속에 콩을 넣는 만행이 지속되고 있다. 송편을 한입 물었는데 그 속이 꿀이 아니라 콩일 경우 다들 큰 좌절감을 맛보지 않나.

추석을 즐기기 위해서 자유민주주의라는 헌법 정신에 충실하기로 하자. 누구나 자기 손으로 신선로를 만들어 먹을 권리쯤은 있다. 콩이 싫다면 송편에 어떤 속을 넣을 것인가에 대해 토론하여 트라우마를 치유하자. 휴가를 제대로 쓸 수 없어 추석 연휴에야 비로소 고향에 내려갈 수 있는 사람들도 있을 것이고, 교통 체증을 피해서 미리 다녀올 사람도 있을 것이다. 새로 한국에 정착한 외국인은 추석을 맞아 자신의 정체성에 대해 새삼 생각해보게 될 것이고, 그만큼 이 공동체의 정체성도 탄력적이 될 것이다. 취직은 했느냐, 결혼은 언제 할 거냐, 라고 묻는 친척의 '위헌적 처사'를 견딜 수 없는 사람들은 보너스를 털어 비행기를 타기로 하자. 기내식 송편에는 콩이 없다.

무신론자의 추석

명절을 보내는 법 3

현대는 무신론자들과 더불어 살아야 하는 시대다. 상당수의 현대인은 신을 믿지 않는다. 신을 믿더라도 조상의 음덕을 진지하게 믿지는 않는다. 조상신이 제사를 지내준 후손에게 복을 베풀어줄 것이라고 더 이상 생각하지 않는다. 마찬가지로, 자신이 죽고 난 뒤 후손이 제삿밥 차려줄 것을 기대하지 않는다. 밀렵의 위험을 느낀 코끼리처럼 차라리 후손을 낳지 않기로 결심하기도 한다. 죽은 뒤에는 아무것도 없으며, 죽은 뒤에 남는 것은 살아남은 자의 기억뿐이라고 생각한다. 그러나 이러한 사람들도 추석이 오면, 도리 없이 고향이나 시댁에 가서 차례를 지내고, 낯선 친척을 만나고, 그들의 차례 설거지와 집안 청소 하기를 요구받을지 모른다.

이런 제사의례가 범사회적으로 정착된 것은 아주 오랜 옛날이 아니라 구조조정이 한창이던 조선 후기의 일이다. 국가로부터의 공공 서비스를 크게 기대할 수 없게 된 사람들이 조상 중에서 출세한 인물만 골라 시조로 기리고, 각종 의례를 준수하며, 자신들을 조직하기 시작했다. 당시 그러한 의례에 밝아 명성을 떨친 강 씨 부인이라는 여인이 있었다. 그녀는 자식을 많이 낳았으나 모두 그녀보다 먼저 죽었다. 그럼에도 불구하고 그녀는 의례와 도덕의 전문가라는 명성 덕분에 당시 여성으로는 드물게 자신의 문집을 후대에 남길 수 있었다. 남성 지배의 조선 사회에서 여성이 공적 발언권을 가지려면 남성들이 인정한 가치를 구현하는 수밖에 없었다. 아니면, 아예 보통 남성들이 범접할 수 없는 신내림을 받아 영험한 무당이 되어버리거나. 강 씨 부인은 남성들의 가치를 받아들여 그 속에서 인정받는 길을 택했다. 그녀는 남성들이 읽던 경서를 그들보다 더 열심히 읽었고, 그들이 만든 예절을 그들보다 더 잘 지켰고, 시댁의 조상과 후손을 이어주는 제사에 누구보다도 열심이었고, 심지어 시댁 조상들의 공적을 길게 찬미하는 글을 썼다. 그리하여 그녀의 문집은 가문에 의해 간행되어 오늘날까지 전해진다.

　　문집에서 그녀는 시댁 인물들의 공적과 취향을 전형적으로 나열한다. 그러다가 문득, 11대조 시할아버지 항목에 이르러 다음과 같은 문장을 남겨놓았다. "시할아버지께서는 젊은 시절 술에 취하여 꽃나무 아래 잠드셨다被酒, 睡於花樹下." 이것이 시할아버지에 대한 기록의 전부다. 아마도 시할아버지는 다른 친척들과는 달리 과거 공부를 해서 관료가 되거나, 경서를 읽어 학문적 업적을 쌓거나, 지역의 도덕군자가 되는 대신, 술에 거나하게 취하여 꽃나무 아래 잠드는 종류의 성취를 한 것 같다. 강 씨 부인이 남겨놓은 한 문장에 기대어, 당대의 지배적 경로로부터 일탈한 조선 시대 반영웅anti-hero을 그려본다. 시대와 불화를 일삼았던 그는, 왕조가 허락한 유일한 마약인 술에 취해, 흰색 대형견처럼 꽃그늘을 찾아 눕는다. 그리고 감기는 눈을 하늘을 향해 치켜뜨면서 톨스토이 풍으로 중얼거리는 거다. "나는 이 조선의 사회와 문화가 지겹다. 남의 집 조상 제사를 위해 허리가 휘도록 일하는 저 여인들의 고통을 동정한다. 그들을 위해서라면 혁명이든 무엇이든 하고 싶다, 단 설거지와 집 안 청소만 빼고."

꽃나무 아래 취해 누운 중세 지식인의 동공에 비친 하늘의 모습은 어떠했을까. 현대의 어느 도시에는, 지쳐 누운 사람들이 쳐다볼 수 있도록 철골에 시詩를 적어 허공에 설치하는 조각 프로젝트가 있다. 그곳에서는 사람들이 철골 조각 아래 누워 하늘을 배경으로 베르톨트 브레히트Bertolt Brecht의 시를 읽는다. 브레히트는 자신에게 제사를 지내주면 복을 내려주겠노라고 약속하는 대신 〈후손들에게〉라는 다음과 같은 글을 남겼다.

"힘은 너무나 약했고, 목표는 아득히 멀었다. 목표에 내가 도달할 수는 없었지. 목표가 시야에 들어왔다고 해도. 이 세상에서 내게 주어진 시간은 그렇게 흘러갔다……. 그러나 너희들은, 인간이 인간을 도와주는 그런 세상을 맞게 되거든 관용하는 마음으로 우리를 생각해다오."

희미한
희망 속에서

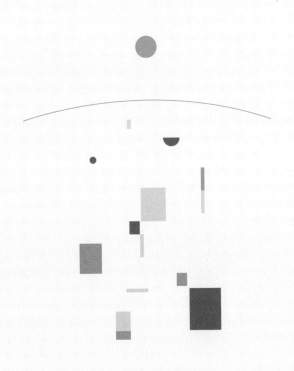

©KIMYOUNGMIN

그날은 한 학생이 최근에 돌아가신 자신의 아버지 이야기를 하며 눈물을 쏟았다. 이 세상에는 부모가 돌아가셨을 때 찾아가면 좋을 전문가는 없다. 그래서였을까. 나는 그날 학생을 잘 위로하지 못했던 것 같다. 나도 대학 시절 아버지가 돌아가셨다는, 위로가 되기 어려운 이야기만 털어놓았다.

수능 이후

만화 〈허니와 클로버〉의 주인공은 12월이면 어김없이 돌아오는 크리스마스가 달갑지 않다. "색색으로 깜빡이는 이 전구를 볼 때마다 가슴이 아파서. '넌 지금 행복하냐? 네가 있을 자리는 있냐?'고 누군가 따지는 것 같은 느낌이 들어서." 추운 겨울이 되면 어김없이 돌아오는 이 나라의 수능시험 역시 국어나 수학 문제만 묻지 않는다. 연말 거리의 반짝거리는 전구들처럼 따지듯이 묻는다, 넌 고교 시절 이것저것 꾹 잘 참았냐? 이 사회에 네가 있을 자리는 있냐? 너는 일 년 동안 뭘 한 거니?

이 무례한 질문에 너무 오래 시달려야 할 만큼 대학 입시가 중요하지는 않다. 대학 간판 말고는 딱히 자존감을 얻을 거리가 없는 인생을 살아갈 사람에게는 수능 성적이야말로 자기 인생의 결정적 지표일지 모른다. 그러나 미래를 향해 활보

해나갈 사람들에게 대학 입시는 지나가는 에피소드에 불과하다. 그 에피소드를 위해 온통 수단화된 공부만 하라고 다그치는 분위기 속에서 고교 시절을 보내야만 하는 청소년은 불행하다.

나 역시 대학 입시가 끝난 뒤에는 그 무익한 시간의 독(毒)을 씻기 위해 강원도로 여행을 갔던 기억이 있다. 지금은 고인이 된 선배 한 명, 그리고 대학 졸업 후 술집 주인이 된 친구 한 명과 함께. 군인들의 노역 흔적이 남아 있는 인제, 원통 지역 산비탈을 넘어 길가 움푹 파인 곳에서 침낭을 펴고 노숙을 하던 기억이 지금도 생생하다. 그 추위 속에서 대학에 가지 않아도 되는, 다른 생을 꿈꾸었다.

그 후 이 나이가 되도록 대학을 떠나지 못하는 삶을 살았다는 것은 하나의 아이러니다. 그 과정에서 대학 입시의 문제점은 단지 가혹한 경쟁이나 청춘의 덧없는 소진에 그치는 것이 아니라는 것을 보다 분명히 깨닫게 되었다. 입시 공부가 갖는 또 하나의 큰 문제는, 많은 이들로 하여금 공부를 싫어하게 만든다는 것이다. 공부하는 곳에 입학하기 위해 공부가 싫어지는 체험을 해야 하는 역설이 대학 입시 공부에 있다.

더 큰 문제는 그 싫어진 공부가 곧 공부의 전부라고 착각하게 되는 것이다. 대학 진학이라는 목표에 고교 시절을 갈아 넣은 뒤, 대학에 들어오자마자 취업을 대비하라는 사회의 명령을 듣는다. 그리하여 취업이라는 목표에 대학 시절마저 갈아넣고 나면, 시험을 위한 수단이 아닌, 또 다른 종류의 공부가 존재한다는 것도 모르고 나머지 생을 살게 될 수도 있다. 자신은 공부라면 다 지긋지긋하게 싫어하는 사람이라고 믿으면서.

한때 양식洋食을 대하는 나의 태도가 그랬다. 미국 유학 시절, 양질의 식사를 할 형편이 못되어, 주변에서 쉽게 구할 수 있는 값싼 양식을 생존이라는 과제를 완수하기 위해 계속 먹었다. 맛이 없었다. 20대 후반까지 비행기를 한번도 타보지 못했던 '토종' 한국인답게 나는 양식을 싫어하는구나, 라고 생각하며, 그러나 살기 위해 먹었다. 그렇게 세월이 흘러 어느덧 미국에서 직장 생활을 시작하게 되었다. 나아진 경제 사정 덕에 그럴싸한 레스토랑에서 생존 여부를 염두에 두지 않고 좋은 양식을 먹을 수 있었다. 이럴 수가. 맛있었다. 내장이 환해지는 느낌이었다. 나도 양식을 좋아하는구나. '토종' 한국인도 양식을 좋아할 수 있구나.

우리가 고급 양식만 먹으며 일생을 살 수는 없는 것처럼, 정신을 환하게 하는 사치스러운(?) 지식만을 추구하며 평생을 소일할 수는 없을 것이다. 생활인으로 살기 위하여 입시, 취직, 고시 공부를 해야만 하는 때도 있을 것이다. 그러나 애써 시험

공부를 해서 기왕에 대학에 들어왔다면, 반드시 지식을 통해 머리에 전구가 들어오는 경험을 해야 한다. 자루에 갇혀 있다가 튀어나온 고양이처럼 그러한 사치스러운 지적 경험을 찾아 캠퍼스를 헤매야 한다. 그리고 입시를 위해 보내야 했던 그 지루했던 시간에 대한 진정한 보상을 그 환한 앎에서 얻어야 한다. 세상에는 자신이 진심으로 좋아할 수도 있는 다른 종류의 공부가 있음을 영원히 모른 채로 죽지 않기 위해서.

신입생을 위한 무협지

강호는 혼란에 빠졌다. 권력자가 마교魔敎에 빠졌다는 풍문이
돌자 협객들이 대권이라는 천하제일검을 얻기 위해 불나방처
럼 질주하고 있다. 대학의 신입 소협들은 중원의 혼돈에 동요
하지 말고 수련에 정진해야 한다. 학령인구가 줄어들어 대학
에도 곧 피바람이 불 것인바, 자격증 초식, 봉사 활동 초식, 교
환학생 초식 정도로는 이 험한 강호에서 살아남기 힘들다. 이
에 전래의 무공비급 '용비필패庸鄙必敗'의 내용을 전한다.

　　대학 무림에는 경계해야 할 다섯 사술邪術이 있으니, 꿀강의,
연환계連環計, 사이다, 국뽕, 암기구토暗記嘔吐가 바로 그것이라.
내용 없이 학점만 잘 주는 꿀강의에 탐닉하다 보면, 근골이 약
해지고 정신의 당뇨병에 걸리게 된다. 온갖 학연, 지연으로 엮
는 연환계만 믿고, 개인의 내공연마에 소홀하면, 결국 인간지
네의 형벌을 받게 된다. 사이다 발언은 듣는 순간에만 시원할

뿐, 논리가 부족한 경우가 많으니, 사이다만 들이켜다 보면 논리 내공은 날로 추락하게 된다. 추락한 자존감을 회복하기 위해 한갓 국뽕에 취하면, 뇌혈맥이 뒤틀려 다시는 이성적 사고를 할 수 없게 된다. 구토암기란 강의 내용을 달달 외워 답안지에 토한 뒤 곧 잊어먹는 것이니, 자신의 내공을 조금이라도 단련하고 싶으면 단연코 피해야 할 수련 방식이다. 단련을 위해서는, 기말 페이퍼 철사장鐵砂掌 첨삭 지도를 손수 해주는 교수를 찾아야 한다. 자기 시간을 할애하여 소협들을 단련시키는 그들만이 강호의 진정한 존자尊者다.

대학 무림에는 경계해야 할 다섯 존자가 있으니 보직자, 적혈단赤血團, 정년보장교수, 무념존자無念尊者, 사파邪派가 바로 그들이라.

첫째, 고위보직자. 대학의 재정이 날로 위태로워짐에 따라 이들은 눈을 마주치면 도저히 기부금을 꺼내놓지 않고는 못 배기게 만든다는 중원의 황금충 역할을 맡게 되었다. 등록금에도 허덕이는 신입 소협이면서 고액의 기부금을 냈다가는 거지들의 무림방파인 개방파로 쫓겨 갈 수 있다.

둘째, 대학 최강의 살수집단 적혈단. 이들은 어떤 다혈질 젊은이라도 맥을 못 추게 하는 빨대신공을 통해 젊은 노동력을 착취한다. 빨대술에 능한 존자들은 기척도 없이 뒤를 선점하므로, 돌아보면 이미 자신의 목덜미에 꽂혀 있는 핏빛 빨대를 발견할 수 있을 것이다. 배움과 정당한 보상이 따르지 않는 노역이 부과될 때는 삼십육계가 최선이다.

셋째, 정년보장교수. 일개 문파를 이룰 만큼 무공 성취를 했기에 정년을 보장받았다는데, 진짜 그런지는 확실치 않다. 이들은 불사지체不死之體여서, 무림맹주 대학총장조차도 이들을 65세 이전에 직업적 죽음에 이르게 할 수 없다. 그 불사지체의 광기를 다스릴 내공이 없는 교수들은 정계, 관계, 재계를 기웃거리며 허명을 좇는 마인魔人이 되어버리기도 한다. 간혹 내공을 갖춘 자가 불사지체를 얻어 개성 있는 학적 성취를 이루고, 영재들과 사귀는 것을 삶의 즐거움으로 삼는 경우도 없지는 않다.

넷째, 불사지체 중에는 무념존자라고 불릴 만큼 세상일에 초탈해져 경신술의 최고 경지인 허공답보虛空踏步만 일삼는 이들이 있다. 이들의 인격은 대체로 온후한 편이나, 배움을 청하면 그저 "기운을 내게"라고 한마디 건넬 뿐이니, 내공강기를 키우는 데는 별 도움이 되지 않는다.

다섯째, 제도권 정파正派의 부패를 참지 못하고, 그만 흑화黑化하여 사파가 되어버린 이들이 있다. 이들은 정파의 초식을 무시하고, 무공의 기준을 대중의 갈채에 두는 경향이 있다. 그러나 정파가 부패했다는 사실이 곧 사파의 실력을 보장하지는 않는다.

대학에 환멸을 느낀 나머지 퇴학을 꿈꾸는 경우도 있는데, 학위 과정이라는 천라지망天羅地網에 갇힌 이상 섣불리 퇴학하지 말고, 운기조식運氣調息의 기회를 갖는 것이 좋다. 이 아수라에서는 어차피 어떤 성취의 희열도 짧기 마련이니, 지나친 허무감을 경계하라. 허무는 대개 금강불괴金剛不壞가 되지 못한 허약한 체력에서 유래하나니, 왜 사는지 잘 모르겠거든《슬램덩크》의 정대만처럼 애절한 목소리로 교수에게 말하라. 선생님, 고기가 먹고 싶어요.

이른바 엘리트가 되겠다는
학생들을 위한 격려사 둘

제32대 관악민국 모의국회 공연을 축하합니다.

모의국회 공연을 한다는 것은 멋지고 대단한 일이라고 생각합니다.

첫째, 모의국회 공연은 순간적인 충동에 의해 가능한 것이 아니라 상당 기간 준비를 통해 이루어집니다. 이는 곧 여러분들이 많은 것들을 인내했으며, 자신들이 가진 에너지를 일정한 방향으로 모아나가는 데 성공했다는 것을 뜻합니다. 준비 과정에서 괴로운 일도 많고, 보기 싫은 사람들도 많아, 그만확 돌아버리고 싶은 순간들도 많았을 텐데, 끝내 이 일을 해냈습니다. 멋지고 대단한 일입니다.

둘째, 모의국회는 하나의 전통이 되었습니다. 많은 것들이 덧없이 사라져가는 이 세상에서, 연애 지속 기간도 해가 다르게 짧아져가는 이 덧없는 세상에서, 어떤 것을 부여잡고 지켜나가서 하나의 전통으로 지속시켰다는 것 역시 멋지고 대단한 일이라고 생각합니다.

셋째, 국회는 토론 deliberation을 핵심으로 합니다. '토론의 형식을 통해 말하기'란 대체로 인간에게 국한된 활동입니다. 아메바와 같은 미생물, 바닷가재와 같은 갑각류, 주꾸미와 같은 연체동물, 마그네슘 같은 광물이 토론에 종사했다는 말을 들어본 적이 없습니다. 여러분들이 모의국회를 통해 '토론'을 한다는 것은, 인간 이외의 사물들 — 광물, 갑각류, 어패류 — 과는 구별되는 인간이라는 종種의 특성을 구현한다는 것을 의미합니다. 인간의 특성을 구현하면서 동시에 인간의 한계 역시 자각했으리라고 생각합니다. 멋지고 대단한 일입니다.

넷째, 모의국회는 토론인 동시에 공연입니다. 공연은 청중을 전제로 합니다. 이는 곧 타인의 관심을 불러일으킨다는 것을 말합니다. 남의 관심을 호출하는 데 성공했다니, 멋지고 대단한 일입니다. 그리고 공연은 공연에 대한 평가를 동반한다는 점에서, 타인의 평가 속에 과감히 자신을 노출시키는 용기 있는 일입니다. 그 노출을 통해 여러분들은 존재의 외로움에서 잠시 벗어났다고 생각합니다. 역시 멋지고 대단한 일입니다.

다섯째, 모의국회 행사는 그 실행과 더불어 여러분들의 기억이 됩니다. 여러분들은 학교에 다니면서 과제물 제출도 종종 잊어먹고, 선생님께 인사하기와 같은 예의도 가끔 잊어먹곤 했습니다. 과연 인간은 망각의 동물이라고 하지 않을 수 없습니다. 그런 망각의 늪을 헤치고 나와, 이런 기억을 공유하게 된다는 것은 정말 멋지고 대단한 일입니다. 삶에서 기억이란 도대체 무엇일까요?

여섯째, 그리고 모의국회 공연을 한다는 것은, 여러분들이 일단 살아 있다는 것을 의미합니다. 죽은 자가 모여서 모의국회를 했다고 들어본 적은 없습니다. 세계 제일의 청년 자살률을 보이는 국가에서 이렇게 살아남아 공연을 해낸다는 것은 멋지고 대단한 일입니다. 이 기세를 몰아, 모의국회에 참여한 여러분 모두 무병장수하기 바랍니다.

국회는 대의representation 기관입니다. 국회를 통해서, 의견은 대표되고 토론됩니다. 그러나 모든 것이 대표될 수 없고, 모든 것이 토론될 수도 없습니다. 그렇다고 대표한다는 것과 토론한다는 것이 무의미한 일은 아닐 것입니다. 언젠가 돌이켜보아, 여러분들의 젊음이 모의국회를 통해 대표되었다고 느끼기를 기원합니다.

2012년 8월, 아시아미래지도자포럼AFLA이 상하이에서 성공적으로 개최되었다고 합니다. 준비한 여러분의 노고를 기억하며, 아래와 같이 적습니다.

먼저 '미래지도자'라는 표현은 자칫 불온한(?) 인상을 주기 십상이라는 것을 잊지 말기 바랍니다. 미래지도자라는 표현이, 미래에 꼭 지도자가 되고야 말리라는 결심을 담은 것이라면, 저는 걱정이 앞섭니다. 사실, 인간은 미래를 예측, 통제할수 없는 한심한 존재라고 하겠습니다. 미래를 예측, 통제하고자 했던 많은 인간의 시도들은 실패로 끝나거나, 역설적인 결과를 초래했음을 인류 역사는 말해주고 있습니다. 그리고 미래를 예측하고 통제한다고 한들 그것이 꼭 좋으리라는 법도 없습니다. 만만하지 않은 상대를 애써 예측하고 통제하려 들다 보면, 과도하게 진이 빠지기 십상입니다. 진이 빠지면, 다른 일에 대한 집중력이 떨어져서, 정작 더 중요한 일(이를테면 '미래'가 아닌 '현재')에 소홀하게 될 수도 있습니다.

인생에는 굴곡이 많아서 자신이 장차 지도자가 될지 안 될지 우리는 사실 알 수 없습니다. 예전에 별거 아니었던 이가 새로운 상황을 만나서 빛이 나는 경우도 흔하고, 한때 뛰어나 보이던 사람이 결국 진정한 실력을 갖지 못한 이로 판명되는 경우도 흔합니다. 그리고 지도자라는 자리가 꼭 좋은 것이라고 하기도 어렵습니다. 지도자에게는 책임이 따릅니다. 책임은 대개 무겁습니다. 무거운 것을 들고 있다 보면 힘이 듭니다. 오랫동안 힘든 상태가 지속되면, 우울해집니다. 우울한 나머지 책임을 다하지 못하면 사람들이 싫어합니다. 그뿐 아니라 일을 너무 잘해도 사람들이 시기하는 경우가 있습니다. 소위 지도자의 영광에는 이렇게 힘든 면이 함께 하곤 합니다.

그렇다면, 아시아미래지도자포럼이란, 미래에 꼭 지도자가 되고야 말리라는 결심을 가진 이들의 모임을 뜻하기보다는, 어쩌다 보니 미래에 지도자가 되는 상황에 처하더라도 크게 당황하고 싶지 않은 이들의 모임을 뜻하는 게 좋지 않을까요? 적어도 저는 그렇게 생각합니다. 여기에 대해 꼭 동의할 필요는 없습니다.

추신 : 단체로 잠바를 맞춰 입을 때, 제발 등에다가 '미래지도자'라고 쓰지 말기 바랍니다. 우리는 정신줄을 놓으면 안 됩니다.

만화책이 아니면 죽음을 달라

우리는 종종 쉬고 싶다. 아닌 게 아니라, 밤에 제대로 쉬지 못하면 아침을 제대로 맞을 수 없다. 주말에 제대로 쉬지 못하면 월요일을 제대로 맞을 수 없다. 방학 때 제대로 쉬지 못하면 새 학기를 제대로 맞을 수 없다. 실로 쉬는 것은 중요하다.

그러나 쉬는 것은 생각보다 쉽지 않다. 우리는 얼마나 종종 불면과 숙취 끝에 월요일을 맞는가. 우리의 주말은 얼마나 종종 갑자기 찾아온 불청객으로 망쳐지곤 하는가. 그리고 우리의 방학은 왜 우리의 기대보다 짧은가.

그렇다면 잘 쉬는 것은 어떻게 가능한가? 쉬기 위해서는 일단 열심히 일해야 한다. 무엇엔가 열심히 종사하지 않은 사람은, 잘 쉴 수도 없다. 열심히 종사하지 않은 사람의 휴식에는 불안의 기운이 서려 있기 마련이다. 쉰다는 것이 긴장의 이완을 동반하는 것이라면, 오직 제대로 긴장해본 사람만이 진정한 이완을 누릴 수 있다. 당겨진 활시위만이 이완될 수 있다.

대개의 경우, 학생에게, 그 긴장은 곧 공부를 의미한다. 이를테면 정해진 기간 내에 박사학위를 끝내야 하는 학생은 얼마나 긴장되는가. 필자가 박사 논문을 끝내자 지도하셨던 선생님 한 분이 말했다. 이제 얼마간 쉬게나. 나는 약간의 복수심을 섞어 대꾸했다. 그럼 선생님, 이제 쉬는 법을 가르쳐주세요. 쉬는 법을 공부하렵니다. 그때 선생님은 오랜만에 웃었고, 우리는 쉬는 법을 가르쳐주지 않는 대학/원 교육의 맹점에 대해서 입을 모아 개탄했다.

내가 권하는 쉬는 방법은, 우선, 연인의 무릎을 베고 자는 것이다. 그/녀의 무릎에 머리통을 대는 순간, 젖과 꿀이 질질 흐르는 달콤한 휴식이 당신을 덮칠 것이다. 그러나 연인은 가장 필요할 때 우리에게 없는 법이다. 연인이 우리 곁에 없을 때, 가장 적은 노력으로 최대의 휴식을 얻는 방법으로, 방바닥에 뒹굴면서 만화책을 보는 것을 추천한다.

그럼 저 많은 만화책 중에 무엇을 보아야 하는가? 나는 현대 한국을 대표하는 만화가로서 김진태를 꼽는 데 주저하지 않겠다. 《시민쾌걸》을 통해 보다 대중적으로 알려지기 시작한 그의 대표작은, 작가 본인이 인정한 바 있듯이, 《보글보글》이다. 《보글보글》은 현대 개그 만화의 금자탑이며, 지난 수십 년간 한국 문화에 축적된 각종 기호들에 대한 기지 넘치는 패러디다.

세계 평화를 위협하는 악의 조직 '마그마'의 오락부장과 한판 대결로 시작하여, 오대양 육대주를 넘어 저 은하계까지 종횡무진 누비는 《보글보글》의 그 복합적인 스토리를 이 짧은 지면에 요약하는 것은 불가능하다. 다만 김진태의 만화가 보여주는 영롱한 통찰을 몇 가지 소개해보자.

김진태 만화의 단골 캐릭터인 대머리 황가두는, 대머리에게는 어떤 헤어스타일이 어울리는가, 라는 해묵은 문제에 대해 선명한 해결책을 제시해주었다. 대머리가 멋진 헤어스타일을 유지하기 어려운 결정적인 이유는, 적은 수의 머리털로 넓은 이마를 커버해야 하는 데 있다. 적은 수의 머리털로 넓은 이마를 덮으려다 보니, 뭔가 턱도 없이 빈곤한 자원을 가지고 불가능한 임무를 억지로 수행하는 데서 오는 위기감이 머리통 위를 감돌기 마련이다. 황가두는 얼마 안 되는 머리털로 광활한 마빡을 덮어보려는 허망한 시도를 과감히 걷어치우고, 유일하게 풍부하게 자라는 뒷머리를 그냥 뒤쪽으로 마냥 길러 스트레이트파마를 한다. 이러한 발상의 전환을 통해, 불가능한 임무를 억지로 수행하는 데서 오는 위기감은, 과감한 포기를 통해서만 얻어질 수 있는 비장미로 승화된다. 그러한 비장미는 황가두의 화려한 폭력과 잘 어울린다.

두 번째로 지적하고 싶은 것은, 김진태 만화에 등장하는 단골 캐릭터들의 이름이다. 대표적인 예로, 귀여운 호색한 '깍귀'를 들 수 있다. '깍'두기의 귀여움과 까마'귀'의 재수 없음을 단 두 음절만 사용해서 종합해내는 작명 실력은 김진태가 시인에 가까운 언어 운용 능력과 변증법의 대가임을 증명하고 있다.

셋째, 김진태는 표현하기 어려운 관념을 손에 잡힐 듯한 구체적인 시각적 대상물로 치환하는 놀라운 능력을 보여준다. 《보글보글》에 나오는 애잘빼옹이란 캐릭터는 한(恨)이 맺힐 때마다, 울컥 흰 점액질을 토해낸다. 그 점액질은 어떤 강고한 물체도 부식시키는 강한 산도를 가지고 있어서, 그 점액질만 발사하면 그 어떤 악당, 그 어떤 역경도 쉽게 물리칠 수 있다. 쉽게 정의하기 어려운 한, 번역하기 어려워 영어에서도 그냥 'han'이라고 표기하고 마는 그 오묘한 관념을, 점액질과 산도를 지닌 토사물로 형상화한다는 것은, 김진태가 소위 민족의 전통적 정서에 대해 얼마나 심도 깊은 이해를 가졌는지 웅변한다. 누군가 한을 점액질의 토사물이 아니라 바삭거리는 포테이토칩에다 비유한다면, 그것은 또 얼마나 우리를 한 맺히게 할 것인가.

당신이 간절히 쉬고 싶을 때, 그럼에도 불구하고 연인의 무릎이 주변에 없을 때, 김진태의 만화를 읽는 것보다 더 효과적으로 쉬는 방법은 없다. 김진태의 만화를 읽으며 낄낄대다 보면, 어느덧 당신의 심신은 충분한 휴식을 취하고, 새로운 일에 착수할 에너지와 용기를 얻을 것이다.

누가 그랬던가, 휴식의 궁극은 죽음이라고. 쉬고자 하는 욕망의 끝에는 죽고자 하는 욕망이 도사리고 있다고. 만화책으로부터 우리가 휴식을 얻지 못한다면, 우리는 자칫 죽음을 통해서라도 휴식을 취하려 들지 모른다. 그래서 나는 이렇게 말할 수 있다. 만화책이 아니면 죽음을 달라!

대학원에 가고 싶은데요

사람들은 가끔 내심 결정을 내려놓고서, 상대의 인정을 얻기 위해 의견을 구할 때가 있다. 이를테면 평생을 함께하기로 이미 자기들끼리 약속해놓은 뒤, 결혼 상대를 부모에게 소개하는 경우를 들 수 있다. 결혼생활이야 어차피 당사자가 알아서 감당할 일, 축하해주고 격려해주면 그만일지 모른다. 의례적으로 "저 사람 괜찮을까요?"라고 묻는 질문에, 정색을 하고 약혼 상대의 단점을 솔직히 말했다가는 오히려 서로 감정을 상할 수 있다. 그렇다고 다짜고짜 역성을 들면, 세월이 흐른 뒤에 난처한 상황에 처할지도 모른다. 열렬히 사랑해서 결혼했건만, 막상 함께 살아보면 상대가 꼭 계속 좋으리란 법은 없기 마련. 결혼생활의 위기에 봉착한 자식이 어느 날 다시 찾아와 따지기 시작하는 거다. 아니, 자식이 결혼하려 든다고 그렇게 쉽게 허락해주는 부모가 어딨어요! 좀 자세히 알아도 보고,

반대도 하고 그래야지, 부모가!

총명한 학생이 찾아와 박사 과정에 진학하고 싶다고 상담을 청할 때는 어떤가. 요즘 같은 세상에 순수 학문을 추구하겠다는 뜻이 가상한 나머지 "음, 세계적인 학자가 될 기운이 느껴지는걸. 자네, 도(道)를 알고 싶지 않나"라고 부추겨야 할까. 덜컥 대학원 진학을 권했다가, 세월이 흐른 뒤 다시 찾아와 따지면 어떡하란 말인가. 아니, 대학생이 대학원에 가고 싶다고 하는데 그렇게 쉽게 허락해주는 교수가 어디 있어요! 좀 자세히 알아도 보고, 반대도 하고 그래야지, 교수가! 이럴까 두렵다. 그래서 21세기 한국에서 대학원에 진학한다는 일이 갖는 잠재적 위험에 대해 자상하게 말해주고 싶다. 학위 취득 후, 취직 기회가 충분하지 않아 경제적 어려움이 있을 수 있다는 것 정도는 학생들도 대개 알고 있다. 따라서 좀 더 다른 각도에서 상담을 해줄 필요가 있다.

"먹고살기 힘들다 보니, 세상 사람들이 진리를 일종의 먹을 것으로 생각하는 경향이 있어요. 지금 하는 연구가 먹고사는 일에 얼마나 도움이 되는지 증명하라는 사회적 요구가 심해요. 한국에서는 개를 먹잖아요? 그러니 개를 예로 들어 설명해보죠. 사람들이 개를 먹는 사회에서 개를 키우다 잃어버린다는 것은 정말 무시무시한 일이겠죠. 얼마 전에도 이웃집 개에게 먹이를 줘서 유인한 뒤 목을 달아 죽이고 사람들이 나누어 먹은 일이 있었죠. 보도에 따르면, 개를 키우던 처녀의 아버지에게 함께 먹자고 초대까지 했다고 하네요. 한국에서 진리라는 이름의 개를 키우고, 사랑하고, 탐구한다는 것은 그만큼 위험한 일일 수 있어요."

그 정도로 위험한 일이라면, 왜 학자들은 진리탐구에 종사하는 거죠?

"비극적이고 로맨틱하니까요. 로미오와 줄리엣을 보세요. 박해받을수록 사랑은 뜨거워지기 마련이죠."

그렇다면 저도 진리와의 화끈한 로맨스에 빠져보고 싶습니다.

"음, 혹시 더닝-크루거 효과Dunning-Kruger effect라는 말을 들어보았나요. 일종의 심리편향인데, 쉽게 말하자면 이런 거죠. 무식할수록 용감하다. 무식한 사람일수록 진리를 안다고 설치는 반면, 유식한 사람일수록 진리에 대해 잘 모르겠다고 하는 거죠. 하루가 멀다 하고 언론매체에 나와서 '진리'를 설파하는 사람은 대개 사기꾼일 가능성이 높아요. 사람은 결국 죽는다는 게 인생에 대한 스포일러라면, 진리를 결국 다 알 수 없다는 게 학문에 대한 스포일러입니다. 요컨대, 진리를 알기 위해서라기보다 자신의 무지를 깨닫기 위해서 학문을 하는 셈이죠. 자신의 무지를 깨닫는 건 고통스러운 일이에요."

그렇다면 저는 대학원 진학을 포기하고 월급 많이 주는 회사를 찾아 취직해야 하는 걸까요?

"적성에 맞아야죠. 그렇지 않으면, '회사를 다니고 있는 내가 진정한 나일까? 대학원에 다니면 좀 더 훌륭한 사람이 될 수 있지 않을까? 내가 돈을 버는 건 결국 진리를 탐구하기 위해서가 아닐까?' 하는 생각이 끊임없이 이어질지도 모르죠."

선생님은 이 길이 적성에 맞는지는 어떻게 아셨어요?

"초등학교 5학년 때 담임선생님이 글짓기 숙제를 낸 적이 있었어요. 어떤 주제로 써와도 좋다는 뜻에서, 칠판에 '글짓기 주제는 자유'라고 쓰셨죠. 다른 학생들은 자기 마음대로 일상에 대해서 글짓기를 해온 반면, 나는 자유liberty에 대해 글을 써갔죠. 담임선생님이 걱정스러운 눈초리로 나를 보면서, 회사에 취직해서 매출 떨어뜨리지 말고 다른 길을 가라고 말씀해주셨어요."

학자가 되면 좋은 점은 없나요?

"어느 시점이 되면, 내가 책을 좋아할 뿐 아니라 책도 내심 나를 좋아한다는 느낌이 들기 시작하죠. 나도 책을 읽으면 행복하지만, 책도 나에게 읽히는 게 분명 행복할 거야, 라는 충족감이 들죠. 그리고 직장인들이 월요일 아침에 허겁지겁 출근할 때, 창문을 열고 '월요일이란 무엇인가!'라고 소리를 지를 수 있어요."

레이디 버드와 소공녀

1970년대 후반까지만 해도 하버드, 예일 등 '아이비리그Ivy League'라고 일컬어지는 미국 동부의 명문대학교 상당수에 여성들은 입학할 수 없었다. 그러한 정책의 기저에는 여성에게 고등교육은 어울리지 않는다는 사회적 편견이 있었다. 그렇다면 여성들은 그러한 편견에 굴복하고 말았을까? 그럴 리가. 19세기 중후반부터 생겨난 '세븐 시스터즈the Seven Sisters'라고 일컬어지는 일련의 명문 여대들이 여성들에게 고등교육의 기회를 부여했다.

그 결과 어떤 일이 일어났을까? 물론 그들은 먼저 연애를 했다. 1970년에 만들어져 아카데미 영화상을 휩쓴 영화 〈러브 스토리〉는 당시 남자 대학이었던 하버드 학생 라이언 오닐과 여자 대학이었던 래드클리프 학생 알리 맥그로 간의 연애를 그리고 있다. 연애 혹은 학업을 통해 자신을 단련한 여성들 중에서 결국 사회적 리더가 배출되었다. 캐서린 헵번과 같은 배우는 아카데미상 여우주연상을 네 번이나 받았고, 힐러리 클린턴은 대통령 후보가 되기도 했고, 드루 길핀 파우스트Drew Gilpin Faust는 하버드대학의 총장이 되었고, 일본 유학생은 귀국하여 일본에 쓰다주쿠대학津田塾大學이라는 여자 대학을 세웠다.

그러한 여자 대학에서 생애 첫 직장을 얻게 된 것은 내 쇄골에 떨어진 작은 행운이었다. 그곳에는 정말 미숙하지만 에너지가 폭발하는 여학생들이 모여 있었다. 이른바 '레이디 버드 lady bird'들. 그래서 당시 30대 한국 남성이 경험할 수 없었던 레이디 버드들의 웃음, 울음, 괴성, 논변, 항변을 경험할 수 있었다. 그러던 어느 날 사서가 도서관 지하실의 고서 무더기를 가리키며 내게 말했다. "19세기 말 졸업생 한 명이 한국을 여행하며 사들인 고서예요. 손주들이 할머니 모교에 기부했죠." 즉 당시 한국이라는 먼 나라까지 찾아온 서양 여성은 《한국과 그 이웃나라들》이라는 여행기를 남긴 이사벨라 비숍 Isabella Bird Bishop만이 아니었다. 에너지와 호기심을 주체할 수 없어 어디론가 떠나야 하는 레이디 버드의 전통은 오늘날에도 지속된다. 선글라스를 끼고 "I want to take issue with that(이의 있소)"라는 말을 즐겨 쓰던 기타리스트 J는 졸업식에서 나에게 이렇게 말했다. "난 이제 대륙을 횡단할 거예요."

세월이 흘러 나는 그곳을 떠났고, 한국의 남녀 공학에서 대학생을 가르치는 중년 남자가 되었다. 그러다 얼마 전 미국 여학생의 대학 진학 전야를 다루었다는 영화 〈레이디 버드〉(2018)가 개봉했다는 소식을 들었다. 이미 밤이 깊었고, 검토해야 하는 수업 자료가 산적해 있었지만, 옛 학생들을 재회하는 기분으로 집을 나서 동네 극장으로 갔다. 미국 여학생의 좌충우돌 성장기 같은 것은 이 땅에서 인기가 없는 것인지, 관객은 많지 않았다. 게다가 나는 하필 혼자 온 여자 (대학생?) 옆에 자리가 배정되어 영화를 보게 되었다. 〈레이디 버드〉를 혼자 보러 오는 중년 남자는 달리 없는 탓인지, 아니면 무릎이 나온 추리닝을 입고 있어서 그랬는지, 그녀는 경계하는 눈초리로 나를 쏘아보았다. 마치 바바리맨을 보는 것처럼. 억울했다. 항변하는 상상을 해보았다. "난 직장에서 당신 같은 사람을 일상적으로 보고 살며, 미국에서는 여자 대학이 직장이었다. 그리고 배우 전도연을 닮았다고들 한다. 그런데 왜 날 바바리맨으로 취급하는가. 나를 추리닝맨이라고 하는 건 참을 수 있다. 사…… 사실이니까. 하지만 나를 바바리맨으로 간주하는 건 참을 수 없다. 난 바바리가 없으니까!"

그러나 항변을 포기하고 그냥 영화를 보았다. 이 땅에서는 중년의 남성이 바바리만 걸치고 여학교 앞에서 추행을 일삼는 것이 사실이니까. 그런데 내 옆의 그녀가 영화 후반부부터 울기 시작했다. 엄마와 딸의 갈등이 격화되는 부분에 가서는 소리 내어 흐느끼기까지. 직장에서라면 교수의 탈을 쓰고 근엄하게 위로할 수 있었을 텐데. "너무 슬퍼 말아요. 고기를 먹으면 기분이 나아질 거예요." 그러나 동네 극장에서 나는 한갓 추리닝맨에 불과했다. "잘 추스르고 무사히 귀가하길 빌어요"라고 나직하게 중얼거리며 집으로 돌아왔다.

그다음 날에는 한국판 레이디 버드라는 〈소공녀〉(2017)를 보러 갔다. 전날의 과오를 반성하며 이번에는 정갈한 옷으로 갈아입고 영화를 보러 갔다. 혼자 이 영화를 보러 온 중년 아저씨 관객은 이번에도 나뿐인 것 같았지만, 이번에는 내가 흐느껴 울 것 같은 영화였다. 〈레이디 버드〉에 나온 여학생보다 훨씬 더 경제적으로 불우했기에 결국 노숙자가 되고 만 여자 주인공이 불쌍해서가 아니었다. 내가 되고 싶었으나 될 수 없었던 의연하고 강한 사람이 거기 있었기 때문이었다. 이 영화는 이제 멀티플렉스 극장에서 쫓겨나 어디 눈에 잘 띄지 않는 동영상 스트리밍 서비스 사이트에서 노숙하고 있을지 모른다. 어서 가서 이 시대의 가장 의연한 캐릭터를 만나보시길.

ⓒKIMYOUNGMIN

아이 캔 스피크

당시에는 그렇게까지 여운이 길게 남을 줄 몰랐는데, 시간이 지나도 바래지 않는 기억들이 있다. 이를테면 오래전 파리에서 읽은 이메일이 그렇다. 학회를 마치고 피곤한 몸으로 숙소에 돌아와 컴퓨터를 켜자 조교가 보내 온 간결한 한 줄짜리 메시지가 나를 기다리고 있었다. "선생님, 오실 때 잊지 말고 선물 사오세요." 이 말의 앞에도 뒤에도 다른 내용은 없었다. 조교는, 교수가 혹시 자기에게 줄 선물을 잊을까 봐, 오직 이 한 줄을 쓰기 위하여, 일부러 시간을 내어, 컴퓨터 자판을 두드렸던 것이다.

그래서 결국 선물을 사갔던가? 어쨌거나 그 이메일이 오랫동안 기억에 남게 된 것은, 그 내용 자체보다는 그 이후 대학의 모습 때문이었다. 그 무렵부터 언론에서 한층 자주 교수들의 대학원생 착취, 추행, 폭행 사건들을 보도했다. 해당 사례가 늘어난 것일까, 원래 있던 관행이었는데 단지 보도 횟수가 늘어난 것뿐일까. 어쨌거나 그러한 희비극이 계속되자 스스로에게 물어보지 않을 수 없었다. 나도 혹시 쓰레기 교수인가. 쓰레기라면 타는 쓰레기인가, 타지 않는 쓰레기인가.

어쩌면 인간은 다 쓰레기일지도 모른다. 그래서 오늘도 마주치는 개들에게 속삭인다, 네가 좋아하는 인간이라는 포유류는 사실 좀 그렇단다. 그러나 사람들은 자신이 쓰레기일지는 몰라도 순수에 가까울 정도의 전폭적인 쓰레기는 아니기를 바란다. 최소한의 존엄에 대한 환상이 있어야 인간은 제정신을 유지하며 살아갈 수 있다(고 나는 믿는다). 그래서 자신의 어느 한 조각만큼은 쓰레기가 아니라고 믿고 싶어 한다. 내 경우, 저 조교의 이메일은, 내가 저 순간만큼은 쓰레기가 아니었다는 물적 증거로 남았다. 학생에게 선물을 요구하는 교수가 아니라는 최소한의 자존의 증거가 거기에 있었다.

자존의 증거를 찾기 위한 평교수의 고요한 투쟁 속에서도, 학교에서는 또 다른 희비극이 계속되었다. 지루하고 공허한 구호를 내세운 총장 선거가 치러졌고, 노벨상 수상자를 유치하겠다는 선언이 나왔고, 올해는 랭킹 몇 위의 대학이 되었다는 홍보가 난무했다. 그 와중에도 학생들은 간혹 연구실에 찾아와 우울증을 호소하며 눈물을 쏟는다. 그럴 때, 내가 해주는 말은 거의 정해져 있다. 반드시 전문가를 찾아가 상담해보라. 그리고 전문가가 약을 처방하면, 거부하지 말고 약을 먹을 필요가 있으며, 우울증 약을 먹는 일은 전혀 거리낄 일이 아니라고. 그날은 한 학생이 최근에 돌아가신 자신의 아버지 이야기를 하며 눈물을 쏟았다. 이 세상에는 부모가 돌아가셨을 때 찾아가면 좋을 전문가는 없다. 그래서였을까. 나는 그날 학생을 잘 위로하지 못했던 것 같다. 나도 대학 시절 아버지가 돌아가셨다는, 위로가 되기 어려운 이야기만 털어놓았다.

다시 며칠 고민한 끝에, 그 학생에게 영화 DVD 하나를 건넸다. 김현석 감독의 〈스카우트〉(2007). 개봉 당시 크게 흥행하지는 못했던 이 영화는 광주민주항쟁에 관련된 영화들 중 최고작이다. 컨디션이 좋을 때의 김현석 감독은, 우리 삶은 거대한 어떤 흐름 위로 무력하게 스쳐 지나가는 거품 같다는 것, 그럼에도 불구하고 우리는 유머를 잃지 않을 수 있다는 것을 보여준다. 광주민주항쟁이라는 비극적 흐름 위로 스치는 어떤 회한, 속죄, 그리고 유머가 위로가 될지도 모른다는 희미한 희망 속에서 〈스카우트〉를 건넸다. 그리고 그 DVD는 내가 그때 쓰레기가 아니었다는 물적 증거로 남았다.

그 이후 이 두 학생은 어찌 되었나. 교수에게 선물을 사오라던 조교는 예상대로(?) 학업을 마치지 못했다. 대신 언젠가는 반드시 자신의 영혼을 담은 영화를 만들어보겠다고 호언하며 절세미인과 연애 중이다. 아버지를 여의었던 학생은 검사가 되었고, 얼마 전 약혼자를 자랑하러 모교에 다녀갔다. 여린 사람이 무서운(?) 검사 일을 한다는 것을 우려하자, 그 검사는 야무지게 나를 위로했다. 제가 일할 때는 선생님 앞에서처럼 그러지 않아요.

K교수의 국가론

스승의 날을 맞아 학생 대표가 가져온 색동 편지 따개를 물끄러미 들여다보았다. 카드에는 "선생님 존경합니다"라는 관용구가 적혀 있었다. 혹시 이 선물을 사기 위해 세금 걷듯 반강제로 돈을 걷은 것은 아닐까, 라는 생각이 잠시 스쳐갔다. 그러나 K교수는 선물에 고무된 나머지 그날따라 정성스럽게 국가론 강의를 준비했다.

"오늘의 주제는 국가입니다. 올슨Mancur Olson의 이론에 따르면, 국가란 깡패죠. 깡패는 약자의 금품을 갈취하는 게 일이죠. 주변의 약자로부터 더 뺏을 게 없어지면, 다른 약자를 찾아 떠나죠. 그렇게 유랑하다가 약자와 마주치면 또 뺏죠. 유랑 생활이 피곤해졌을 무렵 국가가 탄생한다고 하네요. 깡패가 정착해서 세금을 걷기 시작하는 거죠. 약자를 완전히 초토화시켜버리면, 피곤하게 또 다른 약자를 찾아 떠나야 하니까

이제 폭력을 자제하죠. 대신 선거를 치르기도 하고, 국정교과서를 만들기도 하는 등 자기 합리화를 통해서 어느덧 민주 국가가 된다는군요.

출장 중에 어쩌다 할리 데이비슨 모터사이클을 타고 유랑하는 폭주족을 보게 되면, 이 국가론에 대해 새삼 생각하게 되죠. 정상적인 국가 따위는 건설하기 귀찮다는 듯, 폭주족들은 그들의 고속도로 안에서 제멋대로 웃고 떠들고 놀며 정말 즐거운 시간을 보내곤 하죠. 마치 작은 하마가 장난감 기차를 사랑하듯이, 폭주족은 자신들이 모는 할리 데이비슨을 매우 사랑한답니다. 그러던 어느 날 저항적 언론인 하나가 차를 빠르게 운전하더니 그만 뒤에서 사랑하는 할리를 받아버렸어요! 할리는 화염에 싸여 그만 폭발해버렸죠. 그 폭발에도 불구하고 살아남은 폭주족은 너무 슬펐지만 용기를, 아니 성질을 내기로 했답니다. 마치 장난감 기차를 빼앗아간 까마귀에게 칼부림하는 작은 하마처럼, 폭주족은 그 언론인에게 내뱉었답니다. 내 사랑하는 할리를 파괴했으니, 이제부터 네가 가장 사랑하는 걸 파괴하겠다! 네가 가장 사랑하는 건 뭐지?"

K교수는 잠시 말을 멈추고 학생들에게 물어보았다. "그 언론인이 뭐라고 대답했을까요?" 학생들의 무반응에 약간 의기소침해졌지만, K교수는 성질을, 아니 용기를 내어 강의를 이

어나갔다. "언론인은 떨리는 목소리로 이렇게 대답했어요, '그것은 시詩.'" 여기까지 이야기하고 K교수는 혼자 깔깔거리기 시작했다. "재밌지 않아요? 시를 어떻게 파괴하지? 황당해하는 폭주족의 모습을 떠올려보세요. 웃기죠, 그렇죠?"

작은 하마 이야기와 영화 〈앵커맨〉(2004)을 정성껏 결합시킨 농담을 구사했으나, 웬걸, 학생들은 지루하다는 표정이었다. 이게 어떻게 된 일일까. 이 농담은 정말 웃길 뿐만 아니라, 사회과학적 국가론 위에 인문학적 저항 정신이 맛소금처럼 뿌려져 있는데! 학제 간 융합 연구의 결정체인데! "어느 소설가가 그랬다잖아요. '왜 책을 읽어야 하냐고 묻는다면, 남이 침범할 수 없는 내면을 갖기 위해서라고 생각해요'라고. 제 농담은 그 말에 대한 각주 아닐까요? 그 언론인의 내면에 깃든 시란, 설익은 국가가 폭력을 휘두른다고 파괴할 수 있는 게 아니죠." 이렇게 자상하게 해설해주었으나 학생들은 뚱한 표정을 지었다. 마치 썩은 유머로 인해 내면이 침범이라도 당한 듯.

한국 대학에서는 교수가 아무리 썩은 유머를 던져도, 학생들은 적극적인 반응을 보이는 법인데. "산채 비빔밥이 맛있을까요, 죽은 채 비빔밥이 맛있을까요" 따위의 심하게 부패한 개그에도 학생들은 박장대소를 해준다던데. 학생들이 쉽게 웃어주기 때문에 교수들의 농담력이 날로 시들어가는 거야. 이러던 K교수마저도 막상 학생들의 무관심에 맞닥뜨리자 그만 가냘픈 내면이 침범당하고 말았다. 그래서 K교수는 지식인의 전매특허인 고도의 자기 합리화를 통해 강의를 수습하기로 했다.

　"'교수님은 왜 이렇게 재미없는 농담을 하시는 거야'라고 여러분은 항의할 수 있겠지요, 속으로. 재미없는 농담을 가지고 여러분들을 탄압하는 데 바로 선생님의 뜻이 있는 거야. 교수는 대학 내의 국가야. 여러분들이 그동안 제대로 독서를 해왔다면 이 정도 농담으로 내면이 침범당하진 않았겠지. 괴롭다고? 아프니까 청춘이야."

유학생 선언

매년 이맘때면 제3세계 공항에는 유령이 배회한다. 유학생이라는 유령이. 이들이 잃을 것은 자존심이며, 얻을 것은 신비한 수줍음이다. 일찍이 원정출산을 당하지 않아 뒤늦게 해외에 나가게 된, 이 후천적으로 수줍은 이들이여, 단결하라!

미국에서 유학을 한다고 하면, 영어도 잘하고 성격도 발랄하여 양인洋人들하고 오순도순 지내다 귀국하는 줄 아는데, 그것은 큰 오해다. 제3세계 늦깎이 유학생에게 영어가 모국어처럼 편해지는 날은 쉽게 오지 않는 법. 양인을 보면 가슴이 철렁 내려앉는 수줍은 유학생, 교환교수들이 허다하다. 나 역시 나이 서른이 가까워 처음 가본 미국에서 누군가 "How are you?(상태가 어떠냐?)"라고 인사하면, 중학교 때 배운 대로 "Fine. Thank you. And you?(좋아. 감사해. 네 상태는?)"라고 말하며 신비한 미소를 지을 뿐이었다.

그렇게 유학생은 제국의 중심부를 곁돌기 마련. 그런 면에서 보자면, 힘든 점은 있어도 졸업 후 바로 귀국하지 않고 미국 대학에서 교수 생활을 하게 된 것은, 탈脫유령의 좋은 기회였다고 하겠다. 미국 대학 행정의 내부를 들여다보기도 하고, 동료로 일하면서 양인들의 생활 습관에 대해서도 좀 더 잘 알게 되었으니 말이다. 그리고 제국의 언어로 강의를 하다 보니, 제국어 실력도 경미하게 나아졌다. 학생이 등굣길에 발랄하게 "How are you?(상태가 어떠쇼?)"라고 인사를 하면, 동양의 신비한 미소를 지으며 "Just existing(나는 존재할 뿐이다)"이라고 수줍게 대답할 정도는 되었다. 하지만 학부모가 학교를 방문해서 자기 아이에 대해 이야기를 나누려고 할 때는 난감했다. 내가 해줄 수 있는 얘기가 뭐가 있다고. 차라리 그 생면부지의 미국 아주머니에게 내 고충을 토로하고 싶다. 나두 잘 모르겠시유……. 난 할 수 없이 신비하고 수줍어유……. 나두 help(도움)가 필요해여…… 흑흑.

직장을 얻기 위해 이런저런 학교를 방문하여 인터뷰를 하고, 시범 강연을 하고, 간담회를 가질 때도 난감하기는 마찬가지였다. 수줍은 동시에 사교적일 수도 있다는 것을 증명하기는 쉬운 일이 아니었다. 특히 근처 그랜드캐니언 비슷한 골짜기를 구경시켜준다며, 자기 차에 날 태우고 두 시간 넘게 컨트리뮤직을 반강제로 듣게 만든 미국 중서부 주립대학의 털보 학과장을 절대 잊을 수 없다. 미국 사회에 큰 무리 없이 적응하고 있는 수줍은 동양인처럼 보이고 싶은 나머지, "그놈의 컨트리뮤직 시끄러우니 꺼!"라고 냅다 대꾸해주지 못하고 내내 참고 듣고야 말았던 것이다! 입에 풀칠하고 살기 힘들기는 세계 어디나 마찬가지여⋯⋯. 이 컨트리뮤직 트라우마 때문에, 이 대학의 초빙 제안은 끝내 거절하고 말았다.

이런 맥락에서 볼 때, 최악의 기억은 학위를 받기 얼마 전, 마스코트 역할을 한 것이었다. 9월 새 학기 등록일, 돈 몇 푼 벌어보자고, 사자 인형 가죽을 뒤집어쓰고, 등록처에서 학생들에게 악수를 청하고 지분거리면서 분위기 메이커 노릇을 하고야 말았던 것이다. 날은 더워서 땀은 삐질삐질 나고⋯⋯ 먼 타향에서 성격에 반하는 일을 하자니, 죽을 맛이었다. 한때 《논어論語》를 외우고 살던 신비한(?) 동양의 선비가 양인들의 기쁨조를 하면서 밥을 벌어먹어야 하다니⋯⋯. 이 악몽의 정점은, 내가 사자 인형 가죽의 아랫도리 앞뒤를 뒤바꿔 입는 바람에, 꼬리를 엉덩이가 아닌 정면에 대롱대롱 매단 채로 한동안 그 짓을 했다는 사실에 있었다. 아무리 사자의 양물이기로서니 그처럼 길고 클 수야 있겠는가. 사람들이 나를 보고 웃으며 뒤로 넘어가기에, 그저 내가 마스코트 노릇을 의외로 꽤 잘

하나 보다 생각했다······ 흑흑.

　유학생이 잃을 것은 제3세계 갑질 교수의 쇠사슬이며, 얻을 것은 난데없는 신비함과 보다 넓은 지식의 시장이다. 학문의 식민성과 국수주의가 함께 사라지는 그날까지, 만국의 수줍은 유령들이여, 단결하라Shy Ghosts, Unite!

2월의 졸업생들에게

졸업을 축하합니다. 학창 시절이라는 골치 아프고 불안한 세월—미래에 대해 초조하고 자기 자신에 대해 불안한 세월—을 견디어낸 것을 축하합니다. 학창 시절이라는 이름의 위태위태한 밥상을 확 엎지 않고 끝까지 완주한 것을 축하합니다. 학부형과 선생님들이 그런 불안하고 골치 아픈 여러분들을 참고 견디어낸 것 또한 축하합니다. 학부형 여러분, 그리고 동료 선생님 여러분, 우리는 이제 더 이상 저 불안한 영혼들을 견딜 필요가 없습니다! 저들도 이제 사회인이 되어 우리와 함께 나란히 노화老化의 길을 걸어갈 것입니다. 노화가 시작된 이상 시간은 더 이상 저들의 편이 아니라는 생각에, 이 비루한 기성세대의 세계에 입성하는 저들을 동병상련의 마음으로 맞아줍시다.

그러나 이 졸업의 순간, 지금까지 젊음의 시간을 누려온 졸업생 여러분들이 부럽습니다. 뭔가 귀중한 것들을 과감하게 소비한 이에 대해서는 부러운 마음이 들게 마련입니다. 실로 여러분들은 학창 시절 동안 귀중한 것들을 가차 없이 소비했습니다. 비싼 학자금이랄지, 젊음이라는 이름의 소중한 시간이랄지, 흡연과 과음으로 거덜 나기 이전의 깨끗한 장기臟器랄지. 그처럼 귀중한 것을 소비해서 뭔가 이루어나가는 것도 멋있어 보이고, 심지어 아무것도 이루지 못하고 그 시간과 에너지를 낭비해버리는 경우에도, 부러웠습니다. 젊음같이 귀중한 것을 낭비해버리는 것은 그 나름 쾌감이 따르는 일입니다.

어쨌거나 학창 생활이라는 것이 그렇게 귀중한 자원을 소비하는 일이라면, 그에 대한 평가의 시간을 갖는 것이 당연합니다. 각자 자기 식대로 고유하게 학창 시절을 보냈을 것이기 때문에, 구체적인 평가는 여러분 개개인의 몫입니다. 제가 이야기하고자 하는 것은 다만 평가 기준에 대한 것입니다. 과연 어떤 기준으로 지나온 학창 생활을 평가할 것인가? 학교 졸업 후 얼마나 높은 연봉의 안정된 직장을 가지게 되었는가가 유일한 기준은 아닙니다. 중요한 평가의 기준이 하나 더 있는데, 그것은 바로 여러분이 현실 사회에서 타인과 사는 일의 고통과 영광을 얼마나 잘 겪을 마음의 준비, 즉 정치적 덕성political virtue을 습득했느냐는 것입니다. 즉 얼마나 성숙한 정치 주체가 되었느냐 하는 것이, 졸업생들이 염두에 둘 만한 평가 기준이라고 생각합니다.

지나온 학창 생활에 대한 각자의 평가가 어떠한 것이든, 일희일비할 필요는 없습니다. 이탈리아의 영화감독 피에르 파올로 파졸리니Pier Paolo Pasolini는, "삶이 진행되는 동안은 삶의 의미를 확정할 수 없기에 죽음은 반드시 필요하다"라고 말한 바 있습니다. 즉 여러분들에게는 창창한 미래가 있고, 진정한 평가의 시간은 죽음을 앞두고서야 찾아옵니다. 그러면 미래에 우리가 죽음을 앞두고 스스로의 삶을 평가할 때 적용되어야 할 평가 기준은 무엇일까요? 그때 평가 기준은, 돈을 얼마나 벌었느냐, 얼마나 사회적 명예를 누렸느냐, 누가 오래 살았느냐의 문제는 아닙니다. 제가 보기에 보다 근본적인 평가 기준은, 누가 좋은 인생의 이야기를 가지고 있느냐는 것입니다. 그럼 어떤 것이 좋은 이야기일까요? 좋은 이야기의 조건은 너무도 큰 주제라서 오늘 자세히 이야기할 수는 없습니다. 다만, 좋은 등장인물이 필요하겠지요. 그런데 부자가 많이 등장한다고 해서 좋은 이야기가 되는 것은 아닙니다. 성공으로만 점철된 이야기라고 꼭 좋은 이야기가 되는 것도 아닙니다. 실패담도 좋은 이야기가 될 수 있습니다. 그리고 좋은 이야기를 위해서는 자신의 삶에서 일어난 일련의 일들에 대한 망각도 필요합니다. 인생에서 일어난 일을 요령 있게 망각하고 기억할 때 좋은 이야기가 남겠지요. 아무 일도 기억나지 않는 삶은 물론 지루한 이야기겠지요. 그래서 용기와 도전이 필요한 것 같습니다. 여러분들의 졸업은 끝이 아니라 앞으로 남아 있는 그 큰 도전의 이야기의 일부입니다. 이제 막 그 큰 이야기의 첫 장을 탈고한 여러분의 졸업을 다시 한번 축하합니다.

© KIMYOUNGMIN

적폐란 무엇인가

대학 시절 용돈을 벌기 위해 아르바이트를 하러 갔다. 2학년이 되던 어느 봄날, 학과 사무실에서 해당 아르바이트 정보를 받아, 자격증 시험 감독을 하러 갔다. 신이 흩뿌려준 솜사탕 같은 구름을 보며 사뿐사뿐 걸어갔다.

종이 울리고 시험이 시작되었다. 그런데 이게 웬일인가. 종이 울리기 무섭게 수험생들은 너 나 할 것 없이 부정행위를 하기 시작했다. 시험 문제를 풀다가 유혹에 못 이겨 어쩌다 남의 답안을 슬쩍 훔쳐보는 것이 아니라 처음부터 당연하다는 듯 서로 답안지를 보여주고, 책을 꺼내 보곤 했다. 그 뻔뻔함에 너무 당황해서 우왕 울음을 터뜨리고 싶었으나, 나는야 이제 성인식을 마친 대학생. 다 큰 어른답게 정신을 수습하고 부정행위를 단속하기 시작했다. 남의 답안을 보지 못하게 통제하고, 각자 시험 문제 풀기에 집중하도록 부지런히 시험장을 오갔다.

이상하게도 수험생들은 이러한 시험 감독에 노골적으로 불만을 드러냈다. 마치 부정행위자는 자신들이 아니라, 시험 감독관 바로 당신이라는 눈빛으로. 나도 이제 어른인데, 이토록 카리스마가 없을 수 있단 말인가. 쿠데타를 일으킨 신군부처럼 권총이라도, 아니 헤어드라이어라도 허리에 차고 와야 수험장의 기강이 잡히는 걸까. 어쨌거나 나는 수험생들의 뚱한 표정에 아랑곳하지 않고, 엄격히 시험 감독을 해나갔다. 결국 시험이 끝났고, 답안지를 걷기 시작했다. 답안지를 걷는 뒤통수로 수험생들은 소리를 질러댔다. 우우. 늑대들의 하울링howling이 수험장에 울려 퍼졌다.

상황이 이 지경이 되자, 호기심마저 생겼다. 그래서 물어보았다. 도대체 왜들 그러냐고. 그들은 하울링을 멈추고 인간의 말을 하기 시작했다. 인간의 말에는 그 나름의 이치logos가 깃들게 마련이다. 과연 수험생들은 "부정행위를 하고 싶으니까 하는 건데 왜 상관이죠"라고 하거나 "우리가 다수니까 옳아요"라고 강변하지는 않았다. 대신 한 땀 한 땀 정성스레 헛소리 태피스트리를 짜기 시작했다. 첫째, 지금껏 다들 이렇게 부정행위를 하며 자격증 시험을 치러왔단 말이에요! 그건 '관행'을 통해 부정행위를 정당화하려는 논변이었다. 둘째, 오늘 다른 수험장에서는 다들 이렇게 부정행위를 하며 시험을 쳤을 것이기 때문에 마음껏 부정행위를 하지 못한 우리들이 결과적으로 손해를 본 것이며, 따라서 당신의 시험 감독은 공정하지 못했어요! 이것은 독특한 '정의론'을 통해 부정행위를 정당화하려는 논변이었다.

그렇군. 태초에 부정행위가 있었으리라. 그것을 발견한 사람이 있었으리라. 그리고 상대의 환심을 사기 위해 부정행위를 눈감아준 사람이 있었으리라. 부정행위를 눈감아준 대가로, 부정행위를 저지른 이의 충성을 얻고, 그 충성에 기초해서 이득을 얻거나 권력을 누렸으리라. 그 과정을 지켜본 다른 사람들도 서서히 비슷한 거래에 동참했으리라. 그리하여 부정행위弊의 용인이 쌓이고 쌓이자積, 그 적폐積弊는 관행이 되었으리라. 급기야는, 그 관행에 한통속이 되지 못하면 오히려 상대적 손해를 보게 되었으리라. 마치 자기 혼자만 교통질서를 지키다 보면 목적지에 남보다 늦게 도착하는 것처럼. 위장전입, 이중국적, 전관예우, 남발되는 자격증과 상賞⋯⋯ 그것들을 못 하게 하면, 강변하는 거다. 다들 하는 일인데, 왜 나만 갖고 그래, 불.공.평.하게! 그리하여 마침내 부정행위가 관행을 넘어 정의의 반열에 올랐으리라.

시험 감독을 마치고 터덜터덜 걸어 내려오다 눈에 들어온

하늘의 구름은, 신이 건네준 솜사탕이 아니라 신이 흘린 게거품처럼 보였다. 그날 이후 나는 시험 감독 아르바이트에 응하지 않았고, 어른이 될 용기를 상당 부분 잃었다. 그리고 이 사회에서 그런 난감한 상황에 빠지지 않을 수 있는 곳을 찾아 헤매는 무익한 기간을 거쳤다. 그 기간이 끝나고 이 사회에 남은 시간이 얼마 없다고 느낄 무렵, 어디로부터인가 적폐청산을 목표로 하는 정권이 등장했다.

노예가 되지 않는 법

보통 사람들은 인류 문명의 위기나 지구의 환경오염 같은 거대한 명분 때문에 직장을 그만두고 싶다는 생각을 하지는 않는다. 그런 명분 때문에 직장을 그만둔다면, 향후 어떻게 밥을 먹고살아야 할지 도대체 알 수 없다. 다른 직장을 찾아가서, "인류 문명에 환멸을 느껴 직장을 그만두고 왔습니다. 저를 받아주십시오"라고 말하면, "우리가 찾던 인재군. 마침 인류 문명의 위기로 번민하는 일꾼을 찾고 있었다네"라며 반겨줄 것인가.

그럼에도 불구하고 직장을 다니다 보면 누구나 가끔 확 때려치우고 싶다는 생각이 들 때가 있지 않나. 이게 다 뭐 하자는 짓이지 하는 생각이 뺑소니차처럼 자신을 치고 달아날 때가 있지 않나. 상대적으로 편한 직장에서 '꿀을 빨고' 있다고 해서 그 뺑소니차가 비켜가는 것은 아니다. 자신의 존재가 수단에 불과하다는 느낌이 들 때면, 자신을 제약하는 권위를 납득할 수 없을 때면, 다시 말해 자신이 자유인이 아니라 노예라는 느낌이 들 때면, 누구나 그 난폭한 뺑소니차에 치일 수 있다.

내 직장의 지난번 대학총장 선출 과정에서는, 이사회가 상위 후보를 제치고 하위 후보를 총장으로 선택하는 바람에 학내외가 시끄러웠다. 그 결정에 찬성하는 이들은, 이사회가 하위의 후보를 선택할 권리가 정관에 명시되어 있다고 강조했다. 실로 그렇다. 이사회가 규정된 바의 권리와 의무를 행사하지 않는다면, 존재할 필요가 없을 것이다. 그러나 당시 이사회는 왜 그런 선택을 하는지에 대해서는 함구했다. 다른 한편, 그 선택에 반대하는 이들은 그 선택은 다수의 결정을 존중하지 않았기에 학내 민주화 정신을 훼손한 것이라고 주장했다. 그러나 정말 반민주적인 선택을 뒷받침하는 규정이 존재했다면, 마음에 들지 않는 결과가 나오기 이전에 해당 규정의 개혁을 외쳤어야 하지 않았을까. 그 선택의 시점에서 정말 결여되어 있던 것은, 민주화 정신이라기보다는 이사회의 결정을 정당화하는 한 편의 글, 논리적이고 유려하여 다수를 납득시킬 수 있는 한 편의 글이 아니었을까. 정당화를 위한 숙의 없이, 그 숙의를 담은 발표문 하나 없이 새 총장을 선출하려 할 때, 이사들은 다소곳이 앉아 있기보다는 테이블을 당수로 쪼개며, "정당화 과정 없이 학교의 권위를 창출할 수 있는 겁니까!"라고 고래고래 소리를 지르고, 목젖을 뽑아 줄넘기를 한 다음에, 창문을 온몸으로 받아 깨면서 밖으로 뛰쳐나와야 하지 않았을까? 그것이야말로 규정상의 권리와 의무를 행사하는 길이 아니었을까.

그런 일은 일어나지 않았고, 학생들이 행정관을 점거한 채로 일상은 지속되었다. 기대했던 한 편의 글 대신 졸업식, 입학식 등 행사가 있을 때마다 연설문이 날아오곤 했다. 그것을 읽은 학생들은 부지런히 첨삭 지도를 해서 보내주곤 했다. "연설문에서 이 문장은 비문이고요, 그다음 문장은 4차 산업혁명, 대학 이념, 새 캠퍼스 건설을 연결시키려고 하는데, 비문은 아니지만 논리가 나빠요, 운운." 그때서야 나는 새삼 직장을 다니는 보람을 느끼며, 답장을 쓰곤 했다. "학교 행정 본부의 권위에 비판적인 것은 좋지만, 너무 거친 비판이군요. 왜 세세한 논증 과정 없이 그 연설문의 내용이 나쁘다는 결론으로 비약하는 거죠? 내용이 나쁘려면 일단 내용이 있어야 합니다. 내용이 없는 글을 가지고 내용이 나쁘다고 비판하면, 존재하지 않는 것을 존재한다고 가정하는 오류를 범하는 겁니다, 운운."

이성을 함양하고자 하는 교육기관이라면, 중요한 선택을 하거나 권위를 창출할 때 숙의 과정을 거쳐야 한다. 그 숙의 과정은 그 선택과 권위에 정당성을 부여한다. 그 정당성을 잘 표현된 글을 통해 구성원들이 납득할 수 있을 때, 구성원들은 비로소 노예가 아니라 자유인이다. 영화 〈새로운 탄생The Big Chill〉(1983)의 주인공에 따르면, 정당화는 섹스보다 중요하다. 단 하루도 안 할 수 없으므로. 대학의 이념에 걸맞게, 올해의 총장 선출은 자유인이 되는 법을 배우는 과정이 되기를 바란다.

서울대학교의 정체성

1970년 관측 이래 단 한 번도 얼음이 붕괴한 적이 없어서 '최후의 빙하'라고 불려온 그린란드 북부 해안의 빙하가 여름 더위에 녹아내렸다. 일부 기후학자는 2030년 이후에는 북극 얼음이 아예 없어질 것이라는 전망을 하기도 한다. 그렇다. 모든 것은 결국 다 소멸한다. 북극의 빙하보다 모질지 못한 당신도, 나도, 대학도. 당신이 평생을 갈아 넣은 경력도. 당신의 인생을 대신해서 살아가는 자식들도. 소멸에는 어떤 예외도 없다. 어떤 존재를 지탱했던 조건이 사라지면 그 존재도 사라진다. 우리가 선택할 수 있는 것은 소멸의 여부가 아니라 소멸의 방식이다. 소멸에는 두 가지 방식이 있다.

첫 번째 소멸의 방식. 어떤 소명과도 무관하게, 어떤 심미적 흔적도 없이, 지리멸렬하게 소멸해가는 길이 있다. 마치 상한 달걀을 깨뜨렸을 때 비린 냄새를 풍기고 흐물거리며 퍼지는 노른자처럼. 두 번째 소멸의 방식. 스스로 자신의 소명을 설정하고 그것을 자신의 정체성으로 삼은 뒤, 그 소명을 달성함을 통해 존재 이유를 잃고, 스스로 소멸해버리는 방식이 있다. 마치 위성을 궤도에 올려놓고 나서 검은 우주 속에서 밝게 소멸해버리는 로켓추진체처럼.

지난 몇 년간 서울대가 보여준 지리멸렬한 궤적은 첫 번째 소멸의 방식을 닮았다. 서울대 역사상 최초로 총장 공백 상황을 불러온 스펙터클 속에서도, 서울대의 정체성과 관련된 공적인 토론은 부재했다. 사퇴한 후보를 지지했던 이들은 그가 어떤 가치를 지향하기에 끝내 후원했고 그는 어떤 가치를 배반했기에 자진 사퇴한 것일까. 전임 총장이 주장하듯이 이 사태가 개인의 도덕 문제에 불과한 것이라면, 서울대가 이 초유의 사태로부터 배울 것은 없다.

서울대의 정체성 논의의 부재는 이미 전임 총장의 선출 과정에서도 드러난 바 있다. 이사회는 순위를 뒤바꾸면서까지 그를 총장으로 추천했으나, 그가 왜 선출돼야 하는지를 공적으로 설명하지 않았기에, 구성원들은 그 결과를 이해할 수 없었다. 많은 사람들이 총장 선출과 관련한 난맥상의 원인을 법인화에 돌리곤 하지만, 문제는 법인화 자체라기보단, 그 과정에서 서울대 정체성의 합당한 재정의가 없었기 때문이기도 하지 않을까. 법인이라는 인격체의 뼈대를 이루는 정체성이 불투명할 때, 리더십을 창출해내기도, 정당화하기도 어렵다.

정체성 논의의 공백을 메운 것은 세계 대학 랭킹이나 노벨상 수상과 같은 공허한 수사였다. 실로 서울대와 노벨상은 인연이 깊다. 한때 유력한 노벨상 수상자로 거론되던 시인을 초빙교수로 임용한 적이 있고, 그는 탑골공원 근처 술집에서 공개적으로 자위를 한 적이 있느냐 여부를 두고 역시 서울대 출신 시인과 현재 소송 중이다(〈경향신문〉 2018년 8월 23일). 러시아어로 글을 쓰는 노벨문학상 수상 작가 스베틀라나 알렉시예비치Svetlana Alexievich가 서울대를 방문했을 때, 당시 총장은 노어노문학과를 나와 로스쿨에 간 자녀 이야기를 했고, 함께했던 참석자들은 "천박하고 무례한 인사말이었다"고 탄식했다(〈한겨레신문〉 2017년 5월 23일). 과연 그때 서울대는 노벨상에 대해 존중을 표한 것일까, 노벨상을 넘어서는 가치로서 로스쿨을 홍보한 것일까, 그도 아니면 그와 같은 세속적 가치로부터 초월한 어떤 지점에서 노벨상에 대해 농담을 던진 것일까. 진상이 무엇이든 정체성이 부재한 대상에게 원칙에 입각한 비판을 하기는 어렵다. 그것은 연체동물에게 뼈를 때리는 비판을 하는 것과 같기 때문이다.

근년에 이 사회를 뒤흔든 정치적 격동의 촉매가 된 한 여자 대학의 총장은, 여성 교육이 충분히 실현된 나머지 더 이상 여자 대학이 필요 없게 되는 세상을 염원한다는 점에서, 자신이 재직하는 대학의 정체성을 자기 소멸을 향해 달려가는 역설적인 학교라고 정의한 바 있다. 격동기의 서울대도 자신의 소명을 보다 정교하게 정의하고, 그것을 자신의 정체성으로 삼은 뒤, 그 소명을 달성함을 통해 결국 소멸하기를 기원한다.

위력이란 무엇인가

지금도 또렷이 기억난다. 난생처음 논문 심사를 받기 위해 긴장된 마음으로 복도에 앉아 있던 그날을. 심사를 맡은 교수들이 해탈에 재차 실패한 부처 지망생들처럼 앉아 있던 그 대낮의 연구실을. 자, 자네 논문을 한번 간략하게 요약해보게. 요약이 끝나자 몇 가지 질의응답이 오가기 시작했고, 난 곧 깨달았다. 이 선생님들께서 내 논문을 읽지 않고 이 자리에 앉아 있다는 것을. 선생이 논문을 채 다 읽지도 않고 심사를 하려 드는 것은 학생이 논문을 채 다 쓰지도 않고 심사를 받으려 드는 것만큼이나 어처구니없는 일이었지만, 나는 웃는 돌처럼 무기력하게 앉아 있었다. 국권피탈의 순간에도 시간은 유유히 흘렀던 것처럼, 그 순간에도 시간은 흘렀다. 나는 목례를 하고 걸어 나왔고, 마침내 논문은 심사를 통과했다.

그리고 이날의 일은 오랫동안 수치의 기억으로 남았다. 선생님들에 대한 분노의 기억이기 이전에 그 과정을 그렇게 치러 냈던 자신에 대한 수치의 기억으로. 그때도 나는 다소곳이 앉아 있기보다는 앞에 놓인 탁자를 당수로 쪼개며, "선생님들, 논문을 읽지도 않고 심사한다고 여기 앉아 계실 수 있는 겁니까!"라고 고래고래 소리를 지르고, 목젖을 뽑아 줄넘기를 한 다음에, 창문을 온몸으로 받아 깨면서 밖으로 뛰쳐나와야 하지 않았을까? 그러고는 학교 운동장에서, 벌거벗고, 흙을 주워 먹으며, 트랙을 뱅글뱅글 돌아야 하지 않았을까?

나는 그러지 못했다. 내 안의 광인을 봉인 해제하기는커녕, 언제나 그러했던 것처럼 충실하게 학생 역할을 수행했다. 그리고 시간이 한참 지나서야 그것이 수치의 순간이었다는 것을 깨달았다. 나는 그때 왜 웃는 돌처럼 다소곳이 앉아 있었던 것일까? 예정에 없이 징집되지 않기 위해서 일단 심사에 통과하고 봐야겠다는 계산을 순간적으로 해낸 것일까. 아니면, 저 사람들하고 원수지고 나면 평생 학계에서 밥 빌어먹기도 어렵겠다는 판단을 한 것일까. 선생님들이 논문을 읽지 않고 저 자리에 나와 앉아 있다는 것은 나 혼자의 판단에 그칠 뿐, 그 사실을 증명하기 어렵다는 것을 체득하고 있었던 것일까. 그도 아니라면, 논문을 제대로 읽지도 않고 심사에 임할 정도로 형편 없는 교수의 학생이 되고 싶지 않다는 무의식이 작동한 것일까. 확실한 것은 그 어떤 생각도 그 현장에서 의식의 수면 위로 떠오르지는 않았다는 사실이다. 나는 그저 평소처럼 행동했다. 우리는 서로 맡은 역할을 수행하여, 논문 심사라는 부실한 역할극을 완성했다. 위력이 왕성하게 작동할 때는, 인생이라는 극장 위의 배우들이 이처럼 별생각 없이 자기가 맡은 배역을 수행한다. 당시 교수들도 자신이 위력을 행사하고 있으리라고는 새삼 생각하지 않았으리라. 위력이 왕성하게 작동할 때, 위력은 자의식을 가질 필요가 없다. 위력은 그저 작동한다. 가장 잘 작동할 때는 직접 명령할 필요도 없다. 니코틴이 부족해 보이면, 누군가 알아서 담배를 사러 나간다.

그 시공간이 일상적으로 떠먹여주는 무기력을 더는 삼킬 수 없을 것 같아서, 나는 다른 나라로 공부를 하러 갔다. 유학 도중의 어느 날, 방문 학자로 와 있던 한국의 유명 대학 교수가 자신의 논문을 읽어보고 견해를 말해달라고 청했다. 그리고 나는 논문을 읽고 그 논문에 대한 의견을 명랑하게 개진했다. 그런데 내 견해를 들은 그는 다짜고짜 화를 냈다. 화를 내며 반론을 하는 것이 아니라, 그냥 화를 냈고, 분위기는 창난 것이 되었다. 그는 화를 냈을 뿐, 내 의견에 어떤 반론도 하지 않았기에, 내 견해에 대해 화를 낸다기보다는, 논문 찬양극에 참여하지 않은 데 대해 분노하는 것처럼 보였다.

분노나 폭력이나 강제는 위력이 잘 작동할 때보다는, 위력이 자신의 실패를 절감할 때 나타나는 징후다. 그의 분노는 국내에서는 통하던 위력이 무력해진 것을 깨달은 자의 증상으로 보였다.

그러면 위력에 저항한 사람은 어떻게 되는가. 내가 명랑했던 때 나는 외국에 있었지만, 한국에서 어느 대학원생 하나가 원로 교수의 위력에 저항했던 이야기는 전설처럼 전해 내려온다. 당시 등록금 명세서에 보면 '개인지도 비용'이라는 항목이 있었다. 지도교수와 학생 간에 이루어지는 개인적인 지도를 비용으로 계산하는 항목이라고 할 수 있다. 그는 어느 날 교정을 걷던 원로 교수를 불러 세우고는, 당신이 나한테 개인적으로 지도한 적이 단 1분도 없는데, 왜 이 돈을 받습니까, 라고 따졌던 것이다. 이 흥미로운 질의가 구체적으로 어떻게 결론을 맺었는지는 잘 알려져 있지 않다. 다만, 그는 그 일이 있은 지 얼마 안 되어 대학원을 그만두었고, 지금은 남쪽 지방에서 복지시설을 운영하고 있다고 한다.

©KIMYOUNGMIN

졸업의 몽타주

이탈리아의 영화감독 피에르 파올로 파졸리니는 말했다. "삶이 진행되는 동안은 삶의 의미를 확정할 수 없기에 죽음은 반드시 필요하다. 그리고 몽타주는 필름에 대해 죽음이 삶에 행하는 것과 같은 역할을 한다." 실로 대학 시절이 진행되는 동안은 무슨 시간이 흐르고 있는지 모른다. 때로는 아직 도래하지도 않은 파국을 걱정하느라 목전의 즐거움을 놓쳐버리기도한다. 미래에 대해 불안하고 자기 자신에 대해 의심스러운 나머지, 젊음이라는 아이스크림이 다 녹아버리도록 바라보고만있기도 한다. 그 불안한 시간이 흐르는 동안은 의미를 확정할수 없기에 졸업은 반드시 필요하다. 그래서 2월 하순이 오면, 학생들은 졸업을 하고 캠퍼스를 떠나야 한다.

손에 든 바닐라 아이스크림이 아직 채 녹지 않았을 때, 나는 K교수의 수업을 들었다. 어느 날 손을 들고 물어보았다. 지금까지 공부해보신 결과, 잘했다 싶은 일 하나하고, 후회스럽다 싶은 일 하나를 이야기해주실 수 있겠습니까. 지금 생각하면, 당돌하고 건방진 구석이 있는 질문이었다. 그는 이렇게 대답했다. 국내외 소설을 닥치는 대로 아주 많이 읽은 것은 잘했다 싶고, 철학공부를 (안 한 것은 아니지만) 체계적으로 못 한 것은 후회스럽다고. 다시 물었다. 읽으신 소설 중에서 최고의 것, 두 종만 추천해주십시오. 톨스토이의 《전쟁과 평화》와 프루스트의 《잃어버린 시간을 찾아서》. 둘 다 반드시 다이제스트가 아닌 무삭제 완전본을 읽어야 한다고 그는 강조했다. 그 무렵 수업 시간이 끝났다. 강의실 밖으로 따라 나가서 다시 물었다. 그 책들 다 원어로 읽어야 합니까. 이 사람아, 그걸 다 어떻게 원어로 읽나. 번역으로 읽어야지.

톨스토이나 프루스트가 인기 있던 시절은 아니었다. 나는 먼저, 어린 시절 계림문고 다이제스트로 읽은 기억이 있는 《전쟁과 평화》 완역본을 찾아서 읽었다. 분량이 많았으나 재미있었고, 일종의 역사철학서라는 사실에 놀랐다. 그 덕분에 호화로운 시간 낭비의 맛을 아는 몸이 되었다. 정신의 사치에 입맛을 다시며, 나는 모아둔 용돈으로 정음사에서 나온 완역본 《잃어버린 시간을 찾아서》 전질을 샀다. 재미가 없어서 다 읽지 못했다. 그래도 졸업 이후 그 책을 즐길 수 있을 때까지 꾸

준히 시간을 낭비했다. 젊음같이 귀중한 것을 '기꺼이' 낭비
해버리는 것은 나름 쾌감으로 가득한 일이었기에. 이제 시간
을 너무 많이 잃어버린 나머지, 급기야 머리에 탈모가 진행 중
이고, 몸은 근육을 잃어버린 망국의 슬픔으로 폐허가 되었다.
이제 자기만의 사적인 '잃어버린 시간을 찾아서'를 쓸 때가
되었다.

실로 교수 시절이 진행되는 동안은 무슨 시간이 흐르고 있
는지 모른다. 반드시 닥치고야 말 사회의 파국을 예감하느라
목전의 연구를 놓쳐버리기도 한다. 대학의 좌표에 대해 불안
하고 학자로서 자기 자신에 대해 의심스러운 나머지, 학생들
을 앞에 두고 어쩔 줄 몰라 하게 되기도 한다. 그 불안한 시간
이 흐르는 동안은 의미를 확정할 수 없기에 교수에게도 졸업
은 반드시 필요하다. 그래서 어느 2월 하순이 오면, 교수들은
정년을 하고 캠퍼스를 떠나야 한다.

21세기가 되자 K교수는 정년퇴임을 하고 캠퍼스를 떠났다.
떠나는 이에게, 후배 교수들에게 전하고 싶은 말을 기자가 물
었다. "자신 있고 겸손한 학자보다 자신 없고 무례한 학자가
많은 것이 대학 사회입니다. 인기 교수나 정치 교수는 예외 없
이 허학자들입니다. 자신에 대한 믿음은 역사의식에서 나옵니
다. 젊은 교수들이 주류에 서서 쉽게 인정받기보다는 역사의

식을 가지고 비주류에 서서 자기 자신의 고유한 길을 완강하게 걸어나가기 바랍니다."

파국을 넘어, 사회적 삶은 의외로 오래 지속된다. 사회적 삶이 지속되는 동안은 공적인 의미를 확정할 수 없기에 역사는 반드시 필요하다. 그리고 역사는 사회에 대해 죽음이 삶에 행하는 것과 같은 역할을 한다. 이제 이 사회가 경험한 공적인 시간에 대해 '전쟁과 평화'를 쓸 때가 되었다.

마지막 수업의 상상

각급 학교의 정년퇴임 행사가 분주하게 열리는 시절이다. 《마지막 연애의 상상》이라는 소설을 썼던 이인성처럼, 나도 마지막 수업을 상상한다. 그러나 오늘날 이런 상상을 한다는 것 자체가 얼마나 사치스러운 일인가. 정년퇴임을 앞두고 마지막 수업을 한다는 것은 여러 가지 조건을 충족해야 가능한 일이다. 우선 학교에 정규직으로 취직을 해야 하고, 학령인구가 급감함에도 불구하고 그 직장이 문을 닫지 말아야 한다. 그뿐인가. 학교에 불을 질러서도 안 되고, 돌연사를 해서도 안 된다. 그래야 비로소 정년을 맞을 수 있다.

그렇게 자리보전을 했다고 해서 모두 마지막 수업을 할 자격이 있는 것일까. 컴퓨터를 다운시키지는 않지만 꾸준히 속도를 느리게 하는, 애매하게 질 나쁜 바이러스처럼, 평생을 태업으로 일관한 교육자들도 마지막 수업을 향유할 자격이 있을까. 학생이나 동료를 상대로 성폭행을 하지는 않았지만, 저강도 성추행을 꾸준히 해온 사람들도 마지막 수업을 개설할 자격이 있을까. 좋은 게 좋은 거라는 무비판적 태도로 한세상 살아온 이들도 마지막 수업에 나타날 자격이 있을까. 교육과 연구를 등한시하고 권력을 좇는 것으로 일생을 보낸, 그러나 그 덕분에 거창한 보직 경력이나 수상 경력을 쌓은 이들도 마지막 수업을 누릴 자격이 있을까.

다행히도 교육과 연구에 매진하여 정년이 머지않은 원로 교수가 되었다고 가정해보자. 이 시점에도 마지막 수업을 제대로 열기 위한 최후의 장애물이 남아 있으니, 정신을 바짝 차려야 한다. 원로 교수가 되면, 멀쩡하던 사람도 정신이 약간 갈 수 있다. 자신이 동료보다 나이가 좀 더 많다는 사실 하나로, 막말과 갑질을 하려 들 수 있다. 다가오는 정년이 불러올 권력 공백이 두려워, 측근을 후계자로 '심어' 영향력이 지속되기를 꾀할 수도 있다. 정년이 닥쳤는데도 미련이 남은 나머지 방을 제대로 빼지 않아 후임자로 하여금 연구실 없이 여기저기 전전하게 만들 수도 있다. 지나치게 거창한 정년기념 강연회를 열어, 학과의 재원을 고갈시키고, 주변 사람들에게 심적 부담을 줄 수도 있다.

이와 같은 것들이 피하고 싶은 사례들이라면, 닮고 싶은 사례도 있다. 도쿄대학에서 가르치다 정년을 맞은 와타나베 히로시渡辺浩 선생의 마지막 수업을 참관할 기회가 있었다. 마지막 수업이 있기 두어 달 전 함께 요코하마에 갔을 때, 항구에 정박해 있는 크루즈 선을 보면서 와타나베 선생은 말했다. 정년을 맞고 나면 한가할 터이니, 부인에게 크루즈 선을 타고 세계 일주를 할 생각은 없느냐고 물은 적이 있다고. 그러나 그의 부인은, 배 위에서 갈아입을 옷이 없으니, 가지 않겠다고 거절했다. 소위 일본정치학계 천황이라 일컬어졌던 마루야마 마사오丸山眞男의 후계자였으나, 그가 마루야마를 학문적으로 계승하는 부분은 거의 없다. 그는 일찍이 자기 스승의 학설에 반대했고, 유행하다시피 하는 마루야마에 대한 찬사와 추모 대열에 쉽사리 이름을 섞지 않았다. 지금껏 그래왔듯이 정년 이후에도, 그는 매달 많은 양의 책을 정기적으로 살 것이고, 그 책을 자신의 서재에 놓을 것이다. 그는 자식을 낳지 않았으며, 인간은 유한한 존재라고 내게 말했다.

그러한 와타나베 선생의 바람대로, 그의 마지막 수업에는 아무런 특별 행사가 없었다. 나는 그것이 좋았다. 하필 그의 마지막 수업은, 마루야마가 처음으로 만들었던, 일본정치사상사 수업이었다. 그는 여느 때처럼 진도를 나갔고, 질문을 받았으며, 기말시험에 대한 공지를 했다. 기말시험에 대한 공지를 끝으로 수업이 끝나자, 박수 소리가 여느 때보다 크고 길게 이어졌다. 와타나베 선생은 손을 들어 제지했다. 조용히 마지막 수업을 같이한 옛 제자들이 좌중에서 일어나 강단으로 걸어 나와 인사를 나누었다. 그중 몇 사람은 꽃다발을 들고 있었다.

　이 모든 것이 좋았으나, 나는 상상한다. 인생의 과분한 행운이 함께하여, 언젠가 내게도 마지막 수업의 기회가 혹시 온다면, 부족한 나에게 좀 더 어울리는 마지막 수업을 시도해보겠노라고. 먼저 정년기념 강연 같은 것은 하지 않겠다고 미리 공지하는 거다. 그럼에도 불구하고, 나를 미워하지 않은 옛 학생 한두 명이라도 마지막 수업 강의실에 매복하고 있을지 모른다. 선생이 좋아했던 만화책이나 티라미수 조각 케이크를 들고서. 그리하여, 나는 이 직업에 종사한 이래 최초로 무단 결강을 하겠다. 혹시라도 있을지 모르는 옛 학생들과의 어색한 공적인 만남, 의례적인 과분한 박수, 행사를 위한 행사에 의한 행사의 꽃다발을 피하기 위하여, 아예 결근하겠다. 나는 이처럼 완전하고 검증 가능하며 불가역적인 마지막 수업을 상상한다. 증발을 상상한다.

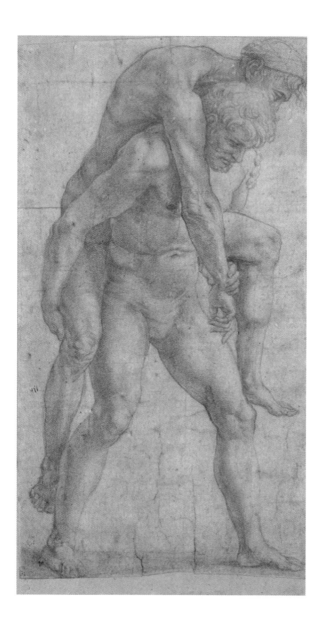

고독과
이웃하며

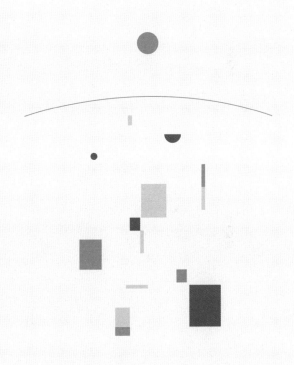

3

©KIMYOUNGMIN

에세이집 《코르시아 서점의 친구들》 말미에서 스가 아쓰코는, 각자 가지고 있던
차이를 이기지 못하고 몰락해간 사회 변혁 운동의 과정에 대해 이렇게 쓴다. "우
리의 차이는 인간이라면 누구나 궁극적으로 지니고 살아야 하는 고독과 이웃하
고 있으며, 각자 자신의 고독을 확립해야만 인생을 살아갈 수 있다는 것을. 적어
도 나는 오랫동안 이해하지 못했다."

6월의 냄새

가로수길 냄새. 1954년 6월 30일, 결국 에세이스트가 될 운명인 젊은 스가 아쓰코須賀敦子는 하숙집으로 돌아오다 가로수길의 보리수 꽃향기를 맡는다. 그리고 나직하게 중얼거린다. 향기를 맡고 목이 멘다는 것이 이런 걸까. 목이 멘 그녀가 그 향기를 글에 담기 시작한 것은 그로부터 수십 년이 지난 뒤였다. 중년을 훌쩍 넘긴 사람이 홀연히 글을 쓰기 시작하는 것은 대개 마주한 어두운 숲에서 벗어나기 위해서 아닌가. 단테는 《신곡》에서 "살아가다 보면 길을 잃고 어두운 숲속에 서 있는 스스로를 발견하게 된다"고 썼다. 비록 그 입구와 출구는 다를지언정, 누구나 예외 없이 한번쯤은 그 무서운 숲에 가게 된다. 그래서 스가 아쓰코는 자신만의 신곡을 쓰기 시작한다.

꾸물거리지 말고 어서 시집이나 가. 젊은 스가 아쓰코에게 당시 일본 사회는 이렇게 말했다. 반발심이 든 스가 아쓰코를 본격적으로 동요시킨 것은 생텍쥐페리의 문장이었다. "스스로 대성당을 짓지 않으면 의미가 없다. 완성된 대성당에서 편하게 자신의 자리를 얻으려는 사람이 되어서는 안 된다."

그리하여 그녀는 1960년대의 이탈리아로 유학을 떠난다. 동양인 유학생이 아직 드물었던 그곳에서 스가 아쓰코는 사회 변혁을 꿈꾸던 가톨릭 공동체의 일원이 된다. 이탈리아인 남편과 동지들을 만나, 함께 민주주의의 대성당을 짓기 시작한다. 성당 안에 구축한 요새와 같은 서점 코르시아 데이 세르비에서, 그녀는 당대의 일본 사회에서 기대하기 어려웠던 동지 간의 유대, 사랑, 그리고 결국 떨쳐지지 않는 이물감과 경이를 경험한다.

젖은 아스팔트 냄새. 스가 아쓰코가 속했던 가톨릭 공동체의 시인 다비드는 사회 변혁 운동을 시작하던 1945년 여름, 파시스트 정권으로부터 해방을 쟁취한 기쁨을 이렇게 노래했다. "줄곧 나는 기다렸네/ 살짝 젖은/ 아스팔트의, 이/ 여름 냄새를/ 많은 것을 바란 것은 아니라네." 그들이 바랄 수 있었던 것은, 파시스트의 더운 아스팔트를 식혀버릴 순간의 빗줄기, 그로부터 피어나는 여름 냄새뿐이었던 걸까. 다비드가 주도하던 사회 변혁 운동은 결국 실패하고, 변혁 공동체는 해산하고, 코르시아 데이 세르비 서점은 문을 닫고, 스가 아쓰코의 남편은 병을 얻어 갑작스레 죽는다. 자신에게 의미를 부여하던 모든 것이 스러지고 나자, 스가 아쓰코는 한때 그토록 떠나고 싶었던 일본으로 되돌아온다. 그리고 죽기 10여 년 전부터 본격적으로 자신의 삶을 돌아보는 에세이를 쓰기 시작한다.

에세이집 《코르시아 서점의 친구들》 말미에서 스가 아쓰코는, 각자 가지고 있던 차이를 이기지 못하고 몰락해간 사회 변혁 운동의 과정에 대해 이렇게 쓴다. "우리의 차이는 인간이라면 누구나 궁극적으로 지니고 살아야 하는 고독과 이웃하고 있으며, 각자 자신의 고독을 확립해야만 인생을 살아갈 수 있다는 것을, 적어도 나는 오랫동안 이해하지 못했다." 이어 덧붙인다. 꿈꾸었던 공동체의 몰락이 꼭 저주만은 아니었다고. "젊은 날 마음속에 그린 코르시아 데이 세르비 서점을 서서히 잃어감으로써, 우리는 조금씩, 고독이 한때 우리가 그토록 두려워했던 황야가 아님을 깨달았던 것 같다."

최루탄 냄새. 30년 전 6월 이 땅에는 보리수 꽃향기 대신 최루탄 냄새가 창궐했다. 시민들이 군사정권의 타도를 외친 끝에, 6월 29일 마침내 군사정권이 직선제 수용을 선언하던 기억이 지금도 생생하다. 그것은 실로 비가 뜨거운 아스팔트에 닿자마자 피어오른 여름 냄새와도 같았다. 그로부터 이제 30년이 지났다. 여전히 구태를 답습하는 이들이 있을지라도, 그것을 개혁하고자 하는 사람들마저 30년 전의 방식을 그대로 되풀이할 필요는 없다.

스가 아쓰코에 따르면, 과거의 향기는 기억 속에만 존재할 뿐, 마법을 써서 돌아간다 해도 같은 향기를 반복해서 음미할 수는 없다. 이제 공동체는 개인의 고독을 인정한 위에서만 건설될 수 있다는 것을 인정하며, 더러움을 찾아 떠나는 무심한 로봇청소기처럼 앞으로 나아갈 때다.

응답하라 1988

얼마 전 막을 내린 동네 가족 판타지 〈응답하라 1988〉의 주인
공들에게 1988년은 첫사랑에 빠진 해다. 주인공들은 그 무렵
동네 친구 중 한 명을 좋아하기 시작하고, 결국 그 첫사랑과
결혼한 뒤, 나른하게 옛 시절을 회고한다.

이 나라의 정치사에서 1988년은 시민들이 직선제와 사랑에
빠진 해다. 〈응답하라 1988〉의 주인공들이 어렸을 무렵 유신
체제는 강고했다. 그러나 1979년, 정권의 말로를 선언한 YS
의 예언에 화답이라도 하듯, '재규어'는 유신의 심장을 쏜다.
야수의 열정으로. 그러자 DJ는 "민주주의는 쿠데타나 암살로
되는 것이 아니"라고 말한다. 기다렸다는 듯, 신군부 세력은
간접선거를 통해 재집권한다. 쿠데타나 암살뿐 아니라 간접선
거로도 민주주의가 이루어지지 않자, 시민들은 직선제와 사랑
에 빠진다. 직선제는 정치적 자기애自己愛의 극치다. 선한 우리

가 직접 결정한다면 잘될 거야. 고문으로, 최루탄으로, 투신으로 여러 사람들이 죽고 나서야, 집권세력은 6·29 연극을 통해 직선제를 수용한다. 너희들은 이제 직선제와 결혼해도 좋다. 그리고 시민들은 그토록 타도하고 싶었던 신군부의 일원을 대통령으로 다시 뽑는다. 피의 대가로 쟁취한 바로 그 직선제를 통해서. 그때가 1988년이다.

그 1988년, 밀란 쿤데라Milan Kundera의 《참을 수 없는 존재의 가벼움》이 계간 〈세계의 문학〉에 실리고, 뒤이어 〈프라하의 봄〉이라는 영화로 개봉했다. 정치의 열정으로부터 해방되어 한없이 가벼워진 사적私的 존재가 마침내 누리게 된 어떤 짧은 행복과 우연한 죽음. 참을 수 없는 가벼움을 느끼고 싶어, 차를 타고 가야 할 먼 거리를 일부러 걸어 극장으로 갔다. 우연한 교통사고로 끝나는 영화 끝 장면. 다가온 우연을 예감하듯이 여주인공은 자동차 안에서 연인에게 말한다. "내가 지금 얼마나 행복한지 생각 중이에요I am thinking how happy I am." 그것은 정치적 자아가 너무 무거워, 사적인 행복을 염원하던 이의 행복, 행복한 자신에 대해 마침내 자의식을 갖게 된 이의 짧은 행복이었다.

그 후 정말 사적인 행복이 이 사회에 도래하는 것처럼 보였다. 장기수들이 오랜 수감 생활 끝에 감옥에서 나왔다. 해외 여행 자유화 조치가 내려졌다. 노트북컴퓨터를 쓸 수 있게 되었다. 인터넷을 이용할 수 있게 되었다. 사람들은 〈응답하라 1988〉의 정봉이처럼 PC통신을 시작했다. 일본 대중문화 유입이 허용되기 시작했다. 용산전자상가는 활기를 띠었다. 캠퍼스에는 커밍아웃을 하는 이들이 생겨났다. 졸업하면 대체로 취직이 되었다. 빚을 내어 아파트를 사도 가격은 올랐다. 큰 근심이 없는 이들은 작은 근심을 누릴 수 있었다. 이때가 1990년대 초다.

그리고 국제통화기금IMF 구제금융이 시작되었다. 사람들은 직선제를 사랑했듯 나라를 사랑했다. 시민 혹은 백성의 열정으로. 많은 이들이 금 모으기에 나섰다. 그리하여 구제금융을 졸업한 지 이제 15년, 각종 지표들이 다시 악화되었다. 그 사이에 직선제로 뽑은 대통령은 투신 자살했고, 빈부 격차는 벌어졌고, 구조조정이 진행 중이고, 쌓이는 피로처럼 가계의 부채는 늘어가고, 번식에의 열정마저 시들어간다. 그리고 이미 과거가 된 줄 알았던 정치적 의제들은 18대 대통령 선거를 통해 부활했다. 이 부활한 정권의 국무위원 미팅에서 장관은 정초부터 이탈리아산 아포리즘을 구사한다. "피자에 네 개 요소가 있는데 밀가루, 물, 소금 그리고 열정이라고 합니다. 열정이 없으면." 최초로 직선제에서 과반수 득표를 한 대통령답게, 장관의 말을 끊고 "(열정이 없으면) 안 되죠"라고 미팅을 마무리한다.

우리는 다시 자기애에 빠질 수 있을까. 직선제의 단점은 공화국의 상태에 대해 너무 직선적으로 알려준다는 것이다. 정말 이곳은 밀가루, 물, 소금, 그리고 열정으로만 이루어진 나라가 아닐까. 이곳에서 치즈는 가장 외로운 식재료다. 수십 년의 현대사가 반죽한 뜨겁고 짠 밀가루 반죽. 불행한 자신에 대해 마침내 자의식을 갖게 된 밀가루 반죽. 치즈가 빠진 거대한 고르곤, 졸라.

희망을 묻다

어떤 폭력적인 경험은 그 사람의 일생을 결정한다. 이를테면 영화 〈대부〉(1972)의 주인공 비토 코를레오네가 그렇다. 어린 시절 그의 가족은 시칠리아 갱들에게 무력하고 어이없는 짐승처럼 살해당한다. 갱의 총탄을 피하여 달리기 시작한 그의 인생은 이제 질주를 멈출 수 없다. 마침내 고향으로 돌아가 원수를 갚을 때까지, 그는 신대륙의 성장하는 자본주의 사회에서 질주한다. 그에게 자기 인생의 목적을 새삼 생각할 여지는 없다. 원초적 폭력이 그에게 뿌리칠 수 없는 인생의 숙제를 부여했으므로, 그는 그 숙제를 하다가 죽어야 한다. 산책을 하고, 연극을 상연하고, 시를 낭송하기 위해 사는 것이 아니라, 부모의 원수를 갚고, 새로운 가족을 이루기 위해 살아야 한다. 그리하여 장성한 그는 마침내 올리브기름 한 통을 들고 햇빛 부서지는 시칠리아로 향한다. 자신을 기억하지 못하는 늙은 원수의 귀에다 대고 속삭인다, 내 아버지 이름은 안토니오 안돌리니. 그는 자신이 누군지를 원수에게 확인시킨 뒤, 조금의 주저도 없이 원수의 뱃가죽을 따버린다. 두어도 살날이 얼마 남지 않았을 원수의 저승길을 한껏 재촉해버린다. 어린 시절 가족을 잃었던 비토 코를레오네의 가장 행복해 보였던 모습은, 딸 코니의 손을 잡고 그 유명한 〈대부〉의 음악에 맞추어 인파를 천천히 헤치고 마당에 마련된 가설무대 위에 올라 딸의 축복을 빌며 춤추는 장면이었다. 그 장면의 앞뒤로 밀실의 담합과 말대가리가 잘리는 잔혹이 넘실대는 세상 속이었다고 해도. 그러나 그의 행복은 지속되지 않는다. 원초적 폭력을 되먹임하기 위해 그의 생애는 이미 소진되었고, 그의 딸은 가정폭력에 시달리고 있고, 아들은 가족을 죽인 죄의식으로부터 평생 안식을 얻지 못한다.

어떤 폭력적인 경험은 때로 한 나라의 운명을 결정한다. 이를테면 식민지배를 받아들여야 했던 한국이 그렇다. 제국주의에 침탈당한 한 조공국의 황혼. 난입한 제국주의자들은 말했다. 너희는 스스로 현대적인 공적 질서를 창출해서 살아갈 능력이 없으므로 우리가 대신 지배해주겠다. 그 말을 부정하기 위하여 한국인들은 질주를 시작한다. 추구할 공동체의 헌법적 가치를 새삼 숙고할 여유는 없다. 원초적 폭력이 한국인에게 떨치기 어려운 공통의 숙제를 부여했으므로, 한국인은 그 숙제를 하며 현대사를 소진해야 한다. 세밀화를 배우고, 석판화를 수집하고, 시집을 천천히 고르기 위해 사는 것이 아니라, 부동산 투기를 하고, 자식을 대학에 보내어, 더 이상 무시당하지 않기 위해 이를 악물어야 한다. 제국주의자들의 침탈과 모욕을 피하여 달리기 시작한 그들은 정부 수립을 거쳐, 동족상잔의 전쟁을 넘어, 현대 국가의 모습을 갖출 때까지 멈출 수 없다. 마침내 우리도 할 수 있다는 것을 보여줄 때까지. 그것이 결국 무엇을 위한 질주이든, 그들은 일단 세계 자본주의의 주변부에서 질주해야만 한다.

마침내 잘 조립한 자동차 한 대를 들고 제국주의자들의 면전에 나설 수 있게 되었을 무렵, 광주민주화운동은 신군부에 의해 짓밟힌다. 그리고 그해 주한미군 사령관 존 위컴John A. Wickham은 한국인은 들쥐와 같아서 민주주의가 맞지 않다고 말한다. 이제 한국인은 다시 질주한다. 마침내 우리도 민주주의를 구현하고 살 수 있다는 것을 보여줄 때까지 그들은 시청 광장을 지나, 광화문 네거리를 관통하여 질주한다. 우리가 쥐떼에 불과한 존재가 아님을 보여줄 때까지. 그 질주 끝에 도달한 21세기의 폐허. 한 세기에 걸친 숨 가쁜 질주가 가져다주리라 믿었던 현대적인 공적 질서의 오롯한 붕괴. 엘리트 카르텔의 빨대가 꽂힌 공동의 희생양으로서의 정체政體, body politic, 그 위에서 직선제로 선출된 대통령이 청와대에서 굿을 한 적이 없으니 믿어달라고 울먹이고 있다.

그러나 우리에게는 아직 증명해야 할 것들이 남아 있다. 스스로를 갱신하여 현대적인 공공의 삶을 구현할 수 없는 쥐떼라고 불렸던 사람들은, 그 이야기를 듣기 전과는 더 이상 같을 수 없다. 이 땅에 희망이 있어서 희망을 가지는 것이 아니라, 희망을 가진 사람이 되고 싶기에, 희망을 가진다.

광장으로

마침내 국정 역사교과서의 현장 검토본이 모습을 드러냈다. 보수 혹은 진보의 시각을 얼마나 담고 있느냐를 두고 논란이 벌어졌다. 이성적인 토론을 통해 합의에 이를 수 있을까. 그럴 리가. 논자들 대부분이 국정교과서를 통해 주입식 교육을 받은 사람들이니만큼, 이성적 토론 능력을 갖추고 있을 확률은 높지 않다. 진보든 보수든, 교과서를 토론의 매개체로 보기보다는 특정 내용의 주입 도구로 본다는 점에서는 크게 다르지 않다.

국정 역사교과서는 놀랍게도 서두에서 특정 역사관의 주입이 아니라 "역사적 사고력 함양"을 목표로 한다고 천명하고 있다. 그렇다면, 무신정권 시기 노비 만적의 난을 사례로 들어 과연 그러한지 살펴보자. 우리도 20세기에 군부독재라는 이름의 무신정권을 겪었고, 그 나름 사회 전반의 동요가 있었으므로, 과연 교과서가 '과거를 통해 현재를 보는' 사고력을 키우는지 여부를 가늠할 수 있을 것이다.

만적은 외쳤다. "무신 난이 일어난 이래로 고위 관리들 중에 천인 출신이 많아졌다. 장수와 재상이 될 수 있는 사람이 어찌 따로 있겠는가. 때가 오면 할 수 있는 것이다." 이에 대해 고교 역사교과서 91페이지가 제공하는 해석은 다음과 같다. "무신정변 이후 신분 질서가 흔들리자 농민들과 천민들도 신분상승에 대한 기대감을 갖게 되었다……. 신분해방을 주장하며 봉기하려 했지만…… 실패하였다."

이것은 보수적 역사 해석도 아니고, 진보적 역사 해석도 아니다. 다만 모순적인 역사 해석이다. 신분상승과 신분해방은 별개다. 신분상승의 열망은 현존하는 신분체제 내에서 자신이 신분의 사다리를 빨리 타고 오르겠다는 것이고, 신분해방의 열망은 그 사다리 자체를 개혁하겠다는 것이다. 협잡을 통해서라도 대학에 진학하겠다는 열망과 대학제도 자체를 개혁하겠다는 열망이 같지 않듯이, 신분상승의 열망과 신분해방의 열망은 다르다. 청소년기부터 이러한 차이와 모순을 논하는 기회를 얻지 않던 사람이 어느 날 갑자기 정상적인 토의민주주의를 구현해내기는 쉽지 않을 것이다. 앞뒤가 맞지 않는 서술로 점철된 교과서로 주입식 교육을 받다 보면, 대체로 세 가지 부류의 사람이 생겨난다.

첫째, 모순을 판별할 능력이 없으므로 아무 말이나 하는 사람이 나타난다. 이를테면 식당에 가서 "음식이 너무 맛이 없으니 한 그릇 더 먹을게요"라고 말하거나, 음주단속에 걸리자 "취했지만 음주운전은 안 했어요"라고 말하거나, 공식 석상에 올라 "애국하는 마음으로 부정을 일삼았어요"라고 말하게 되는 것이다. 이들에게 이성적 질의응답 능력이 있다고 보기는 어렵다.

둘째, 어떤 모순도 참아내는 정신의 굳은살이 발달한다. 불의나 모순을 보면 일단 참는다. 그리고 그 굳은살로 현실의 뾰족한 모순을 성큼성큼 밟고 나아가 서슴없이 부정을 저지른다. 영혼의 속살이 퇴화한 이들에게 도덕적 지탄을 하거나 논리적 모순을 지적하는 것은 그다지 효과가 없다.

셋째, 체질상 굳은살이 생기지 않는 이들은, 각종 불의와 헛소리에 대한 알레르기를 지병으로 갖게 된다. 이들은 상시적 분노 상태에 있다. 젠장, 태어나버렸군, 혹은 희망은 바보의 특권이지……라고 중얼거린다. 이들의 분노는 고독한 독백으로만 표현될 뿐, 함성이 되지 못한다. 그들은 그저 옷깃을 여미고, 오늘도 춥고 비열한 거리를 걷는다.

이들의 고독에는 원인이 있다. 집권세력은 분노의 근본원인을 이해하려 들지는 않지만, 그 분노를 제압하는 방식에 대해서는 잘 알고 있다. 그들은 집단행동을 하는 데 드는 시간적, 금전적, 체력적, 정서적 비용을 증가시킨다. 그리고 그 비용을 기꺼이 지불하기 어렵게 사람들을 궁핍한 상태로 유지시킨다.

그러나 2016년 사람들은 이제 비열한 거리를 지나, 광장으로 쏟아져 나왔다. 날로 가난해져가는 이들이 갑자기 집단행동의 비용을 흔쾌히 지출할 만큼 여유를 갖게 된 것은 아니다. 어떤 비용이라도 기꺼이 지불할 만큼 분노가 커졌을 뿐이다.

헌법재판소의 결정을 기다리는 자세

M은 '친문'이었다. M은 압도적인 친문체제를 구축하기 위해 청춘을 탕진했다. 친문세력이 모인다는 집회에는 빠짐없이 참석했고, 호위무사를 자처하며 밤을 새운 적도 허다하다. 친문 패권주의라는 비판에도 아랑곳하지 않고, M은 소방호스처럼 솟구쳐 오르는 젊은 에너지를 문 씨의 숭배와 옹호에 바쳤다. M이 그러한 열성을 보였던 이유로는 물론 문 씨의 생각과 어록이 멋지다는 것도 있었지만, 문 씨가 남들보다 잘생겼다는 사실도 빼놓을 수 없다. 문 씨가 미남이 아니라는 소수 의견은 M의 문 씨에 대한 숭배를 더욱 강화했을 뿐이었다.

　그러했던 M도 해가 바뀌고 나이가 들자, 한때의 불같은 정념을 뒤로한 채, 먼지로 가득한 사료를 뒤적이며 고고한 학자의 길을 걷고 있다. 오늘도 묵묵히 고문서를 해독하고 있는 M으로부터 H.O.T.의 리더 문희준 씨가 사용할 침대를 조공하던 열성적인 고교생의 모습을 상상하기는 쉽지 않다. 그런 M에게 다가가, "음악의 선율이 아닌 내면의 고독을 담기 위해 애썼습니다"라고 문희준이 말한 적이 있다면서요, 라고 놀려본다. 그러면 M은 눈에 불을 켜며 반론을 제기한다. 그 어록은 맥락을 뺀 상태라서 이상하게 들리는 거예요! 그러고는 아직도 친문 직계조직이 살아 있음을 상기시키며, 문희준 씨에 대한 비판은 용납하지 않겠다는 결연한 태도를 보이는 것이다. 얼마 전 문희준 씨가 결혼 계획을 발표했을 때, 이러한 M이 받았을 충격은 얼마나 컸을까. 해당 뉴스의 링크를 문자로 보내주자 M은 이렇게 응수했다. "여기저기서 위로 문자를 빙자한 뭔가가 오고 있습니다. 제 청춘을 이렇게 보내네요. 평생수절." 이제 M은 중국 남자배우 후거胡歌라도 지켜내겠노라고 결심을 다지고 있다.

아, 실로 우리는 누군가를 사랑하지 않고는 살 수 없다. 그 사랑을 통해서 인생의 권태를 이겨내고, 사랑의 상상 속에서 협애한 자아를 넘어 보다 확장된 삶을 경험한다. 그러나 일상에서 만날 수 있는 인간들은 대부분 사랑의 대상이 되기에는 너무 누추하다. 깔끔한 용모는커녕, 화장실에서 손도 씻지 않는 존재들도 적지 않다(내 직장에서 누가 용변 뒤 손을 씻지 않는지 나는 알고 있다). 일상의 인간들이 사랑의 열망에 부응

하지 못할 때, 사람들은 기꺼이 다른 세계로 사랑할 대상을 찾아 떠난다. 연예인이나 정치인을 상대로 한 '팬질'에는 유구한 역사가 있다. 실로 M이 연구하는 분야의 사료에 따르면, 옛 정치인들은 모두 대단한 미남 미녀였다. 그들은 발성이 좋고, 이목구비가 바르고, 잘 씻어 얼굴이 빛났다. 예컨대 《삼국사기》에서는 "조분이사금은 키가 크고 풍채가 아름다웠으며……흘해이사금은 용모가 준수하고…… 눌지 마립간은 모습이 시원스럽고 우아하였다"고 묘사하고 있다. 아이돌 그룹이 달리 발달하지 않았던 그 시대에는 정치지도자들이야말로 백성들의 아이돌이 아니었을까.

그러나 우리는 이제 아이돌 산업이 충분히 발달한 현대의 시민사회 속에서 살고 있다. 현대 아이돌 산업의 발전이 가져다준 축복 중의 하나는, 우리가 굳이 정치인에게서 아이돌을 찾을 필요가 없다는 것이다. 우리는 기꺼이 2D의 애니메이션 캐릭터도 사랑할 준비가 되어 있다. 실로 2D캐릭터는 영원하다. 예컨대 〈킹 오브 프리즘〉의 주인공들은 영원히 배가 나오거나 주름이 생기지 않아, 장시간에 걸친 성형수술을 받을 필요가 없다.

우리가 애니메이션 캐릭터를 통해 구원받을 수 있다면, 현재의 결정을 기다리는 일이 아이돌 팬클럽끼리 승부 결과를 기다리는 일이 될 필요는 없다. 탄핵 여부를 숙고하는 일은, 특정 정치인에 대한 개인적인 호오好惡의 사안이 아니라, 우리가 헌법을 가진 존재라는 일을 상기하는 일이다. 우리가 각자 도생하며 사적 이해 추구에만 골몰하는 유글레나가 아니라, 공적 삶을 위한 일정한 가치에 합의한 바 있고, 그 가치를 심각하게 배반했다고 판명되는 경우에는 가장 힘센 권력자마저도 권좌에서 끌어내릴 수 있는 존재라는 것을 확인하는 과정이다. 이러한 과정은 아이돌 숭배와는 사뭇 다른 방식으로 우리로 하여금 보다 확장되고 고양된 삶을 살게 한다.

ⓒKIMYOUNGMIN

공화국 찬가

인간의 삶을 결정하는 것은 인간이 아니라 인간보다 큰 어떤 것이 아닐까. 그 큰 어떤 것을 끝내 온전히 알 수 없는 것이 인간의 조건이다. 그 알 수 없는 운명이 궁금하여 점을 치고, 신의 가호를 얻기 위해 기도한다. 그러나 보통의 인간이 감내하기에 신은 너무 오래 침묵한다. 신이 영원에 가깝도록 침묵할 때, 자신의 운명을 통제하기 위해 인간이 해볼 수 있는 것이 정치다. 그래서 정치는 인간의 자력 구제 행위다. 15세기 피렌체의 레오나르도 브루니Leonardo Bruni는 스스로를 구원하는 공화국의 영광을 다음과 같이 찬미했다. 피렌체에서는 자력으로 공적인 영예를 얻을 수 있다는 희망이 모든 시민들에게 똑같이 있다고. 그 영예를 향한 희망이 모두에게 열려 있을 때 시민들은 스스로 고양된다고.

　이 땅의 사람들도 식민지로부터 해방되자 스스로를 구원하기 위해 공화국을 만들었다. 군주정을 그리워하는 목소리는 거의 들리지 않았다. 다수가 합의한 공화국의 땅 위로 국가 폭력이 자행되었고, 그 핏자국을 딛고 제3세계가 부러워하는 산업화를 이루었다. 이제 21세기가 되었고, 선거철이 오면 모두 과거를 고해하는 마음으로 홀로 기표소에 들어가야 한다. 유명 정치인들 중에는 간혹 부부가 배시시 웃으며 함께 투표하는 모습을 연출하는 경우도 있지만, 그들마저도 한 표를 행사하기 위해서는 홀로 기표소에 들어가야 한다. 공공 화장실과 마찬가지로 기표소는 국가가 운영하는 고독의 공간이다. 화장실에서 홀로 변비를 신음하며 자신의 개인적인 똥을 공공의 변기에 흘려보내듯, 기표소에서 홀로 얼룩진 현대사를 신음하며 자신의 한 표를 공화국의 식도로 흘려보내야 한다. 이 고독을 통해 우리는 역설적으로 사적私的 개인을 넘어 마침내 공화국의 시민이 된다.

그 고된 과정을 거쳐 선출된 정치인들은 마치 신이라도 된 것처럼 유권자들의 염원에 대해 오래 침묵한다. 이 선거구에 뼈를 묻겠다던 경쟁자들은, 선거에서 패하자마자 묻었던 뼈를 수습하여 어디론가 떠나기 바쁘다. 그리고 남은 유권자들은 그 광경을 바라보며 미필적 무골호인無骨好人이 된다. 무골호인이 되기를 거부한 시민에게 남은 길은 무엇인가. 어떤 사람들은 여전히 혁명을 꿈꾼다. 그러나 20세기를 지나온 사람들은 알고 있다. 진격과 강철대오의 구호만으로는 인간의 운명을 통제할 수 없다는 것을. 신이 침묵하고, 정치인들이 무책임하고, 그럼에도 불구하고 혁명은 거세된 시대에, 이민을 가지 않고 이 땅에 남아 공적인 시민이 되는 길은 무엇인가.

희망 없이 공화국을 사랑하라. 이번 생에는 스스로의 운명을 통제할 방법이 없다는 것을 알고 있는 채로, 공화국을 사랑하라. 신의 침묵과 정치인의 무책임을 은쟁반에 올려둔 채로, 통제 불능의 운명에 참여하라. 21세기 공화국의 시민은 패배할 줄 알면서도 투표에 참여하는 시민군이다. 이제 이 땅에 진정한 공화주의가 불가능함을 알면서도 투표소를 향해 진군하는 비극적 영웅이다. 자신이 처한 삶의 조건을 너무 잘 알고 있다는 점에서 햄릿이요, 그럼에도 불구하고 돌진한다는 점에서 돈키호테다. 21세기 이곳의 시민은 자신으로 하여금 산업사회 소비자의 메마른 일상을 초월해 고전 비극의 영웅이 될 기회를 마련해준 이 공화국의 미덕을 찬미한다. 한국에서는 자력으로 비극적 영웅이 될 수 있다는 전망이 모든 시민들에게 똑같이 있다고. 그 비극적 전망이 모두에게 열려 있을 때 우리는 스스로 고양된다고.

21세기 이곳의 시민은 더 이상 신전에 엎드린 예배자도 아니고, 운명의 자결권을 행사하는 피렌체의 시민도 아니며, 그저 새로이 도래한 동아시아의 비극적 영웅일 뿐이니, 투표일이 오면 어김없이 집을 나서 투표소를 향해 행군하라. 국가가 세금을 써서 꼼꼼히 작성한 투표인 명부에 출석 체크를 하고, 기표소 안으로 홀로 진군하라. 공화국에 대한 영웅적 애정을 담아, 고해성사하는 심정으로 소중한 한 표를 행사하라. 인주에 입술을 가져다대고, 투표용지에 아름답고 붉은 키스마크를 남겨라. 공화국을 열정적으로 사랑하라, 희망 없이.

대선 후보와 토론하는 법

대통령 선거가 한 달 남짓 앞으로 다가왔다. 유권자들은 이 제한된 시간을 활용해서 그나마 나은 후보를 가려내야만 한다. 그러기 위해서 대선토론회 사회자 혹은 토론자가 보다 적극적인 역할을 해야 한다.

먼저 어느 후보가 대통령이라는 중책을 감당할 만한 자기규율을 가졌는지 판별해야 한다. 스스로를 규율하지 못하는 사람이 공약을 지킬 가능성은 낮다. 자기규율이 없기 때문에, 공약을 지키지 않은 대통령이라는 부정적 이미지조차 아무 불편 없이 받아들일 공산이 크다. 후보의 자기규율 정도를 토론회에서 확인해볼 방법은 발언 시간을 어떻게 사용하는지 살펴보는 것이다. 자신의 발언 시간을 오남용하는 후보에게는 사회자가 물어야 한다. "발언 시간도 못 지키면서 공약은 어떻게 지키시려고?"

제한 시간을 지키더라도, 아무런 내실 없는 이야기로 발언 시간을 채우는 경우가 있을 수 있다. 소화하지 못한 멋진 말들을 외워 나열하는 후보가 그 말들을 제대로 실천에 옮길 리 없다. 예컨대 후보가 인권(인간의 권리)을 보장해야 한다고 역설할 때, 토론자는 성소수자나 이주노동자의 권리에 대해서 질문해야 한다. 만약 그들의 권리에 대해 유보적으로 나온다면, 토론자는 물어야 한다. "성소수자나 이주노동자는 인간이 아니라는 말인가요?" 막연히 성소수자의 권리를 인정한다고 할 경우에는, 동성결혼 법제화에 대한 견해를 물어야 한다. 이러한 연속질의를 통해서 후보가 해당 사안에 대해 어떤 구체적인 이해를 가지고 있는지 비로소 확인할 수 있다.

해당 사안에 대해 구체적인 실천방안을 가지고 있는지 알기 위해서는, 장밋빛 공약을 제시할 때마다 "그와 같은 정책을 실현시킬 재원은 어디서 오나요?"라고 물어야 한다. 그 재원이 곧 증세를 의미한다면, 국민들에게 늘어난 세 부담을 어떻게 나누고 설득시킬지 물어야 한다. 이에 대해 대답을 회피하면서 "우리 국민은 역경을 헤쳐 나가는 위대한 국민입니다"라고 옹알이를 할 경우, 사회자는 적극적으로 물어야 한다. "식대를 어떻게 지불할 거냐는 질문에 대해 자신이 얼마나 위대한 식객인지를 선언하면 식당주인 기분이 어떻겠어요?"

구체적인 공약들은 모여서 미래지향적인 비전을 구성해야 한다. 올바른 방향감각 없이는 개별 공약들이 제대로 된 비전을 이룰 수 없다. 앞으로 이 나라 사람들에게 험로가 기다리고 있다고 예상되는바, 동서남북 상하좌우를 분별 못 하는 정치적 길치는 리더의 위치에 있어서는 안 된다. 정치적 길치가 토론회에서 보여주는 대표적인 증상은 동문서답이다. 모르는 것이 어디 동과 서뿐이랴. 남과 북도 몰라서 '종북'이라는 말을 남용하기도 하고, 앞과 뒤도 몰라서 퇴행적인 정책을 진보적이라고 주장하기도 하고, 좌와 우도 몰라서 '좌파'라는 말을 곡해하기도 한다. 그럴 경우, 사회자는 개입해야 한다. "'라이트right'와 '레프트left'의 뜻을 모르는 권투 선수에게 라이트훅과 레프트훅을 주문하는 국민의 기분이 어떻겠어요?"

잘 입안된 비전이 존재하더라도, 미처 예상치 못한 권력투쟁과 우연fortuna 때문에 비전이 실현되지 못하곤 하는 곳이 바로 정치의 세계다. 수줍어 배시시 웃기만 하는 선한 심성만으로는 비전을 구현해낼 수 없다. 이 세계에서는 임기응변과 능청을 통해서라도 험로를 헤쳐 나갈 정치적 역량virtue이 필요하다. 대선토론회는 과연 후보가 그러한 역량을 갖추고 있는지를 보여주는 극장이기도 하다. 따라서 후보가 동문서답으로 일관할 때, 사회자는 호기심 가득한 목소리로 묻는 거다. "식사하셨습니까?" 먹고 왔다는 대답이 끝나기가 무섭게 거룩하게 또 묻는 거다. "준비를 이렇게 엉망으로 하고서 밥이 목구멍으로 넘어가던가요?" 이때, 당황해서 울먹이는 후보는 삼류, 부끄러운 나머지 그 자리에서 후보사퇴를 선언하는 후보는 이류, 밥값을 못 했으니 반성하는 차원에서 토하겠다며 그 자리에서 헛구역질을 시작하는 후보, 그가 바로 일류다.

어떤 자유와 존엄을 선택할 것인가

블레즈 파스칼Blaise Pascal은 말했다. "다른 곳이 아니라 여기에 있는 나를 보는 것이 놀랍다. 왜냐하면 거기가 아니라 여기에, 다른 때가 아니라 현재여야 하는 이유가 전혀 없기 때문이다." 게다가 인간은 자유와 존엄이 박탈당한 상태에서 태어난다. 태어난 당사자의 관점에서 볼 때, 이 세상에 태어나는 일은 스스로의 결정이 완전히 배제된, 전적으로 타율적인 사태다. 자신의 의사와 무관하게 벌거벗겨지고, 씻겨지고, 볼이 잡아당겨지고, 신생아실에 무력하게 눕혀진다. 이렇게 시작된 자신의 삶은, 건조하게 말하여, 부모의 성욕이 원인이 된 외인성外因性 사태다.

태어난 이후의 삶은, 자유와 그에 기초한 존엄을 쟁취하기 위한 집요한 노력으로 상당 부분 채워진다. 양육자에 대한 의존으로부터 벗어나 스스로의 힘으로 대소변을 가리고자 하며, 보호자의 물적 지원으로부터 벗어나 각자의 생업을 통해 밥을 벌어먹고자 하며, 자기 심신의 존엄을 지키기 위해 각종 억압에 저항한다. 그리고 그러한 과정을 통하여 일정한 심적, 물적 자원이 확보되면, 그 자원을 활용하여 자기 인생의 독특한 이야기를 쓴다.

모든 이야기에 끝이 있듯이, 인생에도 끝이 있다. 모든 이야기들이 결말에 의해 그 의미가 좌우되듯이, 인생의 의미도 죽음의 방식에 의해 의미가 좌우된다. 결말이 어떠하냐에 따라 그동안 진행되어온 사태의 의미가 바뀔 수도 있는 것이다. 이것이 바로 "모든 인간은 제대로 죽기 위해서 산다"는 말의 의미다. 어느 자리에서 어떻게 죽을 것인가. 삶은 선택할 수 없지만 죽음은 선택할 수 있다. 인간의 삶은 전적으로 자유와 존엄이 박탈당한 상태에서 시작되지만, 개개인은 자기 삶의 이야기를 조율하여 존엄 어린 하나의 사태로 마무리하고자 노력한다. 비록 우리의 탄생은 우연에 의해 씨 뿌려져 태어난 존재일지언정, 우리의 죽음은 그 존재를 돌보고자 한 일생 동안의 지난한 노력이 만들어온 이야기의 결말이다. 스스로를 어찌할 도리 없는 지경에 그저 처박아버리기 위해 일생을 살아온 것이 아니다.

이것이 바로 생전에 연명치료 거부 의사를 밝히는 이들의 마음이기도 하다. 일생 동안 직조해온 자기 인생의 결말을 아무것도 할 수 없는 병석에서 탕진해버리기를 거부하는 마음이다. 비록 우연과 타율에 의해 이 세상에 던져졌지만, 자신의 삶을 사랑해온 사람이라면, 하나의 수동적인 유전자 운반체를 넘어, 자유와 존엄을 가진 존재로서 삶을 정리하고 싶은 것이다. 자신이 생각하는 사회의 정의를 위해 싸워온 고故 백남기 씨가 생전에 연명치료 거부 의사를 표명했다는 사실은, 사회 정의 실현만큼이나, 개인의 자유와 그에 따르는 존엄을 실현하겠다는 열망을 가지고 있었음을 보여준다. 그러나 그는 병원에서 300일이 넘도록 자신이 원한 존엄을 기다리며 누워 있어야 했다. 그리고 그가 표명한 연명치료 거부 의사는 그의 죽음을 존엄스럽게 만들기보다는, 주치의에 의해 선택적으로 활용되어 자신의 사인이 외인사外因死가 아닌 병사病死가 되는 근거가 되었다.

주치의는 백남기 씨의 사망진단서에 사인을 병사로 기재한 것이 자신의 진정성 있는 판단에 기초한 결정이었다고 강조했다. 그러나 인간의 진정성이란 양파와도 같은 것이어서, 까고 까다 보면 아무것도 남아 있지 않는 심리적 사태에 불과한 게 아닐까. 진정성이라는 이름의 장기臟器는 없다. 진정성이란 개인의 입장을 표명하는 수사의 양식일 뿐, 과학적으로 검증할 수 있는 것이 아니다. 아마도 그가 말한 진정성이란 정부나 경찰과 같은 외부로부터 압력의 부재를 의미할 것이다. 그는 자신이 의료인으로서의 존엄과 자유를 가지고 병사라고 판단하였음을 역설했다. 서울대병원의 특별조사위원장은, 사망진단서는 진료한 의사의 소관이므로 간섭할 수 없다고 말하여, 그 자유와 존엄을 존중했다. 그러나 그는 이어서 자신의 사망진단서는 그 주치의에게는 맡기지 않겠노라고 선언했다. 그리고 특별조사위원회의 모든 의사들이 주치의의 판단이 자의적이라고 판단했음을 만천하에 공개했다. 이로써 고 백남기 씨의 존엄뿐 아니라 해당 주치의의 존엄도 위기에 놓였다.

오늘날 이 사회의 비극은, 죽은 환자의 존엄과 산 의사의 존엄, 그 두 가지를 온전히 동시에 지킬 수 없는 지경에 이르렀다는 데 있다. 이제 우리는 두 가지 자유와 존엄 중에서 보다 가치 있는 것을 선택해야만 하는 기로에 섰다. 이 선택에 이 사회 전체의 자유와 존엄이 달려 있다.

©KIMYOUNGMIN

참사는 오래 지속된다

우리는 너무 늦게 깨닫고, 너무 빨리 잊는다.

36년 전 봄 광주에 어떤 참사가 벌어졌을 때, 나머지 사람들이 그것을 알게 된 것은 참사가 이미 벌어지고 만 이후였다. 참사는 풍문으로 중계되었고, 낡은 비디오테이프를 통해 증언되었다. 비디오테이프에 봉인된 그 비극의 책임자는 분명해 보였고, 악의 소재는 선명해 보였기에, 시민들은 무엇을 해야 할지 알았다. 그 명료함은 이후 현대 한국 정치에 동세를 부여했고, 시민들은 그 책임자를 조준하며 민주화를 향해 한걸음씩 나아갔다. 시민의 학살에 책임이 있는 쿠데타의 주역은 여전히 장수를 누리고 있지만, 이만큼 민주화가 진전된 것도 그 참사의 와중에 탄생한 비극적 에너지 덕분이다.

2년 전 봄 남쪽 바다에 어떤 참사가 닥쳤을 때, 그 참사는 미증유의 모습으로 우리에게 다가왔다. 배는 여전히 바다 위에 떠 있었고, 참사가 본색을 드러내기까지 배에 탄 사람들은 걷거나, 멀미하거나, 전화를 하거나, 화장실에 갔다. 그들은 이동 중인 일상을 살고 있었고, 그 일상이 물에 잠겼으며, 그 과정은 전국으로 생중계되었다. 퇴근 중의 직장인이 교통법규를 무시한 트럭에 받히는 모습이, 스팸을 구워 먹던 가족들에게 느리게 생중계되는 것처럼. 그렇게 비극은 우리의 안방으로 무심히 걸어 들어왔다.

이후 2주기가 되도록 해상안전을 위해 발의된 법안은 단한 건도 국회 관련 위원회에서 심사되지 않았다. 그사이에 해양 사고는 58퍼센트나 증가했다. 남부 지방에 지진동이 발생해도 국민안전처는 재난경고 문자를 발송하지 않았다. 우리의 재난 대처 매뉴얼은 미진하기 짝이 없는데, 부산으로부터 채 200킬로미터도 안 되는 가까운 곳에 일본 규슈 겐카이玄海원전이 가동 중이다. 세월호 소유자 유병언은 변사체로 발견되고, 선원들이 법정에서 심판을 받았어도, 참사의 원인은 소거되지 않았다. 참사는 어떤 기억장치 속으로도 봉인되지 않은 채 사방으로 생중계되었지만, 이 참사의 원인은 여전히 불명료하다. 에너지는 방전되고 있으며, 비극은 언제든 다시 우리의 안방으로 무심히 걸어 들어올 것이다.

그러니까 우리는, 세월호 이후의 사태라는, 또 하나의, 긴 참사를, 아직, 겪는 중이다. 이 참사는 우리 모두가 주인공이기 때문에 중계되지 않는다. 국가정보원 퇴직자공제회인 양우회가 운영에 관여했다는 의혹을 받는 배에 승객들이 무심코 승선했던 것처럼, 엘리트가 담합해 운영 중인 어떤 부실한 여객선 속에서 우리는 무심코 태어났다. 승객과 화물을 제대로 점검하지 않은 채 세월호가 서둘러 출항했듯이, 이 여객선도 우리를 태우고 분명치 않은 목표를 향해 일단 황급히 항해 중이다. 이 배의 어린 승객들은 사방이 캄캄한 인생의 바다에 수장되지 않기 위해서 안간힘을 쓰고 상급 학교에 진학해야 한다. 입시 학원에서는 시험에 세월호에 관한 주제가 나올 수 있다며 거대 유람선과 바다에 대한 표현을 연습시킨다. 입시생들은 "난간에 매달려 아래로 낙하하는 인물의 절망감을 강조하고, 물에 둥둥 떠 있는 사람을 많이 그릴수록 칭찬받는다." 해양 연수원에서 세월호 선원들을 대충 교육했듯이, 이 땅의 많은 교육기관은 진학에 성공한 학생들을 제대로 가르치지 않는다. 어쨌거나 본전을 찾고 싶어 하는 학생들의 불만을 무마하기 위해 자격증은 선심 쓰듯 남발된다. 과적 상태로 불어난 자격증 소지자들은 이제 암초가 가득한 좁은 취업 시장 속으로 운항을 감행해야 한다. 상부에 보고를 하느라 해경이 구조 활동에 전념하지 못했듯, 가까스로 취직에 성공한 이들은 상관의 눈치를 보느라 담당 업무에 집중하기 어렵다. 그러나 수명은 전에 없이 늘어났기에, 심신이 노쇠해도 운항 정지를 선언할 수는 없고 어떻게든 긴긴 인생 동안 스스로를 먹여 살려야 한다.

이들이 야근으로 지친 몸을 이끌고 세월호 합동분향소에 들렀을 때, 다음과 같은 유족의 편지가 벽에 매달려 있었다. "없는 집에 너같이 예쁜 애를 태어나게 해서 미안해. 엄마가 지옥 갈게, 딸은 천국에 가." 엄마는 이미 지옥에 있다. 우리는 무엇을 할 것인가.

안산 세월호 합동분향소에 한 엄마가 딸에게 적어놓은 편지

너는 돌 때 실을 잡았는데,
명주실을 새로 사서 놓을 것을
쓰던 걸 놓아서 이리되었을까.

엄마가 다 늙어 낳아서 오래 품지도 못하고 빨리 낳았어.
한 달이라도 더 품었으면 사주가 바뀌어 살았을까.
엄마는 모든 걸 잘못한 죄인이다.

몇 푼 더 벌어보겠다고 일하느라 마지막 전화 못 받아서 미안해.
엄마가 부자가 아니라서 미안해.
없는 집에 너같이 예쁜 애를 태어나게 해서 미안해.
엄마가 지옥 갈게, 딸은 천국에 가.

보이지 않는 나라

광화문에 가면 청와대가 있고, 국정화 반대 시위가 있고, 시위를 진압하는 물대포가 있고, 물대포에 쓰러지는 시민이 있고, '안 보이는 사랑의 나라'라는 전시가 있다.

안내문에 따르면 전시의 의도는 "지금 여기에 부재하는 것들의 빈자리를 드러내고 그것들의 의미를 되새기려는" 것이다. 그 전시에는 관객이 릴레이식으로 연이어서 책을 필사하는 필경筆耕 프로젝트가 있다. 참가자는 전시실에 마련된 '필경사의 방'에 들어가 책을 필사한다. 국정교과서 집필자들과는 달리, 필경사들은 정부의 시책에 호응하러 온 소수의 '석학'들이 아니다. 그들은 아까운 시간을 내어 자발적으로 참여하러 온 1000여 명이 넘는 일반 관객들이다. 자신의 차례가 되면, 물대포를 피해 외로운 시위라도 하듯 한 사람씩 필경사의 방으로 들어간다. 그리고 고요히 적어나가기 시작한다.

필경사는 국정교과서 집필자들과는 다르다. 과거에 위대하지 않았어도, 우리는 위대하다고 쓸 필요가 없다. 한반도에는 사계절이 있다고 쓸 뿐, 사계절이 분명해서 좋은 나라라고 쓸 필요가 없다. 앞에 주어진 것을 가감 없이 필사하는 것이 그들의 일이다. 앞에 '노비'라고 되어 있으면 '노비'라고 써야 한다. 앞에 '아무것도'라고 되어 있으면 '아무것도'라고 필사해야 한다. 그들에게는 망언의 자유, 역사를 추행할 자유 같은 것은 없다.

그들은 어디에도 갈 수 없는 밀폐된 공간에서 한 시간 동안 묵묵히 어떤 '사실'을 옮겨 적고, 때가 되면 나와야 한다. 마치 주어진 삶을 묵묵히 옮겨 적듯 살아내고, 삶의 방을 떠나야 하듯이. 밖에 있는 관객들은 그러한 필경사의 얼굴을 볼 수 없다. 필경사가 옮겨 적는 동안 나머지 사람들이 볼 수 있는 것은 그의 굽은 등과 손뿐이다. 필경사들이 부여 쥔 필기구는 그들의 혈관에 꽂힌 주삿바늘과도 같았고, 전시는 그들의 피로 차오른 헌혈 튜브처럼 따뜻했다.

자신에게 어떤 무용담이 있어도, 어떤 울화통이 있어도 필경사는 그것을 자신이 필사하는 곳에 쓸 수 없다. 그는 어떤 이야기도 마음대로 창조할 수 없다. 다만 주어진 것을 필사해야 한다. 그러지 않으면 더 이상 필경사가 아니다. 필경사는 아쉬움이 없는가, 그리움이 없는가, 토로할 것이 없는가. 있는 것은 있고, 없는 것은 없고, 산은 산이고, 물은 물이라고 이야기하는 것은 선승의 몫이다.

사실과의 두렵고 외로운 대면을 마친 필경사들에게는 위로가 필요하기에 '필경사의 방'을 지나면 '기억의 벽'이라는 전시실이 나타난다. 여기에는 누구나 지금 이 순간 그리운 것을 카드에 써서 벽에 붙일 수 있게 되어 있다. 사람들은 현재 주어진 '사실'을 옮겨 적는 것만으로는 살아나갈 수 없는 것인지, 그리운 대상을 적은 수백 수천 개의 카드가 매일 새로이 기억의 벽에 붙는다.

엄마가 그리운 사람은 '엄마'라고 썼고, 회사원은 '취업 전의 휴식'이라고 썼고, 오십견이 온 사람은 '청춘'이라고 썼고, 배가 고픈 사람은 '고기'라고 썼고, 대머리는 '머리카락'이라고 썼고, 목욕탕 사장님은 '때'라고 썼다. 그 밖에 '배신한 인간', '빗소리', '구름', '나의 스타일'이라고 적은 쪽지도 있었다. 유달리 많은 것은 '자신감'이라고 쓴 쪽지였다. '유신', '대통령', '정부', '국회의원', '조선왕조', '대한제국', '고종', '전통', '카를 슈미트Carl Schmitt', '학생주임' 같은 단어는 보이지 않았다. 뜻밖에도 '유니콘', '천사', '순수', '사랑'같이 이 세상에 단 한 번도 존재한 적이 없는 것도 적어놓았다.

실로 사람들은 과거에 존재했던 것만 그리워하는 것이 아니라 한 번도 존재해본 적이 없는 것도 그리워한다. 부재不在를 견디고 그리워하는 것으로 소진되는 생生. 지친 사람들은 낮은 곳에 모여, 파울 클레Paul Klee와 발터 벤야민Walter Benjamin이 이야기한 "새로운 천사Angelus Novus"를 그리워한다. 나도 눈물이 흐르기 전에 무엇인가 적어 벽에 붙여놓았다.

©KIMYOUNGMIN

사라지는 사람들

서울 시장 선거가 끝났다. 선거가 끝났다는 것은, 자신의 당선이야말로 불행을 끝내고 행복을 가져다줄 것이라는, 무책임한 말들을 당분간 듣지 않아도 된다는 뜻이다. 오늘날 투표하는 사람들에게 영웅적인 면이 있다면, 그 모든 허황된 약속의 역겨움에도 불구하고 투표장에 가고자 한 결단에 있다.

그럴 리야 없겠지만, 정치인들의 약속대로 행복과 풍요가 넘실대는 복지사회가 구현되었다고 해보자. SF작가 어슐러 르 귄Ursula Le Guin의 단편 〈오멜라스를 떠나며〉는 그러한 복지사회를 다음과 같이 묘사하고 있다. "울려 퍼지는 즐거운 종소리가 도시를 휘감고 지나며 달콤한 음악이 되어 들려왔다……. 주식시장이나 광고, 비밀경찰, 폭탄도 없었다." 그뿐이랴. 그곳에 사는 이들은 행복을 어리석은 것이라고 여기는 나쁜 지적 습관조차 없다. 마약을 할 필요조차 느끼지 않는다.

"기적이로다!"

그런데 오멜라스라는 이름의 이 복지국가는 단 하나의 사회계약에 기초하고 있다. 모든 사람들이 이 풍요를 누리되, 단 한 명의 아이만은 지하실에 박약한 상태로 가두어져서 고통을 받아야 한다는 계약이다. 그 아이의 처지를 개선해준다면, 나머지 사람들이 누리는 그 행복을 모두 반납해야 한다. 그 아이에게 친절한 한마디라도 건네는 순간, 오멜라스의 행복은 사라지게 된다. 그것이 그곳의 '현실'이다. 오멜라스의 사람들은 자신들이 누리는 풍요가 바로 그 아이의 비참한 처지에 달려 있다는 사실을 잘 알고 있다. 그래서 오멜라스의 사람들은 그 아이에 대한 연민을 느끼는 동시에 자신들의 무력함을 인정한다. 그리고 무력함을 인정하는 태도로 인해 비로소 그들은 풍요로운 삶을 누릴 수 있다.

자, 그러면 이 오멜라스 이야기는 이러한 '해피' 엔딩으로 끝나는 것일까? 그렇지 않다. 이야기는 떠나는 사람들로써 마무리된다. 사람들 중에는 간혹 지하실에서 고통받는 아이를 보고서 한참 동안 침묵 속에 서 있는 이들이 있다. 그들은 침묵 속에 묵묵히 서 있다. 한참을 서 있다. 그리고는, 집에도 들르지 않고, 그 길로 오멜라스를 떠난다. 그들은 말하지 않는다. 말하지 않고 걸어가고, 걸어가되 혼자 걸어간다. 혼자 걸어가고, 다시는 돌아오지 않는다.

복지국가에서 사라진 사람들은 어디로 가는가? 어느 절간에 가서 마음의 위로를 구하는가? 어떤 이들은 절간마저 떠나버린다. 일본의 위대한 만화가 쓰게 요시하루柘植義春는 절간에서마저 떠나버린, 그야말로 완전히 '증발'해버린 사람들에 대해 이야기한 바 있다. 이처럼 성소에서마저 사라져버린 이들은 어떤 사람들인가? 그들은 더 이상 자신의 정당성을 외부 악과의 비교 속에서 찾는 데 만족하지 않는 사람들이다. 그들은 자신들이 오멜라스에 사는 사람들보다는 상대적으로 낫다는 데 안주하지 않는다. 악이 너무도 뻔뻔할 경우, 그 악의 비판자들은 쉽게 타락하곤 한다. 자신들은 저 정도로 뻔뻔한 악은 아니라는 사실에 쉽게 안도하고, 스스로를 쉽사리 정당화하기 때문이다. 이 경우, 악과 악의 비판자는 일종의 적대적 의존관계에 있다. 자신이 좋은 사람이 되기 위해 때로 악을 요청한다. 상대가 나쁘면 나쁘다고 생각할수록 비판하는 자신은 너무나 쉽게 좋은 사람이 된다.

떠나는 사람들은 그런 쉬운 선이 되길 거부하고 스스로를 유형에 처한 사람들이라고 할 수 있다. 삶의 진부함으로부터 우리가 구제받는 것은 이러한 비타협적인 사람들을 통해서다. 대학이야말로, 오멜라스에서 사라진 이 비타협적인 이들을 기억하는 곳이기를 나는 바란다. 모든 단체장들, 출마한 사람들, 수상자들, 기획자들, 그 모든 공적인 삶들에 영광 있으라. 그러나 한편, 나의 애정은 또한 스스로 사라져가 버린 사람들에게, 배타적으로, 있다.

하데스와 시시포스

새해 아침 떠오르는 태양이 한 해 동안 또 굴려야 할 거대한 바위처럼 느껴지는 이들이 있을 것이다. 이들은 시시포스에 대해 생각하는 것이 좋다. 그리스 신화에 따르면, 신의 노여움을 산 시시포스에게 명계冥界의 지배자 하데스가 내린 형벌은, 결국 아래로 다시 떨어지고야 말 무거운 바위를 산 정상으로 끊임없이 밀어 올리는 것이었다. 그리하여 시시포스는 오늘도 어디선가 무의미하게 지속되는 노역에 끊임없이 시달리고 있다.

시시포스가 상징하는 것은 단순한 노고, 단순한 덧없음, 단순한 끝없음 그 자체가 아니다. 시시포스의 형벌이 의미하는 것은 그 세 가지가 모두 합해서 만들어지는 가공할 괴로움이다. 노고는 원래 힘든 것이다. 그런데 시시포스의 경우, 인내는 쓰고 그 열매도 쓰다. 노고가 어떤 보람 있는 열매도 가져다주지 않을 때, 오래 견딜 수 있는 사람은 없다. 그런데 시시포스의 보람 없는 노고는 끝날 길이 없다. 이 모든 요소가 더해졌을 때, 시시포스의 형벌은 완성된다. 그러면 이 시시포스의 형벌로부터 인생을 구원할 방법은 무엇인가. 시시포스의 형벌을 이루는 3요소인 노고, 덧없음, 끝없음 중 하나만이라도 제거할 수 있으면 그 인생은 더 이상 시시포스의 고된 삶이 아닐 것이다.

첫째, 자신의 인생에서 노고를 제거한 사람이 있을 수 있다. 부유한 그의 인생은 딱히 어떤 보람으로 채워져 있지는 않지만, 그래도 끝없는 휴식으로 이루어져 있다. 그는 비행기 일등석에 누워 승무원의 보살핌을 받으며 여행하는 승객과도 같다. 딱히 보람찰 것도, 불편할 것도 없는 그는, 이제 번식을 통해 그 휴식과도 같은 인생을 나름대로 연장하고 싶다. 물론 태어나는 자식이 마약을 하거나 기내에서 난동을 부려 부모의 속을 썩일 수도 있다. 자신의 분신으로 여겼던 자식으로부터 외면받아, 권태로운 노년을 보낼 수도 있다. 그러나 뼈를 부수는 덧없는 노고로 점철된 시시포스의 인생보다는 나을 것이다. 그래서 이들은 '권태롭지만 통증은 없는 이들의 클럽'에서 떠날 생각이 없다.

둘째, 비록 인생이 노고로 점철되어 있다고 하더라도 보람을 찾는 인생이 있을 수 있다. 비록 쉼 없이 노역에 시달린다고 해도 결국 보람 있는 결과를 얻는다면, 그 노역의 괴로움을 견딜 수 있다. 밀어 올린 바위가 다시 굴러떨어지지만 않는다면, 꾹 참고 바위를 산정까지 밀어 올릴 수 있는 것이다. 바로 그 보람에 대한 기대로 인해서, 한때 이 땅의 많은 사람들이 '참고 일하여 보람을 찾는 이들의 클럽'에 가입했다. 이들에게는 노역을 통해, 자신은 중산층으로 진입하고, 나라는 선진국이 되고, 자식은 한층 더 나은 삶을 살 것이라는 기대가 있었다. 그 기대를 가지고 무거운 바위를 경제발전이라는 가파른 산 위로 밀어 올렸다.

셋째, 비록 힘들고 덧없는 인생이지만 언젠가는 끝날 것이라는 위안으로 인해 살아가는 인생이 있을 수 있다. 보람 없는 노역이라고 할지라도 그것이 언젠가 끝난다는 약속만 있다면, 참을 만한 것이다. 비록 힘들고 덧없는 인생이지만, 그 생이 당대에 그친다면 적어도 그 인생은 영원한 노역의 쳇바퀴에 갇혀 있는 시시포스는 아니다. 경제발전의 산정에서 굴러떨어지는 바위를 보며, 민주주의의 산정에서 흑사병에 걸린 검은 뱀처럼 퇴행하는 엘리트들을 보며, 사람들은 '참고 일하여 보람을 찾는 이들의 클럽'에서 탈퇴하기 시작했다. 이 사회가 탈출할 길 없는 덫으로 느껴지자 사람들은 '태어났지만 번식을 거부한 이들의 클럽'에 가입하기 시작했다.

하데스는 '태어났지만 번식을 거부한 이들의 클럽'을 참을 수 없다. 그 클럽 멤버들은 하데스가 가진 가장 가혹한 무기인 시시포스의 형벌을 무력화시키기 때문이다. 그래서일까. 2016년 정부는 저출산 문제 극복 대책으로 전국 가임기 여성의 수를 표시한 분홍빛 출산지도를 온라인에 배포했다. 이제 이 사회가 무의미한 노역장이 아니라는 것을 정부는 증명해야 한다. 스스로 하데스를 자처하지 않는다면.

개돼지 사태와 관련하여 교육부가 할 일

2016년 여름, 교육부 정책기획관이 99퍼센트의 사람들을 개돼지처럼 취급해야 한다고 말했다. 그는 교육부 간부답게 이 나라 교육을 온몸으로 보여주었다. 그 세대 고교 시절에는 교련·체육 교사가 종종 선글라스를 끼고 수업에 임했다. 줄을 잘 서지 않는다고, 교련 교사는 때로 몽둥이를 휘둘렀고 체육 교사는 직접 날아 차기를 하곤 했다. 대부분의 수업 시간에 국정교과서를 암기식으로 가르쳤다. 이런 환경 속에서라면 막말을 일삼는 공무원이 배출되는 것도 이상하지 않다. 이 사태가 보여주는 교육 현황은 다음과 같다.

첫째, 이 나라 교육은 사실을 존중하는 과학적 태도를 양성하는 데 실패했다. 신분제를 공고히 하자는 주장은 신분제가 현재 존재하고 있음을 전제하는 말이다. 그러나 헌법 11조에서 명시하고 있듯, 명시적 '제도'로서 신분제는 이 나라에서 이미 철폐되었다. 따라서 그의 주장은 사실에 충실하지 않다. 미국에서는 흑인이 정치적으로 높은 지위에 올라가려고 하지 않는다는 발언도 현재 미국 대통령이 흑인이라는 사실과 충돌한다.

둘째, 논리적 사고력을 기르는 데에도 실패했다. 자기 자신은 신분상승을 하고 싶어 하면서, 동시에 신분제를 공고히 하자고 주장하는 것은 모순적으로 들린다. 해명을 요구하는 기자에게 자신의 논리를 추가로 설명하지 않았다. 그가 논리 교육을 제대로 받았다면, 쌍권총은 한 자루다, 장총은 짧다는 식의 모순적 발언을 일삼지 않았을 것이다.

셋째, 공감 능력을 유지시키는 데조차 실패했다. 맹자가 말했듯이, 우물에 빠지는 어린아이를 보면 측은지심惻隱之心을 느끼는 게 당연하다. 2016년 5월 28일 오후 5시 57분경 지하철 2호선 구의역에서 고장 난 스크린도어를 보수하던 19세 김아무개 씨가 사망하는 사고가 발생했음을 우리는 알고 있다. 그러나 교육부 정책기획관은 '구의역에서 컵라면도 못 먹고 죽은 아이'에 대해 측은지심을 느끼는 것은 위선이라고 말한다.

넷째, 고전 교육에 실패했다. 그에게 고전 교양이 있었다면, "민중들을 개돼지 취급해야 해"라고 말하는 대신, 로마의 시인 데키무스 유니우스 유베날리스Decimus Iunius Iuvenalis의 말을 빌려 "민중을 통치하는 데는 빵과 서커스면 족하지"라고 점잖게 이야기했을 것이다. 그랬다면 그는 국회에서 식은땀을 약간 덜 흘려도 되었을 것이다.

다섯째, 수사법 교육에 실패했다. 그에게 학교에서 익힌 수사법 소양이 있었다면, '개돼지 취급을 해야 한다'와 같은 상스러운 비유 대신 '나무늘보 취급을 해야 한다', '개미핥기 취급을 해야 한다', '코알라 취급을 해야 한다' 같은 상대적으로 참신한 비유를 구사했을 것이다. 그랬다면 그는 직장에서 좀 더 천천히 파면당했을지 모른다.

여섯째, 토론 교육에 실패했다. 한국 사회가 신분제도를 용인하지 않는다는 것은 상식이다. 상식에 도전하려면, 그에 합당한 논거를 제시해야 한다. 이를테면 정실자식이 사생아보다 낫다는 상식에 대해, 셰익스피어의 〈리어왕〉에 나오는 에드먼드는 이렇게 외쳤다. "사생아가 비천하다고? 사생아는 자연스럽게 불타는 성욕을 만족시키다가 생겨난 존재이니, 지겹고 따분한 침대에서 의무 삼아 잉태된 정실자식들보다는 낫지!" 학교에서 시험답안 암기에 급급했던 세대는 막말을 하는 데에는 익숙해도, 주장의 논거를 제시하는 데는 취약하다. 만약 그가 에드먼드 정도라도 되는 논거를 제시했다면, 헌법적 가치에 대한 토론이 벌어졌을지도 모른다.

국무총리는 이 사태를 공직자 기강 해이로 규정했는데, 이는 일회적인 공무원의 입조심 문제에 그치는 것이 아니다. 이 사태는 지속적인 공직자 막말 대잔치의 일부이며, 이 나라 교육 현황과 무관하지 않다. 국민을 우민화하는 무리한 국정교과서 사업을 추진한 교육부 고위 간부들이 멀쩡히 자리 보전을 하고 있는 마당에, 정책기획관만 막말을 일삼았다고 파면당하는 것이 공정한 것인지는 법리적으로 좀 더 따져보아야겠다. 그러나 이 사건을 계기로 삼아, 교육부는 국민을 개돼지로 취급하지 않는다는 정책적 소신을 분명히 표명할 필요가 있다. 이번 일을 계기로 교육부는 해당 교육부 간부가 관계했다는 교과서 국정화 사업을 포기하고, 대신 고전, 수사학, 토론, 과학, 논리 교육, 공감 능력 진흥 방안을 제시하기 바란다. 인간의 말을 하는 공직자를 보고 싶다.

ⓒKIMYOUNGMIN

소반과 숟가락

지금 이화여대 박물관에서는 우리나라 19세기 옛 가구들을 전시하는 '목木·공工'전이 열리고 있다. 그 전시에서 가장 인상적인 것은 체임버 오케스트라가 어울릴 법한 공간에 전시되고 있는 낡은 소반小盤들이다. 전시기획자들은 원래는 낮은 방바닥에 놓여 있었을 그 낡은 소반들을 들어 올려, 화이트 큐브 안의 높은 단상 위에 안치했다. 그렇게 들어 올려진 소반들은 마치 처음으로 화려한 축제에 초대된 내성적인 사람들처럼 상기된 모습으로 높은 곳에 말없이 앉아 있다. 흰 방의 밝은 조명 아래 검붉은 칠은 도드라지고 마디를 이은 금속장식들은 빛을 받아 단아한 존재감을 드러낸다. 일관되면서도 곡선을 이루는 배치 간격을 유지한 덕분에 따로 떨어져 있었을 때는 부여받지 못했던 음악적 리듬감이 각각의 소반 사이를 가득 메우고 있다. 어떠한 밥그릇도 이고 있지 않은 채 흰빛만을 받고 있는 그 낡은 소반들은, 이제 자신들이 속해 있던 고된 노역의 세계에서 해방되어 고양된 의미를 가진 오브제로 탈바꿈한 것이다. 이 모든 것들은 소반이 그 자체로서 가지고 있었던 아름다움이라기보다는 전시기획자들의 안목을 통해 창조된 아름다움이다. 어떤 대상도 그것이 적절히 전시되지 않으면 아름다움을 입을 수 없고 어떻게 전시되느냐에 따라 다른 종류의 아름다움이 발생한다. 관람자가 체험한 것은 소반의 아름다움이라기보다는 소반 전시의 아름다움이다.

예술로 고양되기 전 19세기 조선의 양반가 소반 위에는 전시실의 흰빛 대신 흰밥이 놓여 있었다. 양반의 침이 묻은 숟가락이 소반 위에 놓였다가 다시 밥그릇에 담기곤 했다. 그 과정에서 밥알들은 유한계급有閑階級의 이빨에 의해 씹혀 타액과 더불어 짓이겨지고 위장 안으로 흘러 들어가 십이지장을 거쳐 결국 대장에서 똥이 되었다. 밥을 다 먹고 난 양반은 유한계급의 일상을 누릴 본격적인 준비가 되었다. 이제 그는 의관을 가다듬고 "이리 오너라"라고 소리 지르거나 "에헴"이라고 하거나 나중에 제사를 지낼 것이었다.

그가 방금 먹은 밥은 자신이 아닌 다른 사람이 지은 것이었다. 밥을 지은 공간은 그가 밥을 먹은 사랑방에서 멀리 떨어져 있다. 밥 먹을 사람 스스로 밥을 짓지 않기에 밥을 지을 사람이 따로 필요했고 밥 먹을 사람이 직접 부엌으로 가지 않기에 조리된 음식은 마당이나 대청을 경유하여 사랑방까지 운반되어야 했다. 위계가 분명하여 겸상을 하지 않았기에 상은 한 사람이 사용할 정도의 크기면 되었다. 그리고 누군가 상을 부엌에서 사랑까지 들어 날라야 했기에 그 상은 커서는 안 되었다. 그래서 소반은 소반이 되었다.

이 모든 것은 노비가 있어야 가능하다. 노비가 필요한 노동을 대신 해주어야 유한계급은 여가를 누릴 수 있다. 그리고 그 노비의 노동력은 비싸지 않아야 한다. 노동력이 비싸지 않아야 유한계급은 싼값에 여가를 확보할 수 있다. 노동력이 비싸지 않으려면 공급이 충분해야 한다. 그래서 조선에서는 대체로 부모 중 어느 한쪽이 노비이면 그 자식은 노비가 되어야 했다. 노비가 충분하지 않을 경우에는 노동시간을 늘려야 한다. 그래서 노비는 밤에도 일하곤 했다. 시인 서정주는 노래했다. "애비는 종이었다. 밤이 깊어도 오지 않았다." 풍혈반風穴盤이라는 소반은 야밤에 노비가 관청에 음식을 나를 때 사용되었다.

소반이 사용되던 19세기에 사람들은 양반을 없애기보다는 모두 양반이 되고 싶어 했다. 그래서 양반이었던 적이 없는 사람들도 제사를 지내고 족보를 위조하기 시작했다. 그러나 민주화의 20세기를 거쳐 21세기가 되었어도 값싼 노동력을 제

공해야만 하는 처지는 여전히 대물림된다. 지하철 구의역에서 고장 난 스크린도어를 보수하다 사망한 19세의 청년 김 씨가 남긴 갈색 가방에는 틈이 나면 먹으려고 준비한 컵라면 한 개와 나무젓가락 그리고 숟가락 한 개가 들어 있었다. '양반'과 '노비'의 시간은 끝나지 않았다.

여름에 생각하는 중세의 겨울

네덜란드의 역사가 요한 하위징아Johan Huizinga에 따르면, 중세가 암흑기만은 아니다. 중세의 가을은 한 시대의 쇠퇴를 뜻하기도 하지만 새 시대의 수확을 준비하는 풍요로운 시기이기도 하다. 그러나 청소년기 우남雩南 이승만이 겪은 것은 중세의 가을이 아니라 중세의 겨울이었다.

우남은 열세 살이 되던 1887년 과거시험에 응시한다. 관련 사료에 따르면 당시 응시생은 15만 8578명이었고 그중 다섯 명이 합격했다. 당시 정부는 시험장에 모여든 이들을 일일이 세어보고 신원확인을 거쳐 시험을 공정하게 집행했을까. 만약 해당 사료가 허구라면 기록을 중시했다는 조선은 왜 그런 국가기록을 남겼을까. 그 무엇보다 3만 대 1이 넘는 경쟁률이 의미하는 바는 무엇일까.

이 질문에 답하기 위해서는 당시 인구통계가 필요하다. 조선의 호구조사는 목전의 조세징수를 위한 것이었기 때문에 당시 인구를 엄밀하게 알 수 있는 사료는 존재하지 않는다. 인구학자들은 식민지 시기 통계를 활용하여 19세기 말의 인구를 1700만 명 정도로 추정하곤 한다. 그러면 1700만 명 중에 과거시험을 치를 만한 문해력을 가진 사람들은 어느 정도였을까. 조선 시대 문자 해독률에 대한 통계 역시 존재하지 않는다. 참고로 2001년 조사에 의하면, 우리나라의 문자 해독률은 높지만 문서를 제대로 파악할 수 있는 능력은 OECD 국가 중 최하위다. 내용은 잘 모르고 글자만 아는 사람이 성인의 38퍼센트에 달하는 데 비해 고급 지식 노동을 할 수 있는 성인은 2.4퍼센트밖에 되지 않는다.

20세기 내내 정부는 문해력 증진에 매진해왔으므로 조선시대의 문해력보다 현대 한국의 문해력이 높다고 가정할 수 있을 것이다. 나아가 당시 과거시험에서 필요한 것은 한글 문해력이 아니라 난해한 한문 문해력과 문장력이었다는 것을 감안한다면, 과거시험을 제대로 치를 만한 독해력과 문장력의 소유자는 당시 인구의 2.4퍼센트보다 훨씬 적지 않았을까. 통계상의 추정을 보완하기 위해 이에 관련된 조선 후기 지식인의 언명을 살펴보자. 유수원柳壽垣은 우남이 과거시험을 치르기 약 150년 전쯤에 이렇게 말했다. "명색이 유생儒生이면서도 고

전과 역사서를 읽을 수 있는 사람은 백에 하나뿐이고, 글의 맥락을 논할라치면 몽매한 사람들이 넘쳐난다. 그런데도 단지 추리고, 표절하는 기술만 익혀 과거시험장에 출입하며 요행만을 바란다."

16만 명에 육박하도록 늘어난 과거시험 응시자 수는 유수원이 개탄했던 경향이 꾸준히 악화된 결과는 아닐까. 우남과 함께 응시했던 15만 8500여 명의 사람들 중에 고전과 역사서를 읽을 줄 알고, 맥락맹이 아니었던 이의 수는 어느 정도나 될까. 왜 그 많은 사람들은 글의 맥락도 제대로 파악하지 못하면서 시험장에 몰려와 3만 대 1의 요행을 바랐을까. 요행을 바라는 그 인파에게, 시험관은 도덕적으로 완벽한 성인이 되는 방법이나 그러한 성인이 행할 만한 통치술에 대해 문제를 내곤했다. 아무도 다음과 같은 과거시험 문제는 출제하지 않았다. "출세해보려고 국가고시를 쳤는데 경쟁률이 3만 대 1이었을 때의 절망감에 대해 서술하시오"라든가 "경쟁률이 3만 대 1이 넘는다는 것을 알면서도 시험을 치러야 했던 고시생이 느꼈을 부조리함에 대해 논하시오" 같은 문제 말이다.

우남은 1894년 갑오경장을 통해 과거시험이 폐지될 때까지 집요하게 거듭 도전한다. 그리고 끝내 불합격한다. 그는 이제 한문 대신 영어를 열렬히 익힌다. 그리고 나라를 위해 중요한 것은 도덕적으로 완벽한 성인이 되는 것이 아니라 계몽된 이기심을 배양한 시민이 되는 일이라고 주장한다. 나아가 미국 유학을 통해 학위를 취득하고, 영어 통역사 자격을 지닌 빈출신의 여성 프란체스카 도너와 결혼한다. 미군정과 영어로 소통이 가능했던 우남은, 1948년 광복절을 맞아 마침내 조선이 아닌 대한민국 정부수립을 선포하게 된다. 그 뒤 약 12년이 지나 우남은 자신이 말했던 그 시민들에 의해 권좌에서 물러나게 된다. 그리고 이어 군부 쿠데타가 일어나면서 혹한기 극기훈련으로서의 한국현대사가 시작되었던 것이다.

광복의 의미

광복이란 빛光을 회복한다復는 뜻이 아니다. 광복에서 광이란 존중의 뜻을 담는 글자로서, '영예롭게'라는 뜻을 부여하는 부사적 기능을 한다. 따라서 광복이란 영예롭게 (무엇인가를) 회복한다는 뜻이다. 이러한 광복의 뜻은 여러 전거를 갖고 있다. 예컨대 《진서晉書》〈환온전桓溫傳〉에는 '광복구경光復舊京'이라는 표현이 나오는데, 이는 '옛 도읍을 회복한다'는 뜻이다. 여기서 회복의 대상이 되는 것은 '구경(옛 도읍)'이지 '빛'이 아니다. '광'은 '회복하다'라는 동사를 수식하는 부사적 역할을 할 뿐이다. 이러한 '광'의 용법은 오늘날에도 찾아볼 수 있다. 중국음식점에 가면 환영광림歡迎光臨이란 액자가 걸려 있곤 한데, 그 '광' 역시 광복에서 '광'의 용법과 같다. 즉 '환영광림'이란 '빛'을 환영한다는 뜻이 아니라, 영예롭게 오신 것을 환영한다는 뜻이다. 이렇듯 '광복'이라는 단어에는 무엇을 회복하는지 알려주는 목적어가 빠져 있다.

그렇다면 광복이란 무엇을 회복하는 것일까. 광복이라는 단어에 목적어가 명시되어 있지 않을지라도, 광복을 맞은 사람들은 그때 회복하는 것이 자결권을 가진 정치공동체임을 알았다. 광복이라는 단어는 당시 이미 정치공동체와 관련되어 사용되는 용례가 빈번했기 때문에, 뚜렷한 목적어 없이도 그 뜻을 미루어 알 수 있었다. 예컨대, 청나라 말기 사상가 장병린章炳麟은 혁명가 추용鄒容의 저서 《혁명군革命軍》의 서문에서 "중국은 이미 만주족에게 망했으니, 마땅히 도모해야 할 것은 광복이다今中國旣滅亡於逆胡, 所當謀者光復也"라고 말한 바 있다.

잃었던 국가를 회복한다고 해서, 사람들이 구체제를 그대로 복원하기 원했던 것은 아니다. 사람들은 종종 보다 나았던 어떤 과거를 상상하고, 그 상상된 과거를 회복하기를 원한다. 장병린 역시 청나라를 회복하고자 했던 것이 아니라, 청나라 이전에 존재했던 '중국'을 '광복'하고자 했다. 대한제국 설계자들도 마찬가지였다. 고종과 대신들이 나눈 대화를 살펴보면, 대한제국은 오래전 사라진 명나라를 계승하고자 했음을 알 수 있다. "한결같이 명나라를 표준으로 삼아 빛나는 문화와 두터운 예의가 직접 일통一統에 잇대고 있는 것은 오직 우리나라뿐입니다." 즉 대한제국의 설계자들 역시 치욕스러운 근

과거近過去와는 다른, 상상된 먼 과거가 필요했던 것이다.

그 대한제국 이후 약 35년 뒤 이 땅에 대한민국이 세워졌다. 이 정치공동체의 구성원들은 이제 더 이상 상상 속의 명나라에서 자신의 정체성을 구하지 않는다. 동시에 과거와의 완전한 단절을 통해 새로운 정치공동체를 건설한다고 주장하지도 않는다. 이들은 자신들의 정체성을 어쨌거나 역사 속에서 찾아야겠다고 생각하기에, '광복'이라는 말을 사용한다. 그렇다면 광복이라는 말을 사용하는 이 정치공동체의 구성원들에게, 광복의 목적어는 무엇인가? "유구한 역사와 전통에 빛나는"이라는 헌법상의 표현 뒤에 숨어 있는 이 나라 정체성의 오랜 근거는 무엇인가.

치밀한 사료 읽기와 정교한 분석에 기초한 대답이 아직 충분하지 않은 상태에서, 자신의 정체성을 새삼 역사에서 확인하고자 하는 많은 사람들이 정치공동체라는 이름하에 동창회를 연다. 그 동창회에는, 벼락출세한 최근 경력으로 별 볼 일 없었던 과거 학창 시절을 만회하려는 사람도 있고, 현재의 사회생활이 고단한 나머지 과거 학창 시절을 미화하려는 사람도 있고, 자신에게는 미래가 없으니 죽어버리겠다고 호언하던 과거의 문학 소년도 있고, 매장품이 없는 무덤만 전문적으로 파헤치는 도굴꾼 동창생도 있고, 심지어는 동창회 일원이 되고 싶은 나머지 졸업장을 위조해서 누구보다도 열성적으로 동창회에 참석하는 사람도 있다. 이들이 모두 한곳에 모여, 배설을 해야 하는데 항문이 없는 존재들처럼 입으로 아무 말들을 쏟아낸다. 그러나 이들의 동창회보도 언젠가는 역사가 된다.

소변의 추억

나는 대학 신입생이었고, 세상은 시끄러웠다. DJ가 미국 망명으로부터 돌아와 첫 연설회를 연다고 했을 때, 그에 대한 사람들의 기대는 높았다. 우리와 함께 군사독재를 갈아 마셔줄 정치지도자에 대한 열망, 먼 곳으로부터 강림한 자의 오라 aura, 1971년 대선에서 박정희와 접전을 벌일 때 보여주었던 화려한 연설 능력에 대한 전설. 그래서 사람들은 연설회장인 홍사단으로 모여들었다. 지금은 여당의 정치지망생이 된 고등학교 동기, 그리고 사람 많은 곳을 즐기지 않던 나도 그날 홍사단 건물에 있었다.

그러나 나는 연설회장에 들어가지 못했다. 사람이 깔려 죽을 듯한 그 아수라장. 너무 많은 사람들이 일제히 몰려왔기 때문에 두어 시간 전에 미리 와 있던 사람들 말고는 연설 장소로 전혀 접근할 수 없었다. 그 틈바구니에서 오도 가도 못하고 사람들 속에서 신음한 지 한참 만에, 나는 입장을 포기했다. 학교로 돌아가기 위해 발걸음을 돌렸고, 소변을 보기 위해 건물 초입의 화장실에 들어갔다.

기름이 끓는 것 같은 연설장 주변과는 달리, 화장실 안에는 아무도 없었다. 구타가 끝난 연병장 구석처럼 고요했다. 일을 보려는데 문이 끼익 열리고 누군가 홀로 천천히 걸어 들어왔다. DJ였다. 오, 그는 생각보다 정말 작은 사람이었다. 나는 특별한 인사 같은 것을 할 염두가 없었고, DJ 역시 약간의 미소만 띠었을 뿐이었다. 우리는 나란히 서서 말없이 오줌을 누었다. 내가 고등학교에 다니던 시절의 고교생들은, 나란히 오줌을 눌 때면 누구 물건이 더 큰가 힐끔거리기도 하고, 누구의 오줌발이 더 높이 치솟나 경쟁하기도 했지만, DJ와 나는 모두 점잖은 사람들이었기에 그런 짓은 하지 않았다. 침묵 속에 용변을 끝낸 두 사람은 각기 자기 갈 길을 갔다.

홍사단의 화장실을 빠져나온 나는 학생이라는 이름의 미세먼지로 긴 시간을 살아갔다. 이미 인생을 제법 허송했으나 끈기 있게 계속 허송했고, 다음 세대의 지분을 끌어 쓰고 있는 줄도 모르는 채 결국 다가온 중장년을 향하여 번지점프를 했다. 한편, 홍사단 화장실에서 용변을 마친 DJ 역시 정치인으로서 긴 시간을 살아갔다. 그는 홍사단에서의 귀국 연설 이후 민주화를 향한 사람들의 열정을 조직하는 데 성공하는 것으로 보였다. 그러나 그는 1987년 대선에서 단일화에 실패했다. 1992년 대선 개표가 끝난 뒤 정계은퇴를 발표하던 그의 우울한 표정을 지금도 잊을 수 없다.

그것은 어쩌면 당시 발표대로 정치 역정의 끝일 수도 있었겠지만, DJ는 예상했던 것보다 정치인으로 훨씬 더 오랜 시간을 살았다. 마치 유배지처럼 보이던 영국에서 돌아온 그는 결국 원하던 대통령이 되었고, 나중에는 노벨평화상도 받았다. 매년 연례행사처럼 노벨문학상 수상 여부를 두고 이 땅의 사람들이 벌이는 법석을 감안하면, 그 수상은 아마도 정치 역정의 화려한 정점일 수도 있었겠지만, 그는 그 이후로도 또 긴 시간을 정치인으로서 살았다. 결국 자살로 마감한 후임 대통령의 장례식장. 그 뙤약볕 아래서 미망인의 손을 잡고 오열했고, 끝내 그가 이 땅의 더 밝은 정치적 미래를 보지 못한 채로 망명보다 더 먼 길을 떠난 지, 이제 다가오는 화요일로 6주기다.

이는 곧 DJ가 한국정치사의 시간 속에서 민주주의의 쟁취라는 내러티브 안에 가두어지지 않는, 생각보다 긴 정치 역정을 누렸음을 의미한다. 그가 가장 큰 현실권력을 쥐고 있었을 때는, IMF 구제금융을 계기로, 민주화 이후의 새로운 사회상이 태동하던 시기였다. 즉 그가 실제로 정권을 잡았을 때, 그는 원하든 원치 않든 IMF 이후의 한국 사회라는 새로운 비전을 제기하고 건설해야 하는 첫 주자였던 것이다. 마치 오늘날 그리스가 그러하듯이. 이것은 곧 현재 우리가 가지고 있는 DJ에 대한 해석이 아직 미완未完이라는 뜻이다. 민주화 이후에 무엇이 와야 하는지, 민주화란 더 깊은 그 어떤 흐름의 일부였는지, 그는 그리고 우리는 얼마나 생각했던 것일까.

단군에서 근대화까지

사계절이 뚜렷해서였을까. 광물의 표본실이어서였을까. 환웅은 이 땅에 내려왔다. 그가 내려온 이래 무슨 일들이 일어났나? 짐승들이 갑자기 인간이 되려고 하는 현상이 일어났다. 도대체 왜? 그 이유는 《삼국유사》를 지은 일연도 알 수 없다. 곰은 짐승답지 않게 어둠 속에서 쑥과 마늘을 먹었다. 한갓 인간이 되고자 곰이 겪었을 고통을 생각하면 마음이 아프다.

어쨌거나 놀라운 곰은 원하던 인간이 되었다. 뜬금없이 인간이 된 곰과 결혼하려 나서는 사람은 없었기에 환웅이 '잠시' 웅녀와 결혼했다. 그리하여 태어난 단군이 이 땅을 다스렸다. 그 말로는 비참했다. 단군은 '중국'에서 제후로 파견한 기자^箕_子에 의해 산속으로 쓸쓸하게 쫓겨났다. 그러나 인내력이 놀라운 곰의 후손답게 그는 포기를 모르는 존재였다. 산속에서 오랜 시간을 버틴 끝에 산신이 된 단군은, 현재 사직공원 모퉁이에 있는 단군성전에 모셔져 있다.

반면 사직공원 한가운데 남아 있는 사직단의 양식과 체제는, 과거 이 나라가 단군을 몰아낸 '중국'의 제후국이었다는 사실을 반영하고 있다. 그 사실이 싫었던 제국주의 일본은 사직단을 파괴하고 대신 사직공원을 조성했다. 일제가 물러간 지 70년, 사람들은 이제 그곳에 조공국의 상징인 사직단 복원을 대대적으로 추진하고 있다. 조공국 군주의 전례 공간이었던 사직단이 타율적으로나마 시민의 산책 공간으로 변할 무렵, 최초의 현대적인 도서관인 경성도서관이 멀지 않은 곳에 들어섰다. 이 경성도서관은 해방과 더불어 시립 종로도서관으로 이름을 바꾸고, 단군성전, 사직단과 더불어 사직공원 내에 자리하게 된다.

입시공부가 싫었던 나는 고교 시절 매주 토요일이면 이 종로도서관에서 열리는 독서모임에 나갔다. 남녀공학이 드물었던 그 당시에 여학생들을 만날 수 있는 절호의 기회이기도 했고, 다양한 배경을 가진 친구들과 어울릴 수 있는 많지 않은 기회이기도 했다. 모인 우리들은 매주 한 권씩 책을 읽었고, 성선설이니 자존심이니 하는 주제들을 골라 토론을 일삼았다.

거기서 우리는 장용학의 《원형의 전설》을, 김성한의 〈바비도〉를, 김승옥의 《환상수첩》을, 카프카Franz Kafka의 《성》을,

토마스 만Thomas Mann의 《토니오 크뢰거》를 읽었다. 보나마나 어설픈 독해였을 것이며, 치기 어린 토론이었을 테지만, 우리의 토론을 도왔던 선배들이라고 탁월한 혜안을 보여주었던 기억도 없다. 그래도 꾸준히 읽었고, 열심히 토론했다. 우리는 삼중당 문고 목록에 줄을 그어가며 군사정권이 경제개발 하듯 읽어나갔다.

그 모임을 통해서 처음으로 소주라는 것을 마셔보기도 했다. 어느 선배가 중국집으로 우리를 데려가서 소주를 한 잔씩 돌렸을 때, 망설이다 내가 침묵을 깨고 먼저 훅 마셨던 기억이 난다. 그리고 "아?" 하고 이어졌던 여학생들의 탄식. 우리는 매주 읽었고, 매주 만났고, 철마다 야유회와 체육대회를 했고, 연말이면 문학의 밤을 했다. 멋진 행사였다. 포스터와 유인물을 만들어 돌리고, 색종이로 행사장 길 안내 표시를 하고, 종로도서관 시청각실을 빌려, 성대한 축제를 했다.

그리고 그 축제가 끝나면 문집을 만들었다. 그 문집의 제목을 가지고 설왕설래하기도 했는데, 내가 제안한 문집 제목은 '글떼'였다. 개떼, 메뚜기떼 할 때의 그 떼 말이다. 어이없게도 이 제안은 받아들여지지 않았다. 더 이상 존재하지 않는 이 독서모임에 대한 기억은 그 밖에도 아주 많다. 시각장애인을 위한 녹음도서 제작, 시시콜콜한 연애사, 너무 일찍 세상을 등지고 만 선배에 이르기까지……. 그 이후 나의 동기들은 어떻게 되었나. 혹자는 대학에 들어가자마자 이민을 갔고, 혹자는 영화판에 뛰어들었다가 꿈을 접고 술집을 열었고, 혹자는 일본에 가서 국제결혼을 하였다 하고, 혹자는 극렬 운동권이 되기도 했고, 혹자는 자기 동네에 제과점을 열었다고 한다.

사직공원을 지날 때면 뜬금없이 인간이 된 곰이나, 상당수가 노비나 소작농이었던 어떤 조공국 왕조의 정치신학이나, 일제가 진행한 타율적 근대화 시도 대신, 입시교육을 벗어난 몇몇 학생들의 조촐하지만 자발적인 '근대화' 시도를 지원했던 시립도서관을 기억한다.

뱃살이 꾸는 꿈

샤워 물줄기 속의 뱃살을 하염없이 바라본다. 그러다 보면 어 긋나버린 사랑에 대한 향수가 떠돌던 옛 SF영화, 타르코프스 키Andrei Tarkovsky의 〈솔라리스〉(1972)가 떠오른다. 저 멀리 우 주에는 몽환적인 행성 솔라리스가 있고, 그 솔라리스의 한가 운데에는 치열한 사유를 지속하고 있는 '생각하는 바다'가 있 다. 지구인들은 '생각하는 바다'를 탐구하고자 우주 스테이션 을 건설한다. 그러나 탐구 과정에서 거꾸로 자신들의 과거를 만나게 되고, 그만 미쳐버린다.

21세기 지구 한구석의 아침, 둥근 행성처럼 부푼 아랫배를 안고 샤워하고 있는 중년 사내가 있다. 참을 수 없이 무거운 그의 복부 한가운데는 근거를 알 수 없는 허세처럼 팽창하고 있는 지방질의 바다가 있다. 그의 바다는 생각하지 않는다. 대 입 수학 문제를 풀고 있었을 때도, 온 나라가 경제 위기에 빠졌을 때도, 월드컵 거리 응원을 했을 때도, 투표를 했을 때도, 창당을 했을 때도, 여론조사로 단일화를 시도했을 때도, 탈당을 했을 때도, 그의 뱃살은 신도시 부근 보신탕집처럼 끝내 생각이 없었다. 그의 뱃살은 '생각하지 않는 바다' 바텀리스 bottomless다.

바텀리스를 탐구하기 위한 가내家內 스테이션, 샤워 부스에서 짐짓 엄숙한 얼굴을 하고서 뱃살에 대해 생각한다. 상반신과 하반신에 걸쳐 있는 이 무책임한 비무장지대를 묵상한다. 아, 뱃살은 평생 긴장해본 적이 없구나, 지배층이로구나, 늘 여유롭구나, 지방층이로구나, 천진난만하구나, 진짜 혁명을 겪지 않았구나, 부드러운 옷 아래 숨어 있었구나, 이데올로기적이구나, 맛이 없다고 불평하면서도 한사코 음식을 더 달라고 해서 먹었구나, 많은 것을 착복했구나.

혹시 뱃살은 몸 전체가 사실 뱃살임을 감추기 위해 거기에 있는 것은 아닐까. 가슴과 머리조차 뱃살의 일부라는 것을 숨기기 위해 뱃살은 거기에 있는 것이 아닐까. 군사독재가 끝나고 민주화 이후에도 이 질문은 중년 남자의 뱃살처럼 이 사회에서 부풀어왔다.

민주투사들이 집권하여 독재와 크게 다르지 않은 양태를 보여줄 때, 과거의 독재자들이 여전히 기립박수를 받을 때, 새롭게 등장한 정치가 한층 더 구태일 때, 진보의 간판이 보수만큼 낡아 보일 때, '진보적' 지식인이 여성의 고용에 대해 오히려 소극적일 때, 인권운동가 출신 정치인이 성소수자의 인권을 도외시할 때, 저 정치인들이 모두 직선제에 의해 뽑힌 이들이라는 사실을 새삼 깨달을 때, 지금 교통정체를 탓하고 있는 자기 자신의 차가 바로 그 교통정체를 만들고 있음을 깨달을 때, 뱃살과 나머지 몸 간의 경계는 점점 더 의문시되었다.

디즈니랜드는 '실제의' 나라, '실제의' 미국 전체가 디즈니랜드라는 사실을 감추기 위해 거기 있다고 오래전 누군가 말한 적이 있다. 적대를 일삼는 이 사회의 정치언어는 사실 모두가 한패라는 사실을 감추기 위해 거기 있는 것은 아닐까. 우리의 과거가 뱃살의 거대한 분비물에 불과하다면, 우리는 제정신으로 샤워 부스에서 나와 출근길에 오를 수 있을까.

보수든 진보든, 민주든 독재든, 공公이든 사私든, 좌든 우든, 여당이든 야당이든, 과거 우리의 정치적 삶을 구획해온 구분들이 부풀어 오른 뱃살에 의해 흐려진 오늘, 정치를 살아 있게 하던 동력도 시들었다. 정치는 구분에서 출발한다. 구분을 지음에 의해 비로소 복수의 단위들이 생겨나고, 복수의 단위들이 존재할 때 비로소 관계가 존재한다. 그 관계가 특유한 정치의 역학을 만든다. 그렇다면 오늘날 정치의 중요한 과제는, 앙

상해진 도덕적 진정성에 너무 의지하지 않으면서 그 구분을 재정의하는 일이다.

뱃살 너머에는 무엇이 있는가? 결국 몸 전체가 뱃살이라면, 뱃살이 뱃살을 개혁할 수 있는가? 피하지방이 내장지방을 개혁해야 하는가? 그 개혁은 어떤 정치경제를 전제한 것인가? 아침에 일어나면, 존재의 가장 정치적인 부위인 뱃살에 대해 생각하는 것이 좋다. 그 생각마저 뱃살이 꾸는 꿈에 불과할지라도.

이제 깨어나실 시간입니다

오늘날 자기계발서들은 당신을 위로하려고 혈안이 되어 있다. 삶이 힘들죠? 이제 깨어나실 시간입니다. 서두르지 말고 멈춰서 보세요. 흙에서 나와 흙으로 가기 전에 잠깐 스치는 게 삶이죠. 마음을 고쳐먹으세요. 내려놓으세요. 집착을 버리세요. 세상 탓을 하지 마세요. 당신은 사랑받기 위해 태어났어요. 마음이 행복하면 세상도 행복해요. 옳은 것보다 행복한 것이 더 중요해요.

물론, 이러한 조언도 필요하다. 특히 사랑을 하고 있는데도 사랑이 하고 싶을 때, 밥을 먹는데도 밥이 먹고 싶을 때, 살고 있는데도 살고 싶을 때, 자기계발서의 조언들은 도움이 된다.

그러나 일상적인 문제의 뿌리는 보통 다른 곳에 있다. "삶이 힘들어"라는 말은 대개 "취직을 하고, 괴롭히는 직장 상사가 없고, 빚이 없고, 일주일에 4일만 일하고, 봄가을에는 여행을 다니고 싶어"의 준말이다. 너무 길어서 평소에는 "삶이 힘들어"라고 말할 뿐이다. 그런 이에게 자기계발서의 달콤한 위로를 선물하는 것은 욕조가 없는 이에게 입욕제를 선물하는 것과 같다.

정신 승리에만 열중하다 보면, 객관적인 현실이 슬그머니 다가와 백허그를 한다. 이제 깨어나실 시간입니다. 잠시 멈춰서서 바닥난 은행잔고를 바라보세요. 정신 승리를 한다고 해서, 길 잃은 지폐가 방문을 두들기며, "여보세요, 지나가는 나그네인데 당신 지갑 속에 하룻밤만 재워주세요"라고 하겠어요? 이불 속에서 오늘은 금요일이라고 10번 외쳐도, 이불 밖의 현실은 여전히 월요일이죠. 그렇다면 이제 객관적인 현실과 마주해야 할 때가 아닐까요. 정부가 애써 집계하고 있는 '과학적인' 통계 수치들을 바라보세요. 인구 통계, 실업 통계, 출산율 통계, 자살자 통계, 가계부채 통계, 최저임금 통계 등등.

그러나 숫자만 가지고는 현실을 제대로 알 수 없다. 현실은 사람들의 이해관계에 따라 끊임없이 재정의되는 중이므로. 은행은 좀 더 많은 돈을 빌려가라고 마이너스 통장이라는 것을 발명했다. 이로써 잔액이라는 현실이 재정의되었다. 대학은 재원확보를 위해 여름학기만 수강해도 동문으로 인정해주기로 결정했다. 이로써 학벌이라는 현실이 재정의되었다. 가장 최근에는 국회가 복리후생비를 최저임금에 포함시켰다. 이로써 최저임금이라는 현실이 재정의되었다. 이뿐인가. 인간의 신체 현실도 재정의 중이다. 미국에서는 고혈압 기준을 130/80 mmHg로 낮췄지만, 대한고혈압학회는 고혈압 기준을 현행대로 유지하겠다고 발표했다. 한림대병원 가정의학 연구팀은, 한국의 비만 기준과 미국의 비만 기준은 같을 수 없으므로, 국내 비만 기준을 상향 조정하자고 제안했다. 이제 곧 낙태와 안락사에 대한 논쟁을 통해 생명 또한 재정의될 것이다. 생명의 시작은 세포인가, 태아인가, 신생아인가. 신체의 어느 부분이 작동해야 살아 있다고 간주할 것인가. 생명의 정의에 따라 인구 통계도 달라질 것이다. 북한 비핵화를 둘러싼 숨 가쁜 외교전 속에서도 지속되는 국제결혼과 외국인 노동자 유입은 단일민족이라는 현실도 재구성하고 있다. 남북의 만남은 국가 간의 만남인가, 민족끼리의 만남인가.

이 모든 과정에는 정신 승리만으로는 해결할 수 없는 심각한 정치적, 경제적 이해관계가 걸려 있다. 이를테면, 고혈압을 어떻게 정의하느냐에 따라 멀쩡하던 사람이 갑자기 고혈압 환자가 될 수도 있다. 현재 1100만 명에 달한다는 고혈압 환자의 수와 14조 원에 이르는 고혈압에 따른 의료비가 갑자기 늘어날 수도 있고 줄어들 수도 있다. 그에 따라 정부 예산 규모와 세금 액수도 달라질 것이고, 관련 산업도 새롭게 부침을 거듭할 것이다. 정신 승리를 통해 문제를 해결하려 들수록 사이비 인문학 시장은 성장할 것이고, 약물을 통해 문제를 해결하려 들수록 제약 산업이 성장할 것이고, 운동을 통해 문제를 해결하려 들수록 헬스 산업이 성장할 것이다.

최저임금이 재정의되고, 민족이 재정의되고, 고혈압이 재정의되고, 비만이 재정의되고, 학벌이 재정의되고, 대학이 재정의되고, 역사가 재정의되고, 마음이 재정의되고, 생명이 재정의되고, 동시에 정신 승리를 위한 자기계발서의 좌판이 흥성하던 2018년 봄 한반도에, 세계 최대의 핵무기 보유국 대통령 트럼프의 편지 한 장이 도착했다.

"You talk about your nuclear capabilities, but ours are so massive and powerful that I pray to God they will never have to be used(핵무기? 우린 더 엄청난 핵무기가 있어. 좋은 말로 할 때 자본주의 세계 질서 안으로 들어와)." 트럼프는 백 허그도 생략하고 말한다. "이제 깨어나실 시간입니다."

그들은 올 것이다

가을은 깊었고 매미는 더 이상 울지 않는다. 어느 여름 일본의 중세 도시를 다녀왔다. 오전 회의 일정이 끝나면 오후에는 오래된 절이 남아 있는 거리를 걸어 다녔다. 캐나다에서 온 정치학자 마크가 햇볕 아래 죽어 있는 매미를 발견하고 손바닥 위에 올려놓았다. 짝짓기를 위해 우는 매미들은 모두 수컷이다. 암컷은 발성기관이 없다. 어스름 지는 저녁이나 아침에 애타게 울다가 결국 짝을 찾는다. 그래서 태어난 매미의 유충은 10여 년간 땅속에 있다가 마침내 성충이 되어 지상으로 나와 열흘 남짓 살고 죽는다.

인간도 짝짓기를 한다. 발정한 인간은 인간의 방식으로 짝을 부르고 유충을 낳는다(고전 한문에 따르면 인간도 충蟲의 일종이다). 매미의 유충과는 달리 인간의 아이가 성장하기 위해서는 상당 시간 사회의 배려가 필요하다. 그것이 없었던 한국 사회에서는 한국전쟁 이후 현재까지 약 20만 명의 아이를 해외로 입양 보냈다.

외국 병력에 의존하는 동안 자국 상비군이 제대로 발전하기 어렵듯, 해외 입양이 성행하는 동안 이 사회의 복지제도는 충분히 발전하지 못했다. 해외 입양에는 플뢰르 펠르랭이 프랑스 통상관광 국무장관이 되는 미담만 있는 것은 아니다. 거기에는 경제적으로 궁핍한 미혼모 문제가 도사리고 있다. 한국이 후진국을 벗어났지만 세계화 시대의 선진국이 되는 데에는 실패함에 따라 독특한 유형의 미혼모 문제가 대두되고 있다.

필리핀 여성과 한국인 남성 사이에서 태어난 '코피노'는 이미 3만으로 불어난 것으로 추산된다. 그들의 친부 대다수가 20대다. 그들은 모두 세계화 시대에 살아남아야 하는 수컷이다. 앞으로 영어를 잘하지 못하면 짝짓기에 어려움을 겪을지 몰라서였을까. 코피노의 친부 대다수는 값싸게 영어를 배우기 위해 필리핀으로 갔다. 많은 이들이 한국이라는 경쟁 사회에 매달려 애타게 우는 대신 필리핀 현지의 여자들과 동거하는 쪽을 택했다.

그러다가 아이가 생기면 "쓰던 면도기가 고장 나 한국에 간다"며 아무 연락처도 남기지 않고 한국으로 떠나버렸다. 필리핀 여성들은 최근까지도 이 사안을 달리 공론화할 발성기관이 없었기에 친자확인 소송과 양육비 소송을 통해서 문제를 제기했다. 때로 서울가정법원은 "아이는 A씨의 친자가 맞으며 A씨는 아이가 성년이 될 때까지 B씨에게 매월 양육비를 30만 원씩 지급하라"고 판결한다.

면도기는 다 수리했겠지만 코피노의 친부들은 필리핀으로 돌아가지 않는다. 대신 서둘러 귀국하느라 충분히 익히지 못한 필리핀 영어를 무기로 생존경쟁에 나선다. 하나의 성충으로서 사회에 나와 밥벌이를 하고, 울며 짝짓기를 하고, 고령화 사회 속에서 살다가 죽어야 한다.

그들이 살아갈 사회는 이제 저출산이 고착화되어 해외로부터 노동력을 수입하지 않으면 안 된다. 이 사회는 선진국의 고급 인력을 흡인할 만한 일자리나 매력이 충분하지 않다. 해외 노동력을 필요로 하는 곳은 대개 저임금 일자리이고, 따라서 후진국의 인력들이 유입된다. 말이 통해야 하므로 조선족처럼 한국어나 영어를 할 줄 아는 이들이 선호된다. 이제 코피노들이 성장하면 자신들을 버린 아버지의 사회로 올 것이다. 한국인 아버지들이 버렸기에, 한국어 대신 영어를 말하며 세계화되어가고 있는 아버지 나라의 일자리를 찾아 성큼성큼 올 것이다.

일본에서 한국으로 돌아와 탄 공항버스에서는 어린 시절

미국으로 입양되었다가 성인이 되어 한국을 방문한 한 남자의 호소가 방송되고 있었다. 자신은 대전에서 태어난 것으로 알고 있으며 홀트아동복지회를 통해 미국에 오게 되었다고 말했다. 자신은 지금 캘리포니아의 한 대학에서 영시英詩를 가르치고 있으며 결혼하여 두 아이를 두고 있다고 말했다. 한국에 온 이유는 있을지도 모르는 가족을 만나고 싶어서라고 말했다.

그리고 자신의 가슴속에는 자신을 버린 부모나 친지에 대한 어떠한 '앵거anger'도 없고 다만 다시 만나고 싶을 뿐이라고 말했다. 그리고 다시 한번 자신의 가슴에는 어떤 분노도 없다고 강조했다. 마치 그것을 강조하지 않으면 자신의 소원이 이루어지지 않을 것처럼.

호두주먹이라 불린 사나이

586세대 영화감독 지망생 K는 학생운동에 매진했었다. 녹두 거리에서 자취하던 그는 녹두장군 전봉준을 특히 존경했다. '녹두장군의 후배'를 자처하며 시위에 나아가 보국안민輔國安民 의 기치를 높이 들었다. 잘 씻지 않아 호두껍데기처럼 거칠어 진 손등 때문에, 친구들은 K를 호두장군, 혹은 호두주먹이라 고 불렀다.

그러던 K도 80년대 사회변혁의 돌풍이 결국 6·29선언과 삼당합당으로 귀결되자 크게 낙담했다. 동지들은 현실과 타협 하여 급기야는 국회의원이 되는 이들도 생겨났으나, 그는 녹 두장군의 후배답게 변절하지 않았다. 그래, 예술의 세계에서 라도 정의가 승리하는 순간을 만들고야 말겠어! "어무이, 돈 좀 주이소!"라고 졸라 마련한 돈으로 마침 개교한 영상원에 진학하고, 〈씨네21〉을 정기 구독했다. 그토록 치열하게 영화판에 젊음을 불살랐건만, K는 끝내 장편영화 입봉에 실패하고 만다. 그의 자전적 시나리오 〈호두주먹의 전설〉은 협객 '호두'가 상경하여 그 매운 호두주먹으로 쿠데타 주역의 이빨을 부러뜨린다는 내용이었다. 마치 권중희 씨가 김구 선생 암살범 안두희를 곤봉으로 단죄하듯이. 법이 지배층의 도구가 되어버린 사회에서는 법보다 협객이 필요하다는 것이 K의 지론이었다. 그러나 자본의 논리가 지배하는 영화판이 어디 만만하던가. 그의 시나리오는 번번이 펀딩에 실패했고, K는 녹두거리 자취방에서 심심풀이 과자나 씹으며 에로영화나 보는 고양이 집사 신세로 전락했다.

고양이의 냥냥펀치를 받아주던 어느 날, K는 영화 〈택시운전사〉(2017)가 크게 흥행했다는 소식에 깜짝 놀랐다. 어떻게 광주민주항쟁을 다룬 영화가 이 독점자본주의사회에서 1000만 관객을 동원할 수 있지? 그렇다면 왜 내 시나리오는 영화화되지 못했지? 궁금해진 K는 부랴부랴 택시를 타고 〈택시운전사〉를 보러 갔다. 과연. 영화는 너무 안전했다. 요즘 대학생들에게는 새로울지 몰라도, K에게는 익숙한 내용이었다. 특히 안이해 보였던 것은 영화의 결말이었다. 택시는 광화문으로 향하면서 광주민주항쟁의 흐름이 광화문 촛불시위로 이어졌다는 것을 암시했다. K는 부르짖듯 내뱉었다. "하! 쿠데타 주역은 여전히 나보다 잘 먹고 잘살고 있는데!" 이처럼 미적지근한 영화가 변혁의 영화인 양 하는 것이 K는 영 마땅치 않았다. 꼬인 K의 심사에서 보자면, 〈택시운전사〉는 새 민주정권의 인기에 편승하여 흥행을 노리는 영화에 불과했다. 영화는 1000만 관객을 동원하는데, 쿠데타 주역은 여전히 잘살고 있다는 현실이 부조리하게 느껴졌다. 자취방으로 돌아온 K는 오랫동안 간직해온 시나리오의 결말을 다음과 같이 수정했다.

비바람 몰아치던 어느 날이었다. 경호원들을 피해 늙은 쿠데타 주역과 일대일로 마주한 호두는 사자후를 토했다. "너희들은 정치의 출발이 비이성적인 혼돈이라고 주장하지. 허무와 무질서를 내쫓기 위해 탱크를 몰고 왔다고 주장하지. 쿠데타라는 폭력적 비상사태를 통해 허무를 의미로 바꾸고, 무질서를 질서로 바꾼다고 주장하지. 그 질서 덕분에 경제발전을 했다고 주장하지. 그러나 세상엔 자연법natural law이라는 게 있어. 인간이라면 따라야 할 평화의 법칙이 있는 거야." K는 자신의 주먹에 새겨진 '그.럼.에.도. 불.구.하.고.'라는 문신을 자랑스레 보여주었다. "폭력은 나빠. 난 그럼.에.도. 불.구.하.고. 숙고 끝에 주먹을 휘두르는 거야. 그걸 잊지 않기 위해 이 여덟 글자를 새겼지. 이 문신이 바랠까 봐 나는 오줌을 누고도 손을 씻지 않아. 내 폭력은 군부 쿠데타와는 달리 숙고 끝에 나온 이성적이고 합리적 선택이야." 늙은 퇴역 군인의 치열이 호두의 주먹 쿠데타를 기다리는 것처럼 질서 있게 반짝였다. 호두 장군은 마침내 너클Knuckle Duster을 주먹에 끼워 소중한 문신을 가리고, 구호를 외쳤다. 너무 오랜 숙고 때문이었을까. 그만 말이 새고 말았다. "나, 나는 녹두장군의 후배위, 호두과자, 냥냥펀치!"

칼럼을 위한 칼럼

귀국한 지 벌써 십수 년이 흘렀습니다. 귀국하자 기다렸다는 듯이 어머니가 쓰러지셨습니다. 병상을 지키고 있는데, 의사가 제 직업을 확인하고 나서, 한국 정치가 왜 이 모양이냐고 제게 다그쳤습니다. 한국 정치란 무엇인가, 라고 묻고 싶었지만, 어머니가 염려되어 참았습니다. 그리고 얼마 지나지 않아 칼럼 청탁이 들어왔습니다. 귀국한 지 얼마 되지 않아 한국에 대해 잘 모릅니다. 양해해주십시오. 그렇게 거절했지만, 그때부터 이 땅의 칼럼 쓰기에 대해 좀 더 눈여겨 관찰하게 되었습니다.

과연 유익한 칼럼이 많았습니다. 그런데 상당수의 칼럼니스트들이 당대 권력자들을 독자로 상정하고 글을 쓰더군요. 읽고 반성하라는 취지의 칼럼도 있었지만, 내 의견을 받아들여달라, 한 자리 달라, 예뻐해달라는 칼럼도 적지 않아 보였습니다. 특정 정치인이나 경제인을 간접적으로 지원하기 위하여 칼럼을 쓰는 경우도 있었습니다. 스스로 한패임을 드러내지 않은 채로. 저는 그 칼럼니스트가 당대의 권력자와 어떤 관계인지 우연히 알고 있었기에, 내심 확신할 수 있었습니다. 그러한 일을 볼 때, 칼럼을 쓰는 것도 '정치적인' 일임을 알 수 있습니다. 기관의 자문회의 같은 곳에 참석하면 다음과 같은 부탁을 받게 된다고 합니다. 저희가 이번에 추진하는 정책을 지원하는 칼럼을 써주시면 감사하죠. 그런 부탁을 들으면, 이런 생각이 들겠지요. 오, 나도 제법 '영향력'이 있는 사람이군.

'영향력'이라는 게 이 세상에서 완전히 사라질 수 있는 것인지는 잘 모르겠습니다. '영향력'을 없앨 수 없다면, 그나마 덜 나쁜 방향으로 쓰는 게 좋다고 생각합니다. 그러면 어떤 칼럼이 그나마 덜 나쁠까? 정략적 로비를 위해 쓰지는 말자. 그렇다고 아무 생각 없이 '무'의식의 흐름 기법으로 쓰지는 말자. 최소한 비문으로 가득 찬 글은 쓰지 말자. 중고교 학생들이 글쓰기를 배우기 위해 신문 칼럼을 읽기도 한다던데.

무엇보다 칼럼은 다양하고 많은 이들을 독자로 삼는 글입니다. 논문을 쓰며 살아온 저 같은 사람에게 이 점은 특히 중요했습니다. 많은 이들이 읽기를 바란다면, 가능하면 가독성이 있는 글을 쓸 필요가 있습니다. 가독성을 얻는 가장 편한 길은 사람들이 상상할 수 있는 내용만을 쓰는 거겠지요. 그러나 칼럼을 읽고 독자가 조금이라도 변화하기를 바라는 필자라면 그래서는 안 될 것 같습니다. 상상 밖의 내용이라도, 혹은 내용이 거슬리더라도, 글을 읽어나가게 하는 힘은 많습니다. 사실 리듬감만 잘 유지되어도, 사람들은 글을 읽어나갑니다. 어려운 목표이기는 하지만, 읽는 과정이 곧 변화의 과정이 될 수 있다면 가장 좋겠지요. 그러려면 글이 맹목적인 정보 전달 이상의 내러티브를 가져야 하지 않을까요.

　그런데 독자 대다수가 칼럼을 읽고 변화를 겪는다는 것은 상상하기 어려운 일입니다. 그렇다고 일간 신문 칼럼이 소수 독자만 대상으로 할 수는 없습니다. 그렇다면 독자 다수가 이해할 수 있는 공분모만 찾아서 써야 할까. 그러다 보면, 할 수 있는 이야기는 확 줄어들 것입니다. 독자 다수에게 다가갈 수 있는 다른 방법도 있지 않을까요. 모든 층의 독자에게 같은 내용을 전달하려 하지 말고, 각기 다른 층의 독자들이 하나의 글에서 각기 다른 것을 가져가게끔 글을 쓴다면 어떨까요.

　그렇게 하려면, 글에 여러 단면을 만드는 게 좋을 것입니다. 사실, 독자들은 대체로 자신이 원하는 대로 글을 전유하지 않던가요. 필자의 희망과는 별개로, 독자 개개인에게는 목전의 글을 하필 그렇게 읽고 싶은, 혹은 그렇게 읽지 않을 수 없는 사정과 개인사가 있을 것입니다. 그러나 그것은 쓰기의 영역이라기보다는 읽기의 영역이겠지요.

연구자의 정체성을 지닌 이가 칼럼을 쓰는 것이 반드시 연구와 무관한 일일까요? 제 경우는 그렇지 않았습니다. 연구자는 마치 연구 대상에 탐침봉을 넣듯이, 자신의 칼럼 이곳저곳에 다양한 센서를 장치한 뒤에, 사회에 던질 수 있습니다. 그러다 보면, 누가 무엇을 좋아하는지, 누가 어디서 버튼을 누르는지, 어떤 센서에는 반응을 하지 않는지 등을 알게 됩니다. 그런 과정을 통해, 저는 제 연구의 대상인 이 사회와 저 자신에 대해서 조금이나마 더 알게 된 것 같습니다.

"'추석이란 무엇인가' 되물어라" 칼럼을 생각보다 많은 이들이 읽어주셔서 놀랐습니다. 세상에, 9시 뉴스 앵커가 제 칼럼을 인용하더군요. 물 들어올 때 노 저으라고 했다고, 최근 인기에 힘입어 마동석 배우는 더욱 많은 영화에 출연 중이더군요. 노 젓느라 최근 팔뚝이 더 굵어지고, 한층 더 엄청난 근육남이 되었더군요. 저는 딱 한 줌 쥘 뱃살이 남아 있는 현재 제 몸이 좋습니다. 멀리서 마동석 배우를 응원하겠습니다. 그간 읽어주셔서 감사합니다.

이 세상 것이면서
이 세상 것이 아닌 것들에 대하여

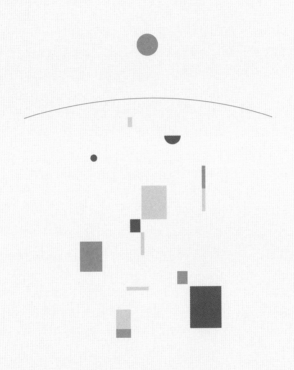

© IMDb

영화가 갖는 이 마술적인 힘. 영화는 아마도 우리가 실제로 밤에 꾸는 꿈의 형태와 가장 가깝다 할 것이다. 밤만으로는 부족하여 대낮에도 꿈을 꾸고자 하는 자들은 오늘도 극장으로 향하여 마음 저 깊숙이 보고 싶었던 것들을 스크린 위에서 본다.

내 인생의 영화: 안토니아스 라인

0

20세기 말 한국 사회를 휩쓴 영화의 봄은 현실 사회주의 몰락과 함께 왔다. 소련이 몰락하자, 사람들은 한때 꿈꾸었던 변혁의 길을 우회하기 시작했다. 화염병을 내려놓고, 〈정은임의 영화음악실〉을 듣고, 시네마테크에 가서 예술영화를 보고, 으뜸과 버금 체인에서 비디오를 빌렸다. 때마침 한국예술종합학교가 개교했고, 친구들은 영화를 배우기 위해 영상원이나 한국영화아카데미에 입학했다. 〈영화저널〉이라는 타블로이드가 등장하여 영화잡지의 감수성을 혁신했고, 〈씨네21〉이 창간되어 갑자기 사라진 〈영화저널〉의 뒤를 이었다. 전문성을 표방한 〈키노〉가 등장하여 '보그 등신체'와 쌍벽을 이룰 만한 현학적인 영화평론 문체를 유행시켰다. 그리고 마침내 부산국제영화제가 시작되었다.

이 흐름의 와중에 나는 유학을 떠났다. 논문자격시험을 끝내고 나니, 학위논문을 쓰기 전에 한 차례 호흡을 가다듬고 싶다는 생각이 들었다. 그래서 한국으로 돌아와 독립영화판에서 영화 만들기를 배웠고, 무겁던 삼각대와 조명장치를 등에 지고서, 재개발이 채 끝나기 전 신림동과 옥수터널 일대를 쏘다니며 영화를 찍었다. 영화 제작이 마무리될 즈음, 일간지 신춘문예에 영화평론 부문을 신설한다는 공고를 보게 되었다. 왠지 해보면 혹시나 될 것 같아서, 반지하 비디오방에서 〈안토니아스 라인〉(1995)을 거듭 본 뒤, 빛의 속도로 글을 완성했다. 완성과 동시에 세상에서 가장 유치한 필명을 고안해내는 데 성공한 나는 그 글을 해당 신문사에 투고했다. 당선될 리가 없다는 주변의 비웃음과는 달리, 그 글은 신춘문예에 당선되었다.

영화평론가로 살아가기 위해 귀국한 것은 아니었던 터라, 하늘에서 떨어진 상금이나 받고 일단 돌아가 학위논문을 마무리해야겠다고 생각했다. 시상식에 참가해야 상금을 주겠다기에, 신문사 강당에서 열린 시상식에까지 갔다. 그런데 그날 가득 찼던 인파를 뚫고, 제법 연로해 보이는 여자 한 분이 빠른 속도로 내게 다가왔다. 난 다른 부문 심사위원이었지만, 내가 맡은 부문 글들보다 당신의 글이 제일 좋았어요, 라고 그분은 말해주었다. 그렇게 나는 박완서 선생을 처음 뵈었다.

사교성이 부족했던 나는, 시상식 이후 이어진 술자리에 나가지 않았고, 분에 넘치는 칭찬을 해주셨던 박완서 선생님도 찾아뵐 결기를 내지 못했다. 미국으로 돌아가야 했으므로 신문사에 개봉영화평을 기고할 수도 없었고, 계간지의 청탁에도 응할 수 없었다. 그때 그냥 서울에 계속 있었으면, 영화평론을 하면서 평소 흠모하던 여배우들을 만나볼 기회가 생겼을지도 모르겠다. 그러나 그 길은 결국 가지 않은 길로 남았다.

〈안토니아스 라인〉은 지금 보아도 탁월한 영화이지만, 나는 정작 평론 부문에 당선되었던 그 글을 점점 좋아하지 않게 되었다. 가지 않은 길은 가지 않았기에 잊히지 않는 법. 〈안토니아스 라인〉은 결국 내 인생의 영화로 남게 되었다.

|

오늘날 우리에게 영화는 무엇일 수 있는가? 그것은 사업가의 기획상품이기도 하고, 연인들의 소비품이기도 하며, 무료한 이들의 가십이기도 하고, 고단한 자들의 백일몽이기도 하다. 영화는 그 모든 것이기에, 동시에 그 어떤 것도 아니다. 따라서 내 존재 속의 영화, 우리들의 영화, 그 시대의 영화는 늘 재정의되기를, 각자의 대답을 기다린다. 영화에 대한 정견은 삶의 여러 국면에 대한 정견과 별개로 존재하지 않으므로, 그 대답

은 영화 자체에서만 찾아질 수 있는 것은 아니다. 여기서 영화는 영화 이상의 것이 된다. 세상은 영화 속으로 수렴된다.

2

벌써 일 년쯤 되었는가. 네덜란드의 영화 한 편이 동아시아의 고단한 삶 속으로 들어왔다. 마를린 고리스Marleen Goris 감독의 〈안토니아스 라인〉. 이 영화는 무엇보다 대안에 관한 영화다.

어느 날 안토니아는 딸과 함께 고향으로 돌아온다. 우리는 영화에서 떠나는 자들을 많이 보아왔다. 〈허공에의 질주〉(1988)에서 리버 피닉스, 〈졸업〉(1967)에서의 더스틴 호프만, 고향을 벗어나 세상을 향해 나아가는 '정복자 펠레'…… 어찌된 영문인지 영화는 그들의 이후에 대해 이야기하지 않고 끝나지만, 우리가 그들의 그날 이후에 대해서 아주 모르는 것은 아니다. 그들은 아마도 세상을 만났을 것이고, 그 세상의 비루한 일부가 되었거나, 아니면…… 죽었을 것이다. 그런데 놀랍다, 안토니아는 돌아온다. 그 전쟁의 폐허를 딛고 저렇게 딸의 손을 잡고 당당히 돌아오는 이를 이제껏 영화에서 본 적이 없었다. 안토니아가 떠돈 그 20년 동안에는 전쟁이 있었고, 귀향은 곧 무엇인가를 다시 시작해보고자 하는 대안적 움직임을 표상한다. 〈안토니아스 라인〉은 그 모든 신산함을 겪어내고 돌아온 자의 이야기다.

3

마를린 고리스는 그다지 길다고 할 수 없는 한 편의 영화 속에 대안적인 삶을 제시하고자 몇 가지 방법을 선택했다. 먼저 죽음을 앞둔 안토니아의 회고로 시작되는 이 영화는 안토니아의 일생에 대한 보고인 동시에 안토니아로부터 시작되는 '신인간'들의 계보에 대한 이야기다. 이것은 신약에서 아브라함으로 시작되는 가계의 서술만큼이나 장중한 의미를 지닌다. 왜냐하면 계보적 레토릭rhetoric은 인간의 역사를 새로 쓰고자 하는 욕망에서 발원하기 때문이다. 이러한 담대한 욕망은 많은 인간들의 이야기와 누대에 걸친 역사성을 필요로 했다. 그리고 영화에서 빈번이 쓰이는 내레이션은 영화 내의 시간을 통제하며 4대에 걸친―안토니아의 어머니까지 포함한다면 5대에 걸친―유장한 가족사를 단 한 편의 영화 속에 담을 수 있게 해주었다.

　한편 이 영화는 깊은 역사적, 사회적 관심을 가지고 있음에도 불구하고 자신의 공간을 특정한 사회나 역사의 한 시점으로 가두지 않는다. 물론 우리는 등장인물의 모습에서 그곳이 서구사회라는 것을, 기독교 문명권이라는 것을, 세계대전이 끝난 후라는 것을 짐작할 수 있지만 그것들은 메시지를 제약하기 위해 영화 전면으로 드러나거나 하지 않는다. 특정한 역사적 사건과 매개되지 않은 채 보편성을 확보하고 있는 영화 공간은 신화적 공간에 가깝다. 비록 특정한 사회적, 역사적 관심에 침윤된 영화라 할지라도 이러한 신화적 시도가 성공할 경우, 각 인물들은 전형성을 띠게 되고 에피소드는 정전으로서 기능하게 되는 경우가 빈번하다.

화면을 좇는 카메라의 경우도, 주관적인 시점을 나타내는 움직임은 극히 의도적인 경우를 빼고는 상당히 절제되어 있다. 이것은 우리에게 벌어지는 상황을 담담하게 바라보도록 만든다. 우리가 정서적 환기를 얻는다면 그것은 카메라가 우리를 극중 인물과 일치시켰기 때문이거나, 극적 대사건에 의해 카타르시스를 느꼈기 때문이 아니라 영화의 차분한 호흡이 우리 개개인의 분산된 체험을 유장한 삶의 흐름 속으로 전이시키는 데 성공했기 때문이다. 따라서 관객이 영화를 통해 얻는 정서적 고양감은 실로 이성적인 이유에 의해 뒷받침되고 있다고 하겠다.

이 영화가 노리는 대안적 삶의 깊이와 넓이를 위해서는 하나의 단선적 사건은 부족하다. 따라서 이야기는 하나의 극적인 사건을 위해 기승전결로 구성되어 있지 않다. 영화의 머리를 열고 닫는 것은 안토니아의 일생이라는 단위일 뿐이다. 극적인 사건 전후로 이루어지는 긴장의 고조와 해소를 바라기보다는, 이 영화는 삶의 대안을 제시하고자 하는 담대한 목적에 걸맞게 여러 가지 서브 플롯을 풀어놓는다. 구성의 힘이 있다면 모든 것이 시간 속에서 흘러간다는 식의 배열일 뿐이다. 그럼에도 이 영화가 모두어진 내적 흐름을 가질 수 있었던 이유는 그것이 한 인간이 인생에서 능히 마주할 수 있는 경험을 생로병사의 운율에 맞추어 추적했기 때문이다. 이런 경우, 이야기에서 중요한 것은 극적 구조가 아니라 캐릭터들이다. 기존 삶의 질서를 비판적으로 검토하기 위해 섬세하게 선택된 그들. 전형성을 띠고 있는 그 인물들은 그들의 이야기를 스스로 만든다.

4

이 영화에 나오는 많은 인물들은 크게 서너 가지로 유형화해 볼 수 있다. 악으로 표상되는 핍박하는 자들, 핍박받고 소외된 자들, 그리고 그 너머의 굽은 손가락과 안토니아네 사람들.

　많은 사람들이 〈안토니아스 라인〉을 여성주의 시각으로 독해하는데, 그러한 독법을 따를 경우, 이 영화의 인물군 중에서 농부 댄 일가는 전형적으로 남성 위주의 질서를 상징하고 있는 것으로 보인다. 폭력과 강제의 원리가 지배하는 그 세계의 희생자인 디디는 안토니아네 사람들에 의해 구조된다. 댄-피트 라인의 세계와 안토니아 라인 간의 갈등은, 안토니아가 돌아와 처음으로 카페에서 마주쳤을 때, "여전히 못생기고, 성질이 더럽군" 하는 댄의 일갈로부터 시작되어, 댄의 아들 피트가 안토니아의 손녀 테레사를 강간하는 데 이르러 극점에 달한다. 이때 가하는 안토니아의 응징 역시 비남성적 세계의 그것이다. 이 밖에도 이 영화를 여성주의 시각으로 볼 수 있는 요소는 한두 가지가 아니다. 안토니아네 가계가 기존의 인간사와는 달리 여성 중심의 역사가 된다는 것은 물론 시사적이다. 안토니아네는 기꺼이 아비 모를 자식을 낳으며, 안토니아 스스로 아들과 남편이 필요하지 않느냐는 농부 바스의 질문에 그런 것이 왜 필요하냐고 반문한다. 그런데 정작 〈안토니아스 라인〉에서 특징적인 것은 그러한 여성주의적 요소를 여느 유사한 경우에서보다 아주 심오한 지점으로부터 확보했다는 점이다. 그것은 명시적인 남성적 악과 대결하는 에피소드에서보다는 안토니아의 세계관과 굽은 손가락의 세계관이 변별력을 가지게 되는 지점에서 확인될 것이다.

그 밖에 영화에서 가해자들에 속하는 인물군들로는 경직되고 위선적인 신앙에 사로잡혀 있는 성직자들이 있다. 위선에 찬 마을의 신부에 관한 에피소드, 교회에서 가르치는 죽음의 행복을 떠나 삶의 행복을 찾아가는 신부. 그는 세속의 욕망을 긍정하여 환속한 끝에 임신쟁이 레타와 결혼한다. 그리고 가톨릭의 계율 때문에 아래층에 사는 신교도와 사랑을 이루지 못하고 보름달이 뜨면 늑대 울음을 울다 죽고 마는 미친 마돈나 이야기. 이 에피소드들은 모두 자연스러운 삶을 제약해온 종교적 요소에 대한 비판을 수행하고 있다.

그리고 이 영화에는 주류로부터 핍박받는 많은 방외자들이 나온다. 이들은 앞서 거론한 가해자들의 대척점에 서 있다. 댄-피트네서 고통받는 디디, 아이들에게마저 늘 당하고 사는 마을 삼룡이 루니 립스, 마을에서 20년 동안 살고도 이방인 취급을 받는 홀아비 농부 바스, 기꺼이 아비 없는 자식을 만들며 나중에는 동성애자가 되는 다니엘……. 이들은 모두 안토니아로 말미암아 새로운 삶의 진경을 맛보게 된다는 공통점이 있다. 이들은 모두 안토니아네의 그 너른 앞마당의 회식자리로 초대된다.

이와 같은 인물군들이 설득력 있게 그려지긴 했지만, 악을 상징하는 무리들과, 그로부터 핍박받고 주류질서로부터 밀려난 무리들로 대별되는 대칭적 구도는 사실 새로운 것이 아니다. 이제 이 영화를 기존의 것들과는 다른 것으로 만드는 두

가지 유형의 인간들을 살펴볼 때가 되었다. 그것은 굽은 손가락과 안토니아다.

5

핍박하고 핍박당하는, 이러한 악으로 미만한 세계에서 우리가 할 수 있는 일은 무엇인가? 아마도 우선 싸우는 일일 것이다. 우리는 굽은 손가락이 전쟁 내내 레지스탕스로 싸웠다는 것을 알고 있다. 하지만 세상의 악은 여전히 계속된다. 그래서 굽은 손가락은 말한다. "고통은 예외가 아니라 일상적이다." "변하는 것은 없고 달라지는 것만이 있을 뿐이다." 심지어 사람들은

악을 좋아하는 것처럼 보이기조차 한다.

굽은 손가락은 단순한 행동가가 아니라 그것에 대해 생각하는 사유의 전문가이기도 했다. 굽은 손가락은 말한다, "이렇게 힘들게 살아가는 것이 우연 때문이라니 불합리하다". 이 영화에서 굽은 손가락은 고전적 의미의 철학자상을 상징하는 듯이 보인다. 그는 분과학문의 하나로 물러앉기 전 포괄학으로서 철학을 하는 이처럼 인간의 뭇 지식을 망라하고 있다. 그 지식을 꿰는 힘은 이성이다. 그는 사후의 구원 같은 것은 믿지 않는다. 그것은 이성적으로 정당화되지 않는 믿음이기 때문이며, 현실적으로 그러한 믿음은 도리어 인간세에 재앙이나 초래해왔다는 것이 그의 역사적 통찰이다. 그의 이성으로 보건대, 인류는 전혀 진보하지 않았다, 세계는 여전히 악으로 미만하다, 우리는 이 세계를 선택한 적이 없다, 이 모든 악은 존재의 우연성에 기초해 있다……. 굽은 손가락은 쇼펜하우어를 빌려 말한다. "이 세상은 고뇌하는 영혼과 악마로 가득 찬 지옥이다." 굽은 손가락의 딜레마는 끝이 없다. 그리하여, 그는 이 고뇌로서 자신의 집을 만들고, 들어가 스스로 목숨을 끊을 때까지 밖으로 영영 나오지 않았다.

굽은 손가락의 고뇌와 관련하여, 내가 숨죽이며 지켜보았던 장면은 굽은 손가락의 제자이자 안토니아의 손녀인 테레사가 과연 아이를 낳을 것인가 말 것인가의 고민 끝에 결국 출산하기로 결심하기까지의 과정이었다. 세상은 지옥이며, 여기에 새로운 생명을 던진다는 것은 곧 태어날 누군가에게 고통을 부여한다는 의미와도 같다. 사는 것이 고통스럽다는 전제를 인정하는 한, 그것은 너무도 논리적인 결론으로 보이기 때문에. 사실 어쩌면 우리가 인생에서 할 수 있는 유일한 진정한 판단과 선택은 아이를 낳을 것인가 말 것인가의 결정뿐인지도 모른다. 우리는 어떤 환경 속으로 자신의 선택과 무관히 떨어진다. 물론 우리는 그 속에서 살면서 나름대로 자잘한 판단들을 하지만 그것은 어디까지나 이미 주어져 있는 커다란 삶의 조건 속에서의 선택들이다. 사실 그 조건 자체에 대한 선택과 판단은 배제되어 있다. 새로운 생명을 이 세계에 들어서게 할 것인가 하는 판단이야말로 유일하게 그 조건에 대한 판단일 수 있다. 비록 우리가 선택할 수 있는 것은 그 조건이 가진 경우의 수를 늘리는 것이 아니라, 그 삶이라는 조건을 받아들일 것인가 말 것인가 하는 이분법적 판단에 불과하긴 해도, 그것은 정말 유일한, 조건 자체에 대한 판단인 것이다. 이런 의미에서 보자면 아이의 출산은 적어도 그 순간까지 자신이 살아온 생에 대한, 세상에 대한 평가의 순간이기도 한 것이다. 아이를 낳는다는 것은 어찌되었거나, 이 세상의 삶에 대한 긍정의 표시다. 굽은 손가락은 논리적이기 이를 데 없이 자신이 살아온 이 세상에 대한 판단을, 아이를 낳지 않고 또 급기야는 자신의 생을 버림으로써, 실천으로 관철했다.

그렇다. 그는 정말 죽었다. 그에게 염세와 자살은 관념의 유희가 아니었던 것이다. 그의 마지막 말을 잊을 수 없다. "나는 더 이상 '생각'하고자 하지 않는다."

6

굽은 손가락이 보기에, 인간세는 고통과 무의미의 세계다. 그곳에 생명체를 내보내는 것은 지옥에다 어린아이를 던지는 일이므로 차마 못 할 짓이다. 그는 그렇게 테레사의 출산에 대해 반대했다. 하지만 안토니아네 사람들은 낳고 또 낳아, 가계를 이루었다. 그 힘은 어디서 오는가? 그 삶의 긍정에 대한 도저한 정당화는 어디서 온단 말인가?

의미적 동물로서의 인간. 사람은 밥 없어도 못 살고, 사회가 없어도 못 산다지만 의미가 없어도 못 산다. 영화 〈새로운 탄생〉에는 제프 골드브럼이 섹스가 중요하냐, 합리화가 중요하냐는 다소 우스꽝스러워 보이는 질문을 던지면서, 당연하다는 듯 합리화는 단 하루도 안 하고 살 수 없으니까 합리화가 중요하다는 결론을 내리는 장면이 나온다. 사람은 의미가 없으면 못 사니까, 끊임없이 자신의 삶에 대해서 합리화를 시도한다. 그러한 의미의 추구는 내가 왜 이 짓거리를 하는데? 먹고살기 위해서지. 왜 먹고살려는데? 자식새끼 때문이지……라는 자문과 자답의 연속에서 볼 수 있듯이, 연역적 탐구의 형태를 띤다.

아, 그렇다면 의미는 연역에서 온다. 그리고 그 연역의 사슬은 결국 어떤 기초를 필요로 한다. A의 합리화를 위해서는 B가 필요하고 B의 합리화를 위해서는 C가 필요하고…… 이런 의미 추구의 사슬은 가장 근저에서 어떤 믿을 만한 근거를 필요로 한다. 시작점이 없는 한, 우리는 우리 삶의 의미를 측량할 도구가 없다. 이 시작점을 '기초'라고 불러보기로 하자. 그럼 지금까지 사람들은 무엇이 그 기초가 될 만한 것이라고 생각했나? 비근한 경우 그 기초는 자식새끼일 수도 있겠으나, 좀 더 따져보면 많은 이들이 그 끝에서 신이라는 것을 설정하곤 했다. 거칠게나마 서양은 중세까지는 적어도 신이 그러한 기초로서 압도적인 설득력을 가졌던 것으로 보인다. 하지만 그 신이라는 것 자체에 질문을 던질 때 그것은 과연 튼튼한가? 인류의 지성사가 보여주듯이 인간의 집요한 지적 추구는 허무적 계기를 감추고 있기 마련이어서, 신이란 때로 그 존재를 회의하는 이들 앞에서 허약하다. 사람들은 누가 신을 창조했는지는 묻지 않는다는 불평에 답하여 굽은 손가락은 말한다. "신을 믿는 이들의 비극은 믿음이 지성을 지배해버린다는 사실이지." 게다가 역사에 조예가 깊은 그의 통찰에 의하면, "이제껏 종교는 죽음과 파멸을 초래했다".

그래? 그렇다면, 그 신을 대신할 만한 기초는, 굽은 손가락의 말을 빌리자면, 지성 혹은 이성인지 모른다. 사실 근대 이후 서양에서는 많은 이들이 그렇게 믿어왔지 않는가. 이성이란 분명히 보석 같은 인간의 능력이긴 해도 과연 그것이 신이 차지하고 있었던 그 너른 공백을 메울 만큼 대단한 것인가? 신을 믿는 이들에게 신은 살 이유를 주었지만, 어떻게 보면 이성의 화신이라고 할 수 있는 굽은 손가락은 결국 자살충동을 이기지 못했다. 아니, 그의 경우, 자살은 이성으로부터의 요청에 가까웠다.

이러한 기초라는 점에서, 다시 묻게 된다. 세상의 짐승스러움에 대해 누구 못지않게 잘 알았던 안토니아의 삶과 세계에 대한 긍정은 어디에서 오는가? 내게 그것은 안토니아가 씨를 뿌릴 때 배경을 이루던 그 자연으로부터 오는 것으로 보였다. 그것은 나무들, 곡식들, 풍경들로 채워진 공간으로서의 자연. 그리고 봄, 여름, 가을, 겨울이 왔다가 가는, 그리고 변함없이 또 오는 시간으로서의 자연이다. 이 자연에서는 모든 것이 살아 있다. 자살하는 나뭇잎은 없다. 죽은 듯 떨어졌던 나뭇잎은 봄이면 다시 피어나기 마련이다. 생명은 자살하지 않고, 그렇게 저물어갈 뿐, 그리고 후손을 다시 이을 뿐. 안토니아는 이러한 자연이 베푼 시공간에 스스로를 무리 없이 위치 지운다. 살고자 하는 강한 욕구와 긍정은 이성이라는 허공보다는 그 큰 자연의 일부로 우리가 위치 지워져 있다는 느낌에서 오는 것이다. 그런 느낌을 아는 자는 우리 삶이 '우리가 출 수 있는 유일한 춤'임을 알고 살아내는 자다. 이렇게 보자면 아이를 낳지 않는 일이나 자살하는 일은 결국 자연과 보조를 맞추는 일에 근본적으로 위배되는 일이 된다.

〈안토니아스 라인〉에서 마를린 고리스는 많은 장면들을 자연을 바탕으로 한 미장센에 할애하고 있다. 안토니아네 사람들은 그 자연을 등에 지고 밭을 일구고, 우유를 짜며, 꼴을 벤다. 그 자연 속의 모습은 놀랍게도 그 자체 의미로운 삶의 무늬처럼 보인다. 자연 속의 노동. 특히 영화에서 반복되는, 씨를 뿌리며 걷는 안토니아의 장대한 걸음걸이의 이미지는 인상적이다. 그리고 사계가 바뀌어가는 자연. 그 속에 서 있는 무심한 나무들. 전경으로 잡은 많은 자연의 모습들. 이러한 경우, 자연의 신scene은 관습적으로 영화언어에서 사용되는 두 가지 용례, 즉 시간경과를 나타내는 인서트 샷이나, 그 자연을 바라보는 이의 심상을 대신 표현하는 샷, 이상의 어떤 것이다. 이 영화에서 자연은 세상에 가득 찬 악과 불온한 삶의 조건들을 견디어내며 나아가는 안토니아의 철학을 표상한다.

자연이란, '스스로 그러함自然'이라는 말이 암시하는 대로, 그 자체 구족적이다. 그냥 "날들은 한 주가 되고 한 주 한 주가 모여 일 년이 되는, 때가 되면 들은 푸르고, 또 이윽고 다시 갈색으로 변하는" 그런 곳이다. 이 자리는 의미 추구의 연역적 답을 얻는 세계라기보다는 그 질문을 잊는 공간이다. 그 질문을 잊음을 통해 애초에 가졌던 의문을 해소한다. 이 스스로 그러한 세계. 이것도 신의 한 이름인지도 모른다. 우리가 신이라는 개념에 좀 더 너그러워진다면 말이다. 혹은 이성도 그 안에 안거하고 있는지 모른다. 우리가 이성에 대해 강박관념을 갖지 않는다면. 여기서 우리는 마를린 고리스가 안토니아라는 인물을 창조해내는 과정에서 그간 서구 지성사의 흐름을 반영했음을 알 수 있다.

악, 고통, 무의미에도 불구하고 견지되는 삶. 그것에 대한 대긍정을 가능케 하는 원리인 자연은 〈안토니아스 라인〉 곳곳의 서브플롯들을 모두어내는 내적 원리로 기능한다. 일례를 들어 안토니아가 기독교의 경직된 형태에 대해서 비판할 때, 그녀가 긍정하는 것은 우리가 자연이라고 이야기할 수 있는 인간의 건강한 욕망이다. 신구교도의 벽에 희생물이 된 미친 마돈나의 경우, 위선적인 신부의 에피소드, 행진곡풍의 음악에 맞추어진 여러 성애 장면은 모두 관련된 좋은 예다. 그리고 자연의 세계에서는 죽음조차 담담하고 때로 유쾌하게 받아들여진다. 이것은 모두 자연이라는 보다 큰 원리 내에 포섭된다.

악, 고통, 우연을 넘어서 삶을 긍정하는 원리로서의 자연, 건강한 욕망을 긍정하는 태도로서의 자연은 그 자체로서 하나의 대안적 삶의 태도를 제안하는 것이지만, 나아가 인간다운 삶을 가로막는 많은 장애물들을 비판하고 대안을 제시하는 대표적인 방법론이 되기도 한다. 왜냐하면 인간 본연으로서의 자연은 대안적인 삶의 형태를 추구하는 모든 시도에서 하나의 준거로서 작용하기 때문이다. 따라서 마를린 고리스가 대안적 삶을 추구하는 감독이라고 할 때, 그녀가 자연에 착반해 있는 것은 어찌 보면 당연하다. 기존의 불합리한 모든 것은, 인간의 자연스러운 행복과 대조 속에서 그 모순이 도드라진다. 억압적인 것들은 원래 그러한 것이라는 이데올로기로 정당화되어 있기 마련이다. 그러므로 그것들을 억압적 인위의 소산으로 환원시키고 대안을 추구하고자 할 때, 우리의 자연 상태가 원하는 것이 과연 무엇인지 되물어질 필요가 있는 것이다. 〈안토니아스 라인〉에서는 가부장제, 억압적인 종교 등이 모두 그런 관점에서 재검토되며, 흔히 비정상으로 취급되는 동성애는 그것이 자연적일 경우 오히려 긍정되는 양상을 보인다.

이뿐만이 아니다. 삶에 대한 대긍정의 원리, 비판과 대안의 원리로서의 자연은 마침내 우리 존재가 뿌리박고 있는 역사성의 환기에까지 이어진다. 안토니아는 영원히 죽는 것은 없다고 말하며, 그녀의 가계는 오래 지속된다. 이것은 유㈜의 철학이다. 자연의 성질은 죽지 않고 살아 오래 지속된다는 데 있다. 그것은 그.러.게. 되어 있다. 생물은 그 본래의 의미에서 살아져야 한다는 그 자체의 목적성을 갖는다. 따라서 삶은 살아지고 후손은 낳아 길러진다. 이러한 존재의 지속으로서의 자연은 마침내 자신의 내포를 역사성에까지 확대한다. 왜냐하면 삶은 그렇게 지속되고, 그 지속은 누적되면서 역사적 차원을 얻기 때문이다. 마를린 고리스가 안토니아의 이야기를 누대에 걸친 가족사의 형태로 구상한 것은 결코 우연이 아니다. 영화의 거의 마지막 부분, 안토니아는 마지막으로 마당에서 회식을 갖고 농부 바스와 함께 춤을 춘다. 거기에 교차 편집으로 안토니아의 지나간 세월들을 보여준다. 놀라워라, 그 장면, 그러니까 그 지나간 시간을 보는 시점은 늙은 안토니아가 아닌 어린 증손녀 사라의 그것으로 되어 있다. 여기서 안토니아의 과거는 늙은 자의 추억이 아니라 어린 증손녀가 느끼는 도저한 역사성으로 자리매김 된다. 안토니아는 때를 알아 무덤을 찾는 코끼리처럼 죽음을 기다리는 침상에 눕지만 그 옆에는 딸에서 증손녀에 이르는 역사가 죽음을 지킨다. 마를린 고리스가 안토니아가 죽기 직전 해 뜨는 아침의 컷을 삽입하는 것도 결코 우연이 아니다. 마침내 안토니아는 눈을 감고, "어떤 것도 끝은 없다"라는 내레이션으로 영화는 끝난다.

핍박하고 핍박받는 세계, 악과 고통과 무의미가 버섯처럼 창궐하는 세계, 그곳에서 굽은 손가락은 자살하고 안토니아의 삶은 오래 지속되었다. 안토니아의 삶이 보여주는 자연의 원리는 우리의 지적 절망에도 불구하고 포기할 수 없는 삶의 지속이라는 당위와 원래 자연스러운 인간의 모습은 어떠한 것이었고 어떤 것이어야 하나, 라는 대안적 질문을 동시에 반영한 것이다.

7

우리는 세계와 그 안을 사는 인간 존재에 대해 묻는 많은 영화들을 보아왔다. 많은 영화들이 일그러진 인간들과, 우리 정신속에서 날로 그 영역을 확대해가고 있는 메마른 사막을 보여주었다. 구원을 제시하는 몇몇 계몽적, 종교적 영화들이 있었으나, 믿지 않는 이들에게 그것은 때로 하나의 농담이었다. 많은 이들은 차라리 가학적인 마음이 되어 인간에 대한 보다 끔찍한 비유를 듣고 보기 위해 기꺼이 어두운 극장 속으로 행진해갔다. 그때 우리 마음 어느 한구석엔가 굽은 손가락은 앙상한 나무처럼 서 있었을 것이다. 그리고…… 오늘 우리는 안토니아를 보았다.

영화에서, 안토니아는 당당하다. 다니엘이 할머니의 장례식에서 문득 현실 대신 성상이 웃음 짓는 환상을 보듯이 우리는 스크린에서 빛나는 저 당당한 안토니아를 본다. 영화가 갖는 이 마술적인 힘. 영화는 아마도 우리가 실제로 밤에 꾸는 꿈의 형태와 가장 가깝다 할 것이다. 밤만으로는 부족하여 대낮에도 꿈을 꾸고자 하는 자들은 오늘도 극장으로 향하여 마음 저 깊숙이 보고 싶었던 것들을 스크린 위에서 본다. 하지만 여성이건 남성이건, 현실의 인간들이 안토니아와 같은 길을 갈 수 있을지 나는 아직 잘 모른다. 인간다운 삶을 위하여 인류가 구상한 많은 이성적 기획들이 무너진 세기말의 폐허에서는 특히 그렇다. 그 폐허 위로 사람들은 극장에 가고 나는 묻는다. 우리에게 영화는 무엇일 수 있는가? 이 세상 것이면서 이 세상 것이 아닌 것들에 사람들이 열광한다면, 그것은 사람들이 이 날것으로서의 세상을 못 견뎌하고 있다는 증좌라고,

나는 본다.[‡]

‡ 1998년 동아일보 신춘문예 영화평론 당선작. 당시 제목은 '안토니
아스 라인-오늘날 우리가 대안을 찾는 방식'.

270

설원에 핀 장미 아닌 꽃: 홍상수의 초기 영화

인류의 정신사를 살펴보면, 삶에 대한 꽤나 난폭한 진실에 주목한 경우들이 있었다. 이를테면, 인간이란 자신을 해석하(지 않을 수 없)는 존재라는 취지의 철학을 설파한 자들이 있었는데, 그들의 통찰을 좀 더 밀고 나가보면, 우리는 세계에 대한 더없이 쓸쓸한 풍경화와 마주치게 된다. 그들이 보여주는 풍경화 안에는 정말, 아무것도, 없다. 우리를 구원할 신도, 우리 속에 잠재되어 실현되기를 기다리고 있는 본성도, 역사 속에서 전개되기를 기다리고 있는 목적도, 따뜻해서 미치겠고 고귀해서 환장하겠는 사랑도, 없다. 요컨대, 우리를 정초할 만한 의미 같은 것은 없다. 정말 아.무.것.도. 없다.

그들의 견해에 따르면, 있는 것은 신기루 같은 해석들뿐이다. 인간은 사랑이니, 이념이니, 가족애니, 안빈낙도니, 도덕이니, 본성이니 하는 각종 자기 합리화의 안료들을 사용해서 그 쓸쓸한 풍경화에 덧칠(해석)을 하지만, 본래 아무것도 없었다는 점에서 그것들은 신기루다. 하지만 신기루 속에서 비로소 인간은 자신을 붙들어맬 수 있는 목적이랄지, 질서랄지, 위계랄지, 자기만족이랄지, 의미랄지 하는 것들을 가지게 된다. 의미를 추구하는 이러한 해석행위는 우리가 할 수도 있고 안 할 수도 있는 선택사항이 아니라, 인간이 존재하는 기본적인 양식이어서, 이러한 해석의 오라aura를 떠난 인간의 삶은 좀처럼 가능하지 않다.

왜 해석을 하지 않고서는 못 견디겠는가? 그들의 견해에 따르면, 우리는 쓸쓸해서 해석을 하고, 초조해서 해석을 하고, 울음이 나올 것 같아서 해석을 한다. 간단히 말해서 우리는 불안해서 해석을 한다. 긴 낮잠에서 깨어났을 때 혹은 숙취에서 깨어났을 때, 우리는 종종 해석 이전의 모드에서 해석의 모드로 전환하는 속도가 느려지게 되는데, 그 순간 운 나쁘게도 해석 이전의 세계를 들여다볼 때가 있다. 그때 세계는 못 견디도록 황량하여, 체면치레를 해야 하는 어른만 아니라면, 그만 엄마를 찾으며 울어버리고 싶다. 안타깝게도 우리는 엄마를 찾기에는 이미 너무 커버렸으므로 이런저런 정교한 해석들을 통해서 자기 위안을 찾아 나선다. 그러한 자기 위안들을 통해서,

자기가 부여한 의미들을 통해서, 이 황량한 세계를 그나마 살 만한 곳으로 만든다. 엔지니어들이나 배관공들만이 살기 어려운 환경을 살 만한 환경으로 바꾸어주는 것은 아니다. 이 황량한 세계에서 거주할 의미의 집을 만든다는 점에서 시인들이나 철학자들도 똑같이 대단한 도시 계획가들이다. 생명보험회사들만 당사자가 죽고 나서도 이 세상은 여전히 의미 있는 곳이라고 선전하는 것은 아니다. 죽어도 남는 의미가 있다고 이야기한다는 점에서 종교인들이나 예술인들도 대단한 생활설계사들인 셈이다. 그들의 해석을 통해서, 우리는 무엇을 위해, 왜 살아가고 있는지 비로소 어렴풋이 알게 되고 마음의 안정을 찾게 되는 경우가 있다. 그것은 잘 지어진 화장실이나 보일러를 갖는 일만큼이나 중요한 일이다. 그러한 정신의 보일러가 없으면 겨울이 오지 않았는데도 전신이 오들오들 떨릴 수가 있다. 그리고 전문 엔지니어가 아니라도 일상에서 다들 전구쯤은 스스로 갈아 끼우고 살듯이, 누구나 어느 정도는 일상에서 시인들이고 철학자들이다. 그래서 매일매일 자신의 집을 수리하듯이, 우리는 누구나 자신이 어느 나라의 국민으로 사는지, 누구의 부모로 사는지, 누구의 자식으로 사는지, 어떤 연예인의 그루피로 사는지, 어떤 축구팀의 치어리더로 사는지, 누구를 사랑하면서 사는지, 어떤 운명의 일부로 사는지를 환기하면서, 자기 합리화의 벽돌로 지어진 자신의 관념의 집을 수리하며 산다. 누구는 다소 서툴고 누구는 다소 능숙하다는 차이는 있을지라도.

건설부의 감독관이 날림으로 지어진 집의 전기배관을 포착하듯이, 홍상수의 영화는 우리 일상의 그 '고귀하고 유용한' 해석의 집들이 금이 가는 순간들을 포착한다. 그리고 그것들이 도드라지게 일상을 재구성하여 자신의 진열장을 만든다. 그것이 그의 영화다. 건설부의 감독관과 홍상수가 다른 점이 있다면, 건설부 감독관의 작업은 보다 나은 집을 짓자는 데 그 목적이 있는 반면, 홍상수는 더 잘된 해석을 목적으로 하지 않는다는 점이다. 아직껏 그의 세계는 해석(의미 부여) 행위가 금이 가는 순간들을 포착하는 것 이상으로 나아간 적이 없다. 나아가는 대신, 그는 의미의 시체들 뒤에서 잔인하게 묻는다. 당신은 당신이 하는 일을 믿으세요? 자신의 일과 삶이 저당잡혀 있는 그 의미들을 믿으시나요?

2

그렇게 묻는 홍상수의 영화는 '예술'인가? "밀란 쿤데라는 바흐의 음악과 그의 음악이 살아 있던 시대를 두고 끝없는 설원 위에 핀 한 송이 장미라고 했다지만," 홍상수의 영화가 설원의 시대에 만들어졌다 한들 그와 같은 장미는 아니다. 구원이 없는 시대에 만들어졌으되, 보는 순간만큼은 구원이 되는 그러한 영화는 아닌 것이다. 그의 영화는 구원이 없는 세계를 그리는 구원의 효과가 없는 판타지다. 왜냐하면 그는 설원을 '노래'하지 않으므로. 그의 영화 속에는 끝없는 설원을 서서 응시하고 있는 나뭇가지 같은 사람도, 설원의 끝을 보겠다고 성큼성큼 걸어가다가 죽는 사람도 없다.

그렇다면 홍상수의 영화는 '철학'인가? 그의 영화는 해석 행위가 금이 가는 순간들을 포착할 뿐이다. 그 해석 이전의 세계에는 존재의 불안이 도사리고 있다고 탐구하지도, 그 불안의 기원을 추적하지도 않는다는 점에서, 그는 하이데거Martin Heidegger가 아니다. 해석도 버리고, 자살도 피한 채, 세상 속에 자신을 던지는 실천가 카뮈Albert Camus도 아니다. 홍상수가 실존주의자들과 다른 점은 그는 진열장 뒤에 서 있다는 점이다.

진열장 뒤에 그렇게 서 있을 때, 그는 오히려 독특한 부류의 코미디언으로 보인다. 우리는 그의 영화에서 과다 분비된 호르몬 때문에 사랑하는 연인들을, 자신의 권력의지 때문에 전진하는 혁명가를, 사회적 명예를 위해서 매진하는 학자를, 남편의 성병에 흥분하는 불륜 유부녀를 본다. 홍상수가 냉소적으로 포착하는 것은, 그들의 성욕이나 불륜이나 권력의지나

명예욕 자체가 아니다. 그가 포착하고자 하는 것은 그들이 자신이 하는 일을 사랑이라, 혁명이라, 학문이라, 부부애라 믿(고자 하지만 실은 아닌)는 순간들이다. 다시 말해서 그가 주목하는 것은 그들의 타락 자체가 아니라, 그들의 해석과 행동이 엇박자를 이룬다는 사실이다. 많은 코미디들이 그러하듯이, 예상되어진 패턴과 엇박자를 이루는 모습들은 (불편한) 웃음을 자아낸다.

하지만 그는 조롱의 대상을 자기 자신이 아니라 '저 사람들'로 삼는다는 점에서 공격적이고 가학적인 코미디언이다. 그의 영화 안에 홍상수 자신은 없다. 그 역시 사회적 명예를 위해 매진한다 한들, 그 역시 바람을 피운다 한들, 그의 분신이 영화 속에 자리하는 것은 아니다. 그것을 대상으로 하여 가학적인 영화를 만들고 있는 이로서의 자아는 그 영화 안에 없다. 작가가 작품을 만들 때 세상은 작가 자신과 그가 만든 피조물들과 그 피조물들을 보는 관객들로 도리 없이 삼분된다. 여기서 작가가 자신의 피조물 속으로 들어가는 유일한 방법은 그 안에 자신의 분신을 만드는 것이다. 어쩌면 영화를 통해 그리는 세계에 대한 강렬한 애정이나 미움은 그 세계 안에 자신의 분신이 있기 때문인지 모른다. 하지만 홍상수는 자신이 만든 진열장 안으로 들어가는 대신 그 진열장을 바라본다. 반면,

그의 영화를 보는 이들은 철저히 그 영화 내의 세계로 초대된다. 일상에서 서투른 해석질로 '목발질하며' 살아오던 관객들이 잘 짜인 그의 공간 속의 인물들과 동화되게끔 홍상수는 관객을 인도한다. 그의 영화를 보며 관객이 느낄 수 있는 피학적 쾌감은 그 영화의 인물들과 자신을 기꺼이 동일시할 때 오고(나는 성욕과 사랑을 혼동하던 대책 없는 여자였어, 나는 허세를 위엄과 착각하던 비열한 남자였어 같은 느낌들), 피학적 불쾌감은 그 동화를 거부하고자 할 때 온다(나는 사람들이 그렇다고 보지 않아, 세상에 존재하는 사랑과 인간의 위엄을 믿어 같은 느낌들).

이처럼 폐쇄적인 세계를 만들어놓고, 관객들을 초대하여 반응하게 만든다는 점에서, 그리고 그 자신은 그 진열장 뒤로 빠져나와 있다는 점에서, 홍상수는 고약한 우주의 신과도 같다. 이 신은 그의 세계 안으로 드물게 강림하기도 한다. 이를테면, 〈생활의 발견〉(2002)에서 김상경이 언덕 위에 올라 언덕 아래를 물끄러미 내려다보며 앉아 있을 때, 〈강원도의 힘〉(1998)에서 주인공이 세숫대야에 담긴 금붕어를 위에서 무연히 바라볼 때, 이 고약한 신의 시선은 서늘한 그림자처럼 피조물의 세계 속에 드리워진다.

그 고약한 신과 피조물 간에 존재하는 위계질서는, 더 행복한 존재 대 덜 행복한 존재 간이 아닌, 더 도덕적인 존재 대 덜 도덕적인 존재 간이 아닌, 더 아름다운 존재 대 덜 아름다운 존재 간이 아닌, 똑똑한 존재 대 바보 간의 위계질서다. 이 고약한 신은 세상의 미만한 사랑과 도덕이 모두 해석일 뿐이라는 것을 안다는 점에서, 진열장 안의 피조물들보다 똑똑하다. 하지만 그러한 지력이 그를 더 행복하게 만들거나 하지는 않는다는 점에서, 그것은 마치 실연 끝에 오는 허망한 지력과도 같은 것이다. 실연 끝에 오는 연애에 대한 통찰이 그다음 연애를 보장하지 않듯이, 불행히도 그러한 지력이 우리 삶에 줄 수 있는 대안은 많지 않다. 그러한 지력이 가지고 있는 것은 기본적으로 파괴적인 에너지다.

그러한 파괴적인 에너지는 홍상수 영화로 하여금 가학적인 코미디인 동시에 뛰어난 사회비평이 되게 한다. 범박하게 말하여, 비평적 행위는 어떠한 규범적인 이상과 현실과의 괴리감에 기초하기 마련이지만, 다시 말하여 일정한 규범적 가치의 수용은 현실 비판의 불가결한 요소이지만, 홍상수의 영화는 그러한 규범적 가치 일반에 대한 회의를 보여주고자 한다는 점에서 여타의 사회비평과는 다르다. 다시 말해서 그의 영화는 보다 진실한 사랑으로 거짓된 사랑을 비판하거나, 보다 진실한 이념으로 거짓된 이념을 비판하거나 하지 않는다. 홍상수 영화는 근대성이 가진 허망하고 파괴적인 에너지 자체를 사회비평에 적용한 경우다.

근대가 만든 강력한 판타지 중의 하나는, 우리를 둘러싼 세계가, 그 자체로서는 오리무중인 어떤 것, 가치와 의미가 박탈된 어떤 돌덩어리 같은 것이라는 이미지다. 근대 과학적 사유에 깃들어 있는 가치와 사실 간의 과격한 자연주의적 분리나, 가치는 세계나 우리 본성에 내재하기보다는 우리 자신에 의해 구성되어야 한다는 사회과학의 구성주의적 입장이나 모두 일단 그러한 세계의 이미지에서 암묵적으로 출발하고 있다. 홍상수의 영화는 아마도 한국 영화사상 가장 효과적으로 그러한 근대적 이미지를 환기하고 있다.

홍상수 이전의 한국 영화들, 그러니까 조선 시대 고전 문화의 연장선에 있는 영화들이나, 50년대 이래의 멜로드라마들이나, 사회계몽의 영화들이나, 70년대의 청춘영화들이나, 운동권 영화들이나, 여성주의 영화들이나, 모두 일정한 가치들을 전제하고, 그 전제에서 출발한다는 점에서는 같다. 〈춘향전〉이든 우파의 계몽영화든 운동권 영화든 일정한 가치를 전제로 하고, 그 가치들을 설파하려 든다는 점에서는, 동일하다. 즉 그것들은 어떤 면에서는 모두 대한뉴스다. 멜로드라마는 그 가치가 현실에 부딪혀 실현되지 못함을 과장된 감정으로 슬퍼한다는 점에서 얼핏 가치를 회의하는 듯이 보이지만 그러한 감정의 과잉은 그러한 가치를 믿기 때문에 가능한 것이다. 홍상수 이전의 한국 영화들은 각기 다른 가치를 옹호했을망정, 그리고 옹호하는 방식이 달랐을망정, 가치의 기초 자체를 이처럼 급진적으로 회의한 적은 없었다. 그런데 홍상수 영화는 기존의 가치를 냉소하는 반면 아무런 대안적 가치를 이야기할 의사가 없다는 점에서, 근대가 도달한 참으로 황폐한 그 저지대에 놓여 있는 것으로 보인다.

그 황폐한 저지대에서 홍상수 영화의 캐릭터들은 지속적으로 서툰 해석질을 일삼고 있고, 그 서툰 해석질들은 가학적인 코미디의 질료가 된다. 그 코미디는 결국 우리가 그러한 멋진 해석들을 떠안을 만큼 그럴싸하지 않다는 것인지, 그렇게 그럴싸한 존재들은 아니어도 좋으니 제발 그런 멋들어진 해석들은 주절거리지 말아달라는 것인지, 그럴싸한 존재가 아니라는 사실을 그저 쿨하게 받아들이자는 것인지, 이것이야말로 이 시대에 가능한 유일한 판타지라는 것인지, 그것도 아니면 종교적 구원에로의 투항 직전의 포즈라는 것인지, 이 모든 질문들에 대해 명확한 답을 하지 않은 채로 그의 영화는 만들어지고 소비되고 있다. 그러는 동안에도 여전히 이곳에서는 사랑이니, 참교육이니, 민족이니, 가족애니, 국민소득 2만 달러니, 민주주의니 하는 믿기지 않을 정도로 멋진 의미들이 넘치고, 많은 사람들이 자신들의 실존은 그러한 의미들을 지탱하기보다는 의미들의 틈 사이로 빠져나와 설원 속으로 달아나고 있음을 본다. 그 황량한 설원 위에서 재벌 총수는 투신을 하고, 그 투신을 바라보면서도 사람들은 여전히 아이들을 낳고 기른다. 이 행진은 언제나 끝이 날지.[‡]

‡ 2003년 9월 〈현대문학〉에 실린 글이다.

박식하고, 로맨틱하고, 예술적인 살인마:
한니발 렉터

1. 아이러니

토머스 해리스Thomas Harris의 소설《한니발》3부작에서 창조된 괴물, 한니발 렉터는 마이클 만Michael Mann의 〈맨헌터〉(1986), 조너선 드미Jonathan Demme의 〈양들의 침묵〉(1991), 리들리 스콧Ridley Scott의 〈한니발〉(2001)을 통해 영화적으로 구현되어왔다. 한니발 렉터는 〈맨헌터〉에서는 정신병동에, 〈양들의 침묵〉에서는 저 깊은 지하감옥에 갇혀 있었으며, 〈한니발〉에서는 탈출했으나 FBI에 쫓기고 있다. 한때는 저명한 의사이자 심리학자였던 그가 쫓기는 것은 수많은 사람들을 죽이고 먹어치운 식인 살인마이기 때문이다. 인간을 죽이고, 인간을 먹으며, 인간에게 쫓기고 있는 그는 인간이되 인간의 공동체로부터 추방된 셈이다.

이러한 악의 화신, 희대의 살인마, 식인종을 영국 출신의 명배우 앤서니 홉킨스가 예의 그 잊을 수 없는 연기로 구현하고 난 뒤 어느 날, 식사 중인 홉킨스에게 웨이트리스가 했다는 말은 유명하다. "제 남편이 당신과 같으면 얼마나 좋을까요!You're Hannibal Lecter, aren't you? I wish my husband was more like you." 그녀가 그렇게 말했을 때, 그녀는 우리를 대신해서 시대를 관통하는 아이러니의 한 자락을 완성했다고 볼 수 있다.

우리가 아이러니하게도 악의 화신을 사랑하게 된 것은 우리가 정반대의 아이러니에 오랫동안 시달려왔기 때문인지 모른다. 우리는 이미 오랫동안 학자에게서 무지와 편견을, 긴 역사에서 부박함을, 예술지상주의에서 세속의 극치를, 성직자의 주머니에서 더러운 돈을, 혁명가에게서 보수성을, 군자에게서 파렴치함을, 권좌에서 도둑놈을, 성소에서 추악함을 보아왔다.

〈양들의 침묵〉이나 〈한니발〉에서 역시 우리가 가장 저열한 인간형을 발견하는 것은 식인 살인마를 통해서가 아니라, 오히려 선의 이름으로 한니발을 쫓는 공권력 안에서다. 즉 우리는 선善을 보아야 할 장소에서 피곤하도록 악惡을 보아왔다. 한니발이라는 캐릭터의 궁극적인 매혹은, 정반대로 악의 정수에서 어떤 형태의 선을 보여줌으로써 우리의 피곤함을 치유한다는 점에 있다. 다시 말하여, 현실의 피곤한 아이러니는 영화 속에서 정반대의 아이러니에 의해 구제받는다.

미국의 영화평론가 로저 이버트Roger Ebert는 우리가 이 희대의 식인 살인마를 좋아할 수 있는 근거는 한니발이 클래리스 스탈링을 좋아하고 그녀를 돕는다는 사실에 있다고 말한 바 있다. 그렇다. 한니발은 FBI를 비롯한 공권력 전체와 적대 관계에 있지만, 이제 갓 FBI에 입문한 이 정의감에 찬 젊은 이상주의자인 스탈링과는 묘한 유대를 맺는다. 〈양들의 침묵〉에서 FBI 요원 스탈링이 연쇄살인마 버팔로 빌을 추적해서 처치하기까지 한니발의 도움은 결정적이었다고 할 수 있다. 한니발은 스탈링의 과거 이야기를 들을 수 있는 권리를 누리는 대신 버팔로 빌을 잡을 수 있는 정보를 제공한다. 우리는 영화를 보는 동안 정의감에 찬 젊은 이상주의자 스탈링과 자기 동일시를 하며, 스탈링을 돕는 한니발과 한편이 된다.

한 걸음 더 나아가, 우리가 한니발 렉터를 좋아할 수 있는 근거는, 그의 적이 악이라는 사실에 있다고 말할 수도 있다. 한니발은 공권력FBI에 의해 갇혀 있거나 쫓기고 있지만, 앞서 이야기한 대로, 그 공권력은 영화에서 결코 긍정적으로 그려지지 않는다. 〈양들의 침묵〉에 나오는 비열한 칠튼 박사, 〈한니발〉에서 레이 리오타가 분한 타락한 경찰 폴 크렌들러, 그리고 아동을 성적으로 학대하는 것을 즐기는 거부 메이슨 버저가 좋은 예들이다.

하지만 이러한 내러티브 구조는 한니발에 대하여 가질 수 있는 감정의 일부만 설명할 수 있을 뿐이다. 한니발에 대한 깊은 경외심은 그의 존재가 이 시대의 피곤한 아이러니를 보다 심오한 아이러니로 승화시키는 데서 온다. 선의 탈을 쓴 수많은 악에 식상해 있는 우리에게 그는 식인 살인마라는 극도의 악 속에서 오히려 어떤 종류의 선을 구현한다.

2. 지식

한니발에게서 경탄스러운 점은 그가 공권력과 같은 거대한 적이나 메이슨과 같은 백만장자와 싸우되, 놀랄 만한 능력으로 그러한 강적을 제압하는 데서 우선 온다. 그는 상대를 제압하되 유유히 제압하며, 싸우는 그 긴장된 순간에마저 침착함에서 나오는 기품을 잃지 않는다. 그러한 그의 능력은 어디에서 오는가?

그것은 우선 그가 소유한 지식에서 온다고 할 수 있다. 이미 노인네인 그의 진정한 힘은 육체가 주는 물리적인 힘이 아니라 지식이 주는 정신적인 힘이다. 다시 말하여, 그에게 있어서, 참으로 "아는 것은 힘이다". 심리학 전문가답게 그는 적의 심리를 정확히 꿰뚫고 있으며, 그의 상황 판단은 늘 정확하다. 대상에 대한 정확한 지식은 그 대상에 대한 정확한 대처를 가능하게 한다. 많은 경우 그는 물리적인 힘을 쓸 필요조차 없다. 그가 아동학대광 메이슨 버저의 얼굴을 벗겨내어 개에게 먹일 때를 보라. 실제로 얼굴을 뜯어낸 것은 메이슨 버저 자신이었다. 얼굴 가죽이 모두 뜯겨나가고 만신창이가 되어 휠체어를 벗어날 수 없는 신세가 된 메이슨은 회고한다. "그때는 그렇게 하는 것이 좋겠다는 생각이 들었다It seemed like a good idea at the time." 한니발은 그의 심리를 정확히 알고 있었으므로 스스로 손댈 필요 없이 메이슨이 스스로 자신의 얼굴을 찢도록 설득할 수 있었던 것이다. 한니발로부터 반신불수가 된 채로 간신히 살아남은 메이슨은, 복수심에 불타 한니발을 돼지밥으로 만들기 위해 집채만 한 식인 돼지 떼를 기른다. 마침내 고대하던 복수의 순간에, 한니발이 역으로 메이슨을 죽음으로 몰아넣을 때도 마찬가지 방식이 적용된다. 한니발은 메이슨의 비서 코델이 후한 보수를 받고 있음에도 불구하고, 마음 깊은 곳에서 메이슨을 증오하고 있다는 것을 안다. 따라서 식인 돼지 떼가 우리에서 풀려나왔을 때, "메이슨을 밀어 넣어. 죽인 책임은 모두 내가 지지"라고 단지 나직하게 한마디 함으로써 코델로 하여금 휠체어째 메이슨을 돼지 떼 속으로 밀어넣게 만든다. 이것은 모두 그가 상대의 마음을 정확히 알고 있기 때문에 가능한 일이다. 이러한 지식의 힘은 그의 능숙한 칼질에도 변함없이 적용된다. 그가 젊은 살인청부업자를 해치울 수 있는 것은, 지형지물에 대한 정확한 지식에 기반하여 자신이 서 있어야 할 곳에 서 있으며, 상대의 급소 위치에 대한 정확한 지식에 기반하여 단 한 번의 칼질로 그 급소를 베기 때문이다.

이처럼 대상에 대한 정확한 지식은 대상을 장악하게끔 해준다. 하지만 한니발에게 지식은 단지 대상에 대한 정보를 축적하는 일 이상의 의미를 지닌다. 그는 지식을 통해 뭇 대상에 대한 새로운 관계를 정립하는 데까지 이른 사람이다. 그렇다. 지식이 지식의 소유자에게 가져다주는 보다 깊은 신비는 바로 지식이 그와 대상의 관계를 변화시킨다는 점에 있다. 그리고 한니발이 지식을 매개로 맺은 대상과의 새로운 관계는 그의 식인행위를 이해하는 실마리를 제공한다.

어떤 대상에 대해 우리가 어떤 '냉정한' 지식을 획득했을 경우, 그 지식은 종종 우리로 하여금 그 대상이 우리를 홀리는 힘을 벗어나 그 대상으로부터 일정 정도의 거리를 유지할 수 있게 해준다. 역으로 말하여, 우리가 어떤 대상의 마력에 홀릴 때는 그 대상에 대하여 무지한 경우가 많다. 예컨대 어떤 여성이 신비롭다면, 그것은 그녀가 미지의 여성이기 때문이다. 하지만 그녀에 대하여 냉정한 지식을 가지게 되면 — 이를테면 그녀가 우리처럼 밥을 먹고 화장실을 가는 사람이며, 그녀의 미모는 화장술에 의존하고 있다는 사실을 알게 되면 — 우리는 그녀가 발산하는 매혹과 마력으로부터 상당히 풀려난다.

같은 이야기를 의학적 지식의 예를 들어서도 할 수 있다. 외과의사가 인간의 육체를 능숙하게 자르고 다룰 수 있는 것은 그것이 이미 (성욕의 대상이나 매혹의 대상이나 질시의 대상이기 이전에) 지식의 대상이기 때문이다. 의학교육은 의학적 지식을 전수하는 과정이기도 하지만, 그 지식이 전제하는 자신과 대상의 관계에 숙달하는 과정이기도 하다. 그 과정을 거치면서 의학도는 인간의 신체를 의사로서 바라보게 되며, 그 육체가 부리는 다른 주술로부터 해방된다. 의사가 이성의 육체를 다룰 때, 만약 그 육체의 성적 마력에 홀린다면 의술은 제대로 집행되기 어려울 것이다. 이렇게 볼 때, 한니발이 나직한 목소리로 한니발 M.D.(의학박사)라고 서명할 때, 그 목소리의 울림이 남다른 것에는 이유가 있다. 심리학자인 한니발은 육체뿐 아니라 인간의 마음에 대해서도 이미 그러한 관계를 유지하고 있다.

지식을 통해 새로이 설정되는 이러한 종류의 자아와 대상 간의 관계는 인류학, 사회생물학, 역사학의 예를 들어서 생각해볼 수도 있다. 어떤 인류학자에게 결혼이란 사랑의 소산이 아니라 각 개체가 상호결합을 통해 자신의 이익을 확보해나가는 과정일 뿐이다. 마찬가지로 어떤 사회생물학자에게 섹스는 사랑의 표현이라기보다는 유전자가 종의 번식을 위해 우리 육체를 추동하는 과정일 뿐일 수 있다. 마찬가지로 역사학자는 인간을 종종 거대한 역사적 흐름의 한 점에 불과한 것으로 보는 데 익숙해 있다. 그러한 관점을 충분히 내면화할 경우, 그는 인간이라는 대상이 범인들에게 발휘하는 여러 가지 주술로부터 벗어날 수 있다. 한니발 렉터의 역사적 박식은 이 점에서 흥미롭다. 한니발은 고문서 라이브러리의 큐레이터를 맡을 수 있을 정도의 박식을 자랑한다. 그가 중세 고문의 역사를 이야기할 때, 그는 고문과 흔히 결부되는 고통이나 살점, 피 같은 것에 대한 정서적 격앙으로부터 해방된 사람이었다. 그러한 그가 중세에 죄인을 처형했던 방식 그대로, 자신을 잡으려드는 잡배들의 창자를 침착하게 뽑아버리는 것은 놀라운 일이 아니다.

이처럼 냉정한 지식이 부여하는 자신과 대상의 관계를 내면화한 이에게 (쓰레기 같은 부류의) 인간에 대한 신비감이나 경외감 따위는 있을 수 없다. 그래서 마침내 인간을 '먹을' 수 있는 것이다. 한니발은 인간을 왜 먹는가? 물론 인간은 극한상황에서 너무너무 배가 고프면 인간을 먹기도 한다. 하지만 한니발은 과히 배가 고프지 않다. 물론 식인종에 대한 인류학적 연구의 하나는, 식인풍습은 상대방을 먹음을 통해 상대의 힘이 자신에게 전이된다는 믿음에 기초해 있다고 주장하기도 한다. 하지만 한니발은 상대의 힘을 부러워하지도 않을뿐더러 그러한 원주민의 믿음은 가지고 있지 않다. 물론 〈양들의 침묵〉에 나오는 연쇄살인자 버팔로 빌은 여자들을 죽이고 그껍질을 벗겨 옷을 해 입는다. 그것은 그가 자신의 정체성(남성성)을 싫어한 나머지 여자의 살껍질로 옷을 해 입음을 통해 여자가 되고 싶어 하기 때문이다. 즉 버팔로 빌의 미친 짓은 자기혐오와 타인에 대한 부러움의 발로다. 하지만 한니발은 여타의 인간들에 대해 부러움 따위는 가지고 있지 않다.

그렇다면 한니발은 왜 인간을 먹는가? 그의 식인은 그가 가진 인간에 대한 경멸과 모욕의 표현이다(그는 특히 '무례한' 인간들을 경멸한다). 보통 인간들이 인간에 대해 가지고 있는 경외감이나 터부 따위는 이미 이야기했듯이 한니발에게 없다. 그가 가진 것은 인간에 대한 냉정한 지식의 관점이다. 그래서 그는 거침없이 '무례한' 인간들을 직접 먹어버리거나, 그 물어뜯은 인육을 개에게 던져주기도 하고, 돼지에게 먹이기도 한다. 이러한 인간에 대한 경멸이 최고조에 이른 장면은 저 유명한, 뇌를 잘라내어 먹이는 장면일 것이다. 익히 알려진 바대로 한니발은 스탈링을 괴롭히는 저열한 형사 폴 크렌들러를 잡아다놓고, 그의 두개골을 열고는 이 부분은 도대체 쓸모없는 부분이야, 라고 말하며 뇌의 한 조각을 잘라내어 프라이팬에 요리한 뒤 크렌들러에게 먹인다. 자 처먹어라, 네 머리통 안의 이 쓸데없는 부분을. 인간의 골을 직접 잘라내는 이 끔찍한 장면은 물론 컴퓨터 그래픽을 이용하여 처리된 것이지만, 그 시각적 끔찍함으로 인해 인구에 회자되었다. 하지만 정작 끔찍한 것은 그 시각적 영상이라기보다는 그 영상 속에 담겨 있는 사유다. 너는 우리가 먹는 돼지보다도 못한 어떤 것이다. 그러니 돼지고기를 먹는 네가 그보다 못한 네 대가리의 뇌수를 먹지 못할 이유가 어디 있느냐. 네 입으로 네 골을 처먹어보아라. 경멸할 만한 것을 한번 경멸해보렴. 네 스스로 네 자신을 모욕해보렴. 먹어라, 돼지보다도 못한 네 자신을, 너라는 육체를 움직이는 기관인 그 뇌를. 이리하여 한니발은 크렌들러의 뇌를 잘라내어 그에게 먹인다. "아, 맛이 정말 끝내주는데!"라고 크렌들러는 히히히 웃으며 자신의 뇌를 먹는다.

보통 사람들도 가끔 관습적으로 저 인간은 무엇에다 쓰려고 머리를 달고 다니나, 라는 말을 일상생활에서 내뱉을 때가 있다. 하지만 인간에 대한 일정한 경외감을 유지하고, 나름의 터부로부터 자유롭지 못한 범상한 인간으로서 우리는 그러한 경멸로 인해 그 사람을 먹어버리는 행위에까지 이르지는 않는다. 그러나 대상에 대한 (부질없는) 매혹으로부터 자유로운 한니발에게 정말로 경멸스러운 인간들을 먹지 말아야 할 이유 같은 것은 없다. 그래서 영화의 마지막 장면에서 한니발이 아이에게 인육을 건네주었을 때, 그것은 전혀 악의로 보이지 않는다. 아이에게 인육을 건네주는 한니발의 다감한 눈은 이렇게 말하고 있다. 이 고기에 관심이 있니? 먹고 싶다면 먹으렴. 그것이 무슨 문제겠니?

어찌되었거나, 결국 냉정한 지식, 그리고 그러한 지식이 설정하는 자아와 대상의 관계는 자아에게 대상에 대한 대단한 통제력과 자유 — 인간사회의 기본적인 도덕마저도 뛰어넘는 — 를 부여한다. 그렇다, 많이 아는 자는 자유로운 것이다. 정말로 진리, 아니 지식은 우리를 자유롭게 한다. 냉정한 지식이 새로이 설정해준 대상과의 관계에 힘입어 우리는 더 이상 대상에 대한 정서적 노예가 되지 않는다.

대상에 대한 모든 정서적 집착과 매혹으로부터 자유로운 존재라면 그것은 아마도 부처이거나 기계일 것이다. 그도 그럴 것이, 앤서니 홉킨스는 자신의 연기는 스탠리 큐브릭Stanley Kubrick의 영화 〈2001 스페이스 오디세이〉(1968)에 나오는 슈

퍼컴퓨터 할HAL의 캐릭터에서 영감을 얻었다고 말한 적이 있다. 할이 감정이 배제된 매우 논리적이고 지적인 '기계'였듯이, 한니발은 논리와 지식을 통해 대상으로부터 냉정한 거리를 잃지 않는 '기계'다.

하지만 하나의 기계로서 사는 인생에 대가로 다가오는 것은 엄청난 권태다. 오랜 결혼생활에 이른 부부가 더 이상 상대의 육체에 매혹되지 않을 때처럼. 그 부부는 상대의 육체에 대한 집착으로부터 자유로울지는 모르나, 그들의 인생이 행복으로 채워지는 것은 아니다. 마찬가지로 냉정한 지식은 지식 소유자의 대상에 대한 통제력을 높여주고, 대상의 마법으로부터 그를 자유롭게 하지만, 그 인간을 구원하지는 않는다. 즉 한니발의 지식은 한니발로 하여금 세상으로부터 짓밟히지 않고 유유히 살아가게 만들지만, 그를 궁극적으로 구원하지는 않는다.

인간이 구원되었다, 행복하다, 라고 말할 때는, 많은 경우, 대상으로부터 자신이 거리를 유지할 때라기보다는, 기꺼이 스스로 목매고 싶은, 스스로 그것 때문에 부자유스러워지고 싶은 어떤 대상을 찾은 경우다. 고전적으로 말하자면, 인간을 구원하는 것은 사랑인 셈이다. 그 사랑의 대상이 신이든, 어떤 대의든, 연인이든 간에. 그래서일까? 한니발은 스탈링을 사랑한다.

3. 사랑

〈양들의 침묵〉의 클래리스 스탈링. 어렸을 때 부모가 죽어서 친척집에 맡겨진 소녀. 벽지를 박차고 도시로 올라온, 하지만 자신이 시골 출신이라는 것을 부정하고 싶은 소녀. 아동학대로 얼룩진 친척집을 어느 새벽녘에 박차고 나와 마침내 FBI요원이 된 입지전적인 인물. 젊은 그녀는 이상을 향한 정열에 가득 차 있다. 하지만 관객으로서의 우리는 그녀가 겉으로는 강한 척하지만 속으로는 약한 자신과 끊임없이 싸우고 있는 복합적인 인물임을 안다. 그녀의 용기는 용기 없는 자가 낸 용기이기에, 그녀의 성취는 불리한 조건을 극복해낸 결과이기에 우리를 더욱 감동케 한다. 〈한니발〉에서 줄리앤 무어에 의해 연기된 10년 후의 클래리스는 10년 전의 클래리스보다 많이 지치고 시니컬해졌지만, 여전히 FBI의 관료적 부패와 맞서 싸우는 인물이다.

〈양들의 침묵〉에서 스탈링이 버팔로 빌에 대한 정보를 얻기 위해 지하감옥으로 한니발을 찾아왔을 때, 전개되는 과정을 보면 그것은 영락없이 한니발의 스탈링에 대한 구애 과정이다. 버팔로 빌에 대한 자신의 견해를 말해주는 대신 한니발이 요구하는 것은 스탈링의 과거에 대한 가감 없는 사실이다. 닿을 수 없는 지하감옥의 유리벽을 사이에 두고 전개되는 두 사람의 대화는 상대방을 깊이 알아가고자 하는 연인의 애타는 탐구를 닮아 있다. 그들은 많은 연인들이 그러하듯이, 서로에게 자기 내면의 것을 조금씩 주어가는 동시에, 상대방 내면의 것을 조금씩 요구해나간다. 그 과정은, 여느 연인들의 그것과 마찬가지로, 상대방에게서 자신을 발견해나가는, 그리하여 서로의 동질성을 확인해나가는 과정이다.

로저 이버트가 지적했듯이, 한니발과 스탈링은 많은 공통점을 가지고 있다. 양자 모두 자신들이 살고자 하는 세계에서 추방되었으며, 양자 모두 자신을 둘러싼 거대한 힘과 싸우고 있으며, 스탈링과 마찬가지로 렉터도 어린 시절 입은 정신적 내상을 간직하고 있다. 그래서 렉터는 스탈링이 어린 시절 부모를 잃고 고아가 되었다는 사실에 깊이 마음이 움직인다(이것은 렉터가 아동학대자인 메이슨 버저를 징벌하는 동기를 보다 잘 설명해준다).

이러한 동질성은 연애의 보편적 기초이지만, 한니발과 스탈링의 사랑은 여느 사랑보다 더욱 절절하다고 말할 수 있다. 우선 한니발이 스탈링을 사랑하는 것은 다름 아닌 적FBI의 일부를 사랑하는 일이다. 적을 사랑할 수 있을 때, 그 적이라는 사실은 사랑의 장애물이라기보다는 사랑을 더욱 절절하게 만드는 조건에 가깝다. 사랑은 비상식적인 상황일수록 강렬하다. 관습에 반反하는 상황은 적어도 그러한 관습을 이겨낼 만한 정도의 진정성을 요청하며, 그 진정성의 느낌은 사랑을 불타오르게 한다. 예나 지금이나 가장 강렬한 사랑은 사랑해서는 안 될 사랑이다. 생각해보라. 로미오와 줄리엣이 서로 원수지간의 가문 출신이 아니었다면 그들의 사랑이 그토록 뜨거웠을까? 이러한 적과의 사랑은 어떠한 권태도 이길 만한 스릴 만점의 게임을 제공한다. 적이기에 그녀에게 한껏 다가갈 수 없고, 사랑하기에 완전히 떠나버릴 수 없는, 이 본질적 긴장의 게임. 이 긴장이, 이 어쩔 수 없음이 한니발 연애의 구조다.

한니발이 스탈링에게 품고 있는 애정이 절절하다고 하여, 그것이 곧 감정적 격렬함을 의미하는 것은 아니다. 한니발의

말을 빌리자면, 스탈링은 한니발을 흥분시키기보다는excite 즐겁게please 한다. 한니발은 스탈링에 대해서 흥분하지는 않지만 그의 사랑은 우리가 현실의 연애담들에서 쉽게 발견할 수 있는 너절한 사랑보다 훨씬 로맨틱하다. 가장 강력한 증거는 영화가 종착역으로 다가가는 부분의 한 시퀀스다. 예의 그 뇌를 먹는 만찬이 끝난 뒤, 마침내 FBI추적팀이 한니발과 스탈링의 만찬 장소에 거의 접근한다. FBI의 헬기 소리가 점점 가까워오는 그때, 모르핀 기운이 채 가시지 않은 스탈링은 기지를 발휘하여 수갑으로 자신의 팔과 한니발의 팔을 연결하여 한니발을 도주하지 못하게 얽어매고 만다. 한니발은 말한다. 시간이 정말 없어. 수갑열쇠를 줘. 열쇠를 주지 않으면 네 팔목을 베어서라도 도망가겠다⋯⋯. 한니발이 누군가? 눈 하나 깜짝이지 않고 사람을 죽이고 먹는 그에게 팔목 하나 베는 것이 대수겠는가? 하지만 우리의 스탈링은 여전히 열쇠를 주지 않고, 헬기 소리는 점점 가까워온다. 그리하여, 한니발은 정말 팔목을 벤다. 하지만 스탈링의 팔목이 아닌 자신의 팔목을. 대단한 사랑 아닌가? 팔목을 베는 순간 화면은 백색으로 변하고, 너무 환하여 나는 눈을 뜰 수가 없다. 세상의 수많은 연인들 중에서 그토록 로맨틱한 사랑은 보지 못했으므로.

자신의 팔을 베는 한니발의 행위는 단지 스탈링에 대한 로맨틱한 사랑의 증표에서 그치지 않는다. 한니발이 자신의 팔을 자르는 행위는 그의 삶이 대단한 원칙과 질서 위에 구축되어 있다는 사실을 증거한다. 많은 도덕주의자들의 원칙이라는 것들이 이런저런 상황 속에서 헌신짝처럼 내던져져왔다는 것을 생각할 때, 보기 드문 원칙과 질서를 이 희대의 살인마에게서 발견하는 것은 경이로운 체험이다. 기존 세계를 단순히 불평하거나 일탈행위를 일삼는 수준을 넘어, 기존 세계의 질서와 구별되는 새로운 질서를 구축할 수 있을 때, 비로소 그것은 독립적인 세계로 불릴 자격을 얻는다. 그렇게 볼 때, 한니발은 아주 심오한 차원에서 '진정한 개인'이다.

하지만 한니발의 질서는 실로 기존 인간 세계의 어떠한 상식이나 관습과도 배치되는 것이다(우리가 인간인 한, 인간을 먹지 말아야 한다는 것이 인간 사회를 지탱하는 가장 기본적인 관습과 도덕이라고 할 때, 거리낌 없이 인간을 먹는다는 사실은 그가 관습의 대척점에 있음을 웅변한다). 한니발처럼, 광기와 일탈의 수준이 일상적 질서를 완전히 뛰어넘되, 나름의 내적 일관성과 질서를 획득하는 경우, 그 새로운 질서는 현재 우리의 도덕적 범주를 넘어선 어떤 곳에 있으므로, 그 포착되지 않는 성격을 일러, 미학적 질서라고 이름할 수 있을지 모른다. 즉 그것은 예술이 된다. 여기까지 생각이 미친 나는, 영화 〈한니발〉을 관주하는 아름다운 영상과 음악, 특히 한니발의 살인이 지상에서 가장 아름다운 피아노곡의 하나라는 바흐의 〈골트베르크 변주곡〉 위에서 이루어진다는 것을 상기한다. 예술이 궁극적으로 가치 있다면, 만들거나 사들인 예술품이 예뻐서라기보다는, 아마도 예술이 개개인의 고양된 삶의 형식이 될 수 있는 가능성 때문일 것이다. 참으로 한니발은 그의 삶이 하나의 예술적 기초 위에서 진행되기를 원한다. 그의 지식, 심미안은 모두 그 예술적 삶을 위한 재료다. 그는 오페라에 대한 대단한 심미안을 가지고 있으며, 그의 일상은 대단한 테이스트taste와 스타일로 채워진다. 그는 단테의 소네트로 여자를 유혹할 수 있는 몇 안 되는 사람이다. 그는 한 사람을 죽일 때조차도 자신의 살인이 중세 처형사의 주석이 되기를 바라는 사람이다. 그가 한 끼의 저녁식사를 위해 들이는 공을 보라. 그는 하나의 조촐한 디너 파티를 위해(비록 뇌를 구워 먹이는 자리이기는 하지만) 골동품상을 돌며 아름다운 인테리어와 식기를 준비한다. 공들여 음식을 장만하고 식탁보를 준비하고 조화와 예의를 아는 이를 엄선하여 초대하는, 이 잘 준비한 저녁식사는 다름 아닌 그의 생을 예술적으로 고양하는 과정이다. 우리가 가장 상관하는 것은 늘 자신의 삶이며, 삶이란 저녁식사와 같은 일상의 집적으로 이루어지는 것이며, 그 저녁식사 순간이 예술의 경지가 된다면, (바로 그 부분의) 삶이 예술이 되는 것이다(한니발은 그러한 순간을 망가뜨리는 '무례한' 놈들을 싫어하며, 그들을 먹어치운다). 즉 예술의 인간에 대한 궁극의 공헌은, 만들어내거나 향수하기 위해 사들인 예술품 자체에 있다기보다는 그러한 예술품을 만들거나 향수하는 과정에서 동시에 고양된 자신의 생 자체에 있다. 가장 위대한 예술가는 예술이 궁극적으로 실현되는 장소가 일상임을 아는 사람이다.

미국의 철학자 리처드 로티Richard Rorty는 자아 창조의 과정은 개인을 사회에 통합시켜나가는 과정이라기보다는 일종의 안티테제antithese를 형성해나가는 과정이라는 취지의 말을 한 바 있다. 한니발이 사람을 먹는 한, 그는 그를 둘러싼 인간 세계와 끝없는 안티테제의 관계에 있을 수밖에 없다. 한니발 렉터의 경이로움은 단순한 세상과의 불화를 넘어, 자신의 생을 자신이 창조하는 예술의 무대로 만들고, 그 위에서 자신만의 예식을 집전한다는 데 있다. 그러한 한니발의 모습은, 세상과의 불화 속에서 예술을 통해 독립된 세계를 창조함으로써 세

상에 복수하고 있는 많은 예술가들의 모습을 닮았다.[‡]

‡ 2002년 2월 〈현대문학〉에 실린 글이다.

반영웅으로서 영웅, 관념론자로서 유물론자, 죽은 자로서 살아 있는 자: 고스트 독

1

여전히 80년대 이후의 정신 상황은 이성적이고 총체적인 방법으로 삶의 조건을 혁신하고자 하는 헌신적 시도의 좌절, 그 이후의 상황이라는 점에서 이해될 수 있다. 우리는 매우 빨리 잊어가고 있지만, 현실 사회주의의 몰락은 이러한 상황의 한가운데 위치하는 사건이었다. 하지만 그렇다고 우리의 정신 상황이 단지 그러한 정치적 이념의 부침이라는 관점에서 모두 설명되는 것은 아니다.

　사회주의와 같은 거대한 시도는 인간과 사회에 대한 전면적 파악이 가능하다는 대단한 믿음 위에서 출발했다. 따라서 사회주의의 실패는, 단순히 어떤 정치적 청사진이 몰락하는 사건을 넘어, 현실을 전면적으로 파악한다는 일이 많은 이들에게 불가능한 어떤 것으로 다가오게 되었다는 것을 의미한다.

물론 그렇다고 현실 자체가 도대체 파악 불가능한 어떤 것이라고 증명된 것도 아니다. 정확히 말하자면, 현실 혹은 세계라는 거대한 힘이 우리의 작디작은 정신을 압도해버렸다고나 해야 할 것이다. 따라서 파산한 것은 현실이라기보다는 현실을 냉정히 파악하고 기획하고자 하는 태도다. 사는 일이 여전히 비루하고 모순으로부터 자유롭지 않은 이상, 사람들은 꿈꾸는 일을 그만두지는 않겠지만, 그 꿈을 총체적이고 현실적인 비전으로 번역하는 일에 대해서는 많은 사람들이 이전보다 회의적이 되었다고 할 수 있다.

한때 유행했던 유물론과 관념론의 도식을 빌려 말하자면, 이것은 유물론자의 좌절을 의미한다. 그것은 좁은 의미의 유물론자, 즉 마르크시스트의 좌절을 의미하기도 하지만, 보다 넓은 의미의 유물론자, 즉 객관적으로 존재하는 현실을 파악하고 절대적으로 그 현실에 정초하여 삶을 구성해보겠다고 다짐했던 이의 좌절이다. 그는 단순히 자신이 무엇인가를 잘못 계산하고 잘못 측정하고 잘못 수행했다는 점에서 좌절하는 것이 아니다. 객관적으로 존재한다고 믿었던 현실 자체가 과연 존재하기는 하는지, 그리고 그 현실을 대면하고 있다는 그 자신이란 과연 통합된 주체인지, 나는 나인지, 세계는 세계인지……. 많은 것이 알 수 없게 되었다는 것을 의미한다. 이것도 실패를 통해 얻은 깨달음이라면 깨달음일 것이다. 하지만 그 깨달음은 그 깨달은 자를 한층 더 좌절케 하는 종류의 깨달음이다. 그는 햄릿처럼 ─ 니체와 해럴드 블룸Harold Bloom의 해석을 따르자면 ─ (우유부단해서가 아니라) 자기 자신에 대한 더욱 깊이 있는 인식에 이르렀으므로 더 이상 행동할 수 없게 되었다고 할 수 있다.

인간의 삶에 대한 보다 심오한 통찰에 근거하여 행동의 불가능성을 확인한 이에게 현실을 정확히 파악하고 재량하여 성취해나가는 기획자는 더 이상 영웅이 아니다. 그가 깨달은 바에 의하면, 기획하고 행동하는 일은 곧 세계와 자신에 대한 거짓말의 토대에서나 가능한 것이기 때문이다. 요컨대 기획은 곧 실패다. 그는 이제 현실에서의 승리, 현실에서의 보람 있는 성취라는 것이 얼마나 비현실적이며, 또한 모순에 찬 것인가를 이미 너무 잘 알고 있다. 그의 상처받은 영혼은 말한다. 누군가 무엇을 성취했다면, 그것은 성취가 아니라 오물이다. 성취하지 않기를 장렬히 기도하라. 그것이 곧 성취이니. 이 아이러니의 시대에 그를 사로잡는 것은 반反영웅이다. 이 시대의 영웅은 유물론자가 아니라 관념론자이고, 이성주의자가 아니라 미친놈이며, 마르크스가 아니라 고스트 독이다.

2

미국의 독립영화 감독 짐 자무쉬Jim Jarmusch가 영화 〈고스트 독〉(1998)에서 창조해낸 인물인 고스트 독은 그러한 반영웅의 표상이다. 고스트 독은 세기말에 대도시 뉴욕에서 살면서 어이없게도 자신을 옛 일본의 사무라이라고 믿는 흑인 건달이다. 어떤 너절한 갱단 두목이 자신의 목숨을 구해주었다는 이유로, 그는 그 갱단 두목을 섬기는 살인청부업자가 된다. 그는 최신식 총을 들고 다니지만, 그에게 그것은 총이 아니라 검이다. 그는 검을 뽑듯 총을 뽑고, 베듯이 쏜다. 그는 자신이 옛 일본의 사무라이라고 믿기 때문에, 전화 대신 비둘기로 송신을 하고, 매달 월급을 받기보다는 매해 첫 번째 가을날 지난해 급료를 받기 원한다. 그는 뉴욕의 슬럼가 옥상에 자신만의 제단을 마련하고, 명상을 위한 향을 사르고, 예식을 치른다. 맡겨진 소임을 다하고 나면, 그는 《사무라이의 길》이라는 옛 사무라이의 고전을 읽으며 자신의 정신을 수련한다. 현실과 유리된 이 인간은 누구와도 제대로 된 커뮤니케이션이 가능하지 않다. 그나마 그와 커뮤니케이션이 가능한 것은 어린 여자아이 한 명과 영어를 모르는 아이티인 아이스크림 장수뿐이다. 그는 자신을 멸종해가는 고대 부족의 하나쯤으로 생각한다. 그리하여 그는 밀렵꾼들을 소탕하면서 말한다. "고대 사회에서는 곰을 인간과 똑같이 여겼소".

영화 〈고스트 독〉은 이 현실과 유리된 인간이 어떻게 비극의 정수리를 향해 올곧게 걸어가는지를 보여준다. 고스트 독의 비극은, 우리는 세상에서 고통받는다…… 그래서 참 슬프다, 수준이 아니다(부조리한 세상에서 고통받는단다, 진부하기도 하여라). 고스트 독의 비극은 부조리함을 이미 아는 자가 그래도 그 부조리함을 향해 정면으로 걸어갈 때 발생하는 비극이다. 이를테면 진짜 비극이라고 할 수 있다.

말했듯이 고스트 독은 자신이 사무라이라고 생각하며, 사무라이의 정체성은 주군에 대한 헌신에 있다고 믿는다. 영화 후반부에 보이는 그의 종말이 비극적인 것은, 그가 나아가고 있는 결투의 상대가 다름 아닌 자신이 섬기는 주군이기 때문이다. 죽음 자체는 비극이 아니다. 적과의 싸움에서 죽는 사무라이는 충분히 비극적이지 않다. 아니, 그것은 차라리 영광스럽다. 자신의 주군을 위해 적을 베다가 죽을 수 있었던 사무라이에 대한 영화라면, 해피 엔딩이라고 해야 할 것이다. 고스트 독의 비극은 바로 자기가 섬기는 그 주군으로부터 죽임을 당하는 데서 발생한다.

자신이 헌신하는 주군의 칼에 죽어야 하는 사무라이의 비극은 우리 삶에 깃든 역설을 말해준다. 우리의 정체성은 무엇

© IMDb

인가에의 헌신으로부터 온다(이를테면 사무라이 됨의 근본 조건은 주군에 대한 헌신에 있듯, 선생의 정체성은 교육에 대한 헌신에 있듯, 가수의 정체성은 노래에 대한 헌신에 있듯). 그 헌신 없이 우리는 아무것도 아니다. 어떤 종류의 헌신, 어떤 종류의 욕망 없이는, 우리의 삶은 구겨진 종이에 불과하다. 우리 삶의 의미는 우리가 무엇엔가 헌신함으로써 비로소 얻어지는 것이다. 이러한 맥락에서라면 우리는 누구나 주군이 필요한 사무라이들인 셈이다. 그런데 결국 우리를 파괴하는 것은 바로 헌신했던 그 주군이라는 점에 인생의 역설이 있다. 세상에 존재하는 대부분의 한숨은 이 헌신과 배반의 스토리로 변안할 수 있다. 우리가 헌신하지 않았다면 그것은 좀처럼 우리를 배반할 수 없었으리라. 하지만 인간은, 어떤 의미에서, 헌신하고 싶어 하는 동물이다.

이렇듯 고스트 독은 아주 사무라이적으로 뉴욕 어느 갱단의 시시한 두목에게 충성을 다 바치고, 마침내 그의 손에 죽는다. 여기까지는 우리 삶에 깃든 보편적 역설에 기초한 보편적 비극이다. 그런데 흥미로운 것은, 주군의 총에 죽어가면서 내뱉는 고스트 독의 마지막 말이다. "보아야 할 것을 다 보았소." 이 말은 그가 모든 것을 이미 알고 있었다는 사실을 알려준다. 그가 총을 든 주군 앞에 나아갔을 때, 이미 그는 총을 비웠다. 그가 이미 자신에게 닥칠 비극을 알고 있었다는 사실은 충격적이다. 자신은 이미 죽게 되어 있다는 것을, 그것도 자신이 헌신하는 대상으로부터 죽임을 당하게 되어 있다는 사실을 '이미 알면서도' 그 길을 나아갔던 것이다. 자신이 처한 삶의 조건을 너무 잘 알고 있었다는 점에서 그는 햄릿이다. 니체의 햄릿 해석이 보여주듯이, 인생의 심오한 인식에 이른 자는 더 이상 행동할 수 없다. 성격의 우유부단함이 행동을 방해하는 것이 아니라, 삶의 진실이 우리에게 이 세상에서는 진정한 행동이 불가능하다는 것을 알려주는 것이다. 아는 자는 행동하지 않고, 모르는 자는 돌진한다. 이것이 인생 아니던가? 그런데 고스트 독은 알면서도 비극의 정수리를 향해 질주한다. 이 점에서 그는 햄릿과 돈키호테를 결합한다. 그는 묵상하는 광인이다.

이 모든 것을 가능하게 하는 것은 그의 흥미로운 인생관이다. 고스트 독은 읊조린다. "사무라이의 길은 죽음에 기초해있다. 매일 반드시 자신은 죽어 있다고 생각해야 한다"라고. 나는 이미 죽었다, 이것은 아직 살아 있는 자가 내뱉을 수 있는 가장 무서운 말 중의 하나다. 그리고 이미 죽은 자로서 살아가는 것, 그것은 삶의 가장 과격한 형태다. 이 생에서 어떤 것도 바라지 않는다는 점에서 그는 이미 죽은 사람이다. 바라지 않는 자를 애타게 하거나, 죽은 자를 당혹하게 할 수 있는 방법은 좀처럼 없다. 따라서 그가 다른 사람에 비해 나은 점이 있다면, 살아 있지만 이미 죽었다는 역설을 통해 세상의 모순이나 고통에 더 이상 당혹하지 않을 수 있다는 사실이다. 이것은 고스트 독이 읊조리는 소나기의 교훈에 잘 나타나 있다. "우리는 소나기로부터 배울 것이 있지. 소나기를 만났을 때 젖지 않으려 빨리 뛰어가곤 하지만 결국 젖기 마련이지. 처음부터 젖을 각오를 하고 있으면, 젖더라도 적어도 당황하지는 않는다." 그리하여 살아 있지만 이미 죽어 있는 그에게 모든 것은 실체가 없다. 그가 끼고 다니는 책에 나오는 말대로 하자면, "공즉시색空卽是色이요, 색즉시공色卽是空"이다. 눈에 보이는 것은 모두 공이므로, "세상을 꿈으로 보는 것은 아주 괜찮은 관점이다".

세상을 꿈으로 보다니, 이만한 관념론자가 또 있는가? 한 번 더 유물론자-관념론자의 도식을 사용해서 말한다면, 고스트 독은 갈 데 없는 관념론자다. 그리고 고스트 독의 정신은 특정 종류의 관념론은 현실 영합과는 무관하다는 사실을 보여 준다. (마르크스주의에 의하면, 유물론은 사회현실을 직시하는 세계관으로서 진보적이며, 관념론은 사회현실을 직시하는 대신 관념으로 진정한 세계 인식을 호도한다는 점에서 반동적이다. 그런데 어떻게 보면, 유물론자는 현실을 직시하고 그것을 냉철히 개선하고자 한다는 점에서 오히려 매우 건전한 모범생들이라고 할 수 있다. 어떤 부류의 관념론자가 보기에 그들은 아직 세상에 덜 절망한 사람들이다. 어떤 부류의 햄릿이 보기에 그들의 정의감은 세상 인식이 불철저한 데서 오는 결과다.) 우리는 고스트 독을 통해 관념론이란 사회와의 극도의 불화 속에서 배태되고, 그 불화를 자신의 운명으로 받아들이는 이에게서 자라나는 것일 수 있음을 알게 된다.

관념론자의 다른 이름은 미친놈이다. 관념론자나 미친놈이나 공히 세계에 대한 객관적 파악을 무시하고 극단적으로 세계를 자기 식으로 전유해버리는 이들이다. 그런데 고스트 독은 미쳤으되, 자신을 미치게 한 대상을 직시하며 그를 향해 걸어갈 수 있었다는 점에서 광기를 넘어선 자이기도 하다. 그럴 수 있었던 것은, 그가 죽기 이전에 이미 죽은 존재였기 때문이다. 죽었으므로 삶으로부터 도망가지 않을 수 있었고, 관념론자였으므로 현실로부터 도피하지 않을 수 있었다.

우리 시대에 비극이 있다면, 아무도 손쉽게 정상인이 되기 어려워졌다는 것이다. 이제 더 이상 아무도 힘들이지 않고 유물론자가 될 수는 없다. 유물론자가 되기 위해서는 우선 관념론자가 되어야 하고, 살기 위해서는 죽은 자가 되어야 한다는 것, 이것이 내가 심란한 시대에 심란한 영화를 보며 인간과 세계, 그리고 초월에 대해서 내린 작은 결론이다.[‡]

‡ 2001년 9월 〈현대문학〉에 실린 글이다.

찰나의 행복보다는 '소소한 근심'을
누리며 살기를 원한다

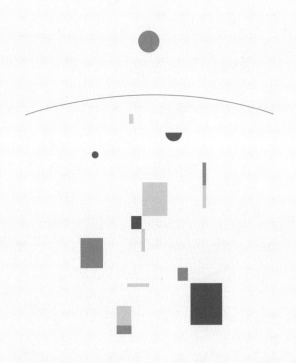

인간이라는 복잡한 존재

— 〈도무스 코리아domus korea〉 송길영과의 인터뷰

사상사 연구자로서 "모든 것을 연구나 사유의 대상으로 삼아온" 김영민은 세상에 대한 관점을 촌철살인의 필력으로 사람들에게 전해주어 세상을 매료시켰다. 문화에서 일상에 이르는 그의 방대한 관심과 조예에 대해 소셜 빅데이터 전문가로서 사람의 마음을 해석하는 일을 해온 송길영이 묻는다.

자청해서 집중하는 시간

송길영(이하 송)   영화를 굉장히 좋아하시고, 글로 감상을 남기기도 하세요.

김영민(이하 김)   특별히 영화만 좋아한다고 하시면 잘 모르겠습니다. 다른 걸 좋아하듯이 영화도 그런 거죠. 그래서 영화관에 가는 것도 좋아합니다.

송   그러면 넷플릭스가 아니라 정말 영화 관람 자체를 즐기시는 거군요.

김　　　네, 두 시간 동안 자발적으로 강제되는 느낌이 괜찮
았어요. 집에서 텔레비전을 보면 아무래도 주의 산만해지니까
요. 자청해서 집중할 수 있는 시간을 특별히 더 좋아하는 편입
니다. 그렇지만 영화, 그림 다 좋아하는지라 무언가 보는 것을
좋아하는 거죠.

송　　　어떤 장르를 좋아하세요? 가리지 않으시나요?

김　　　다 봅니다. 정말 무서운 영화는 예외적으로 피하지만
요. (웃음) 그리고 안 가리고 보는 게 굉장히 중요한 것 같아
요. 한 사람*만 보는 습관을 버리고, 책을 볼 때 그 줄*만 보겠
다는 태도와 비슷한데 그냥 걸리는 대로 보는 탓에요. 영화제
에 간다면 그럴 수도 있죠. 물론 어떤 기준으로 골라진 영화들
이긴 하지만, 그래도 보지 못했을 것들을 보게 되어요.

송　　　실제로 영화를 찍어보고 싶다는 생각은요?

김　　　조감독으로 독립영화판에 있었어요. 흑역사다 보니
자세한 이야기는 안 하겠습니다. (웃음)

송   전업으로도 영화 일이 되어야지, 라는 생각을 해보셨던 거예요?

김   젊었을 적 앞길을 모색하던 시기였어요. 그런데 영화판은 기본적으로 자본과 결합되어야 하는데 저는 자본이 없었으니까요. 시각이나 예술 쪽을 고민하던 중 학문 쪽으로 지원해주는 장학재단 시험이 있었어요. 합격하고 봤더니, 학생에게 매우 큰돈이었어요. '이런 돈은 쓰고 봐야겠다' 싶어서 갔죠. 그다음부터 제 인생이. (웃음)

송   좋아하시는 영화 감독이 있나요?

김   다른 것과도 마찬가지지만 누군가를 전폭적으로 좋아하거나 그러지는 않는데요. 굳이 말하면 데이비드 크로넌버그David Cronenberg겠습니다.

송   만화 좋아하세요?

김   그럼요.

송   어떤 만화가의 어떤 작품을 좋아하세요?

김   만화도 안 가리는데요, 책에 쓰긴 했습니다만 김진태 만화가의 〈보글보글〉이라는 작품이 있습니다. 작가의 초창기 걸작인데 충분히 평가받지 못했다는 생각에 기회가 있으면 열심히 말하고 다녀요. 제 개인 홈페이지에 '필견의 만화 리스트'라 해서 수백 편 올려두기도 했습니다.

송   혹시 넷플릭스에서 그것 보셨나요? 샐러리맨이 디저트 좋아하는 이야기가 있는데요.

김   저희 집에 넷플릭스가 없습니다. 중독될까 봐서요. (웃음)

송   그렇군요. 제가 넷플릭스를 보기 시작해서, 〈매드맨〉은 시즌 7까지, 〈나르코스〉는 시즌 4, 그다음에 〈모던 패밀리〉는 시즌 8까지 보고서 거의 폐인이 되었어요. (웃음)

김   그렇게 되더라고요. 한 번 맛들이면 못 빠져나옵니다.

'세상의 모든 것'을 사유의 대상으로 삼다

송 공부하신 주제가 중국 송나라 시대라는 말씀을 들었습니다.

김 잘못 들으셨습니다. (웃음) 흔히 있는 일이죠.

송 그러면 어떤 공부를 하신 건가요?

김 16세기의 중국입니다.

송 그 당시에는 어떤 일이 있었어요, 16세기의 중국에서는?

김 인간사에서 가능한 모든 일이 일어났지요. 16세기 이전, 15세기는 의욕적으로 강한 국가를 추구하며 성립했던 명나라가 무너지기 시작한 시기입니다. 대질문은 '국력이 약화되었음에도 어떻게 공적 질서를 유지할 수 있을 것인가'였습니다. 국가가 약화되는 현상을 돌이킬 수 없더라도 공적 질서를 포기할 수는 없으니까요. 그 방책을 찾던 시기를 연구했습니다.

송   한명기 교수님 강연을 들었는데 병자호란 이야기를
깊이 하시더라고요. 그때 교수님 말씀이 '지금 미국과 중국 간
싸움이 그 당시 명나라, 청나라와 다를 것 같으냐' 하시고는
강연을 끝내시는 거예요. 등골이 서늘했죠. 모두가 역학에 의
해 움직이지, 무슨 청나라와 우리나라의 관계가 나빠서 따위
로 움직이는 게 아니라는 뜻이었거든요. 미국에서 공부하셨을
때, 명나라 시대 당시 한국도 어땠는지 같이 보게 되시던가요?
공부를 그렇게 하시니 역학이라는 것을 더 큰 시야로 보시는
셈이잖아요.

김   아주 잘하는 분은 그렇게 하겠죠. 유학 와서 공부하
신 분들은 저와 비슷한 경험이시겠지만 대부분 그런 생각 할
여유가 없습니다. 술 마시다 이야기한다면 모를까, 목전에 놓
인 공부 하기 급급했죠. '얼른 숙제하고 졸업해서 바보는 면해
야지' 하는 생각이 압도적이어서요.

송   그런데 왜 하필이면 16세기를 공부하셨죠? 어떤 특
별한 이유가 있었나요?

김   이것 또한 비슷한 일을 해오신 분들은 아마 그렇겠지

만, 무슨 정교한 계획을 세워서 한다기보다는 대개 어떻게 하다 보니 하게 됩니다. 심지어 공부 주제뿐 아니라 연인, 글감, 우리가 하는 선택 대부분이 우연이거나 상당히 우연적이에요. 그래서 그걸 어쩌다 선택하게 됐는지에 별로 그럴싸한 대답을 갖고 있지 않아요. 오히려 인생에서 유의미한 질문은 '그걸 왜 계속하느냐'겠습니다. 건축사무소를 차린 연유를 여쭤보면 '어떻게 하다 보니까'가 답인 상황이 많고, 퇴사해서 독립한 이유를 여쭤보면 굉장히 사소한 사연들이 겹치죠. 다만 왜 계속 그렇게 하고 있느냐는 물음은 좀 더 다른 질문이겠죠.

송　　　반복되면 내재된 의지가 있었을 거라 추산할 수 있는 건가요?

김　　　무언가를 계속하는 것은 상당한 의지가 필요하거든요. 사람의 환경은 끝없이 변하기에, 일관성을 유지하는 데에는 상당한 에너지가 소모되니까요.

송　　　그렇군요. 처음 질문으로 돌아가 보면, 철학 전공하신 뒤 역사를 공부하셨고, 지금은 정치외교학부에서 공부를 가르치고 계세요. 누군가에게는 그 편린이 연결된 듯 보이겠지만 또 누군가는 그렇지 않다고 생각할 것 같거든요.

김   당사자가 보기에는 이어져 있고요. 다소 일반화해서 말하자면, 제가 배우던 시기만 해도 철학과에서 가르치는 '철학'은 사실 과거의 철학'사'였습니다. 지금은 좀 바뀌었겠지요. 그 당시 미국의 주류 학계는 철학을 그렇게 역사적인 학문으로 생각하지 않았어요. 현재의 철학적 문제를 탐구하고 필요한 경우 역사적인 고려를 할 수는 있지만, 역사적인 성격을 가진 공부는 기본적으로 역사학과 혹은 그와 비슷한 성격을 가진 학과에서 했으니까요.

송   공부할 대상은 내 주장이 아니라 예전에 흘러갔던 이야기였군요. 사상을 다루지는 않는 건가요?

김   이것도 어느 정도 일반화하는 이야기입니다만, 제가 하던 공부는 어찌 보면 한국에서 철학과에 속했겠지만 흥미롭게도 한국의 사학과 대부분은 사상사를 많이 다루지 않았어요. 정치사, 사회사, 사회경제사, 이런 게 주류인 시대였죠.

송   왠지 관념적인 형태의 공부를 하시다가 실용적인 분야로 가신 것처럼 보일 수도 있을 것 같아요.

김　　　이름만 보면 그런 인상을 받을 수 있죠. 본질적으로 같은 것도 이 나라에서는 이쪽 편제에, 저 나라에서는 저쪽 편제에 속하는 식이니까요. 그러니 밖에서 '왜 철학을 하다가 사상사를 하나' 싶더라도 실상 제 자신에게 그렇게 큰 변화가 있었다고 보기는 어렵습니다. 오히려 정치학과 어떻게 연결되느냐가 중요한 지점인데, 정치학이 무지하게 넓은 분야거든요. 비교정치, 국제정치가 있듯이 분과 가운데 하나로 정치사상이라는 분야가 있어요. 이 정치사상은 아까 말씀드렸던 사상사와 공집합으로 쓰이지 않습니다. 미국 대학 같은 경우는 교수직을 역임해도 정치학과, 역사학과, 철학과 등 연구 분야를 여러 군데 걸쳐두는 선생들도 많고, 저 또한 그렇게 속해 있었습니다. 이런 사례를 우리나라만큼 희한하게 여기는 경우도 잘 없고요. 어찌 보면 미국스러운 현상이지만, 그러다 보면 한국의 정치학과에서는 '이 사람은 우리와 관계 있나' 하실 수 있겠죠. 현재 재직 중인 서울대학교는 그런 공집합으로 일할 수 있는 곳이라 생각했고, 그분들도 제가 할 수 있다고 생각하신 덕분에 저도 직장을 얻은 거죠. 대학생 때부터 무슨 '철학 쪽을 스치고 사상사를 살짝 건드린 다음에 정치학과로 가 볼까'

식으로 계획하지는 않죠. 그저 재미있다고 생각하는 부분, 할 수 있다고 생각하는 부분을 하다, 이런저런 우연과 환경을 따라가다가, 지금 이렇게 있는 거죠.

송 평론으로 등단하셨더라고요.

김 네, 옛날에요.

송 그러면 문인이시잖아요.

김 등단하면 문인인가요?

송 그럼요. 등단이 얼마나 어려운데요.

김 (웃음) 처음 듣는 이야기네요. 제가 되는 걸 보면 그리 어렵지 않은 일일 수도 있습니다.

송 관심사가 문화 콘텐츠에 있으신 것 같아서요. 범주가 철학, 하면 왠지 어려워 보이고요. 정치, 하면 드세 보이고요. 등단, 하면 글 쓰는 고뇌가 느껴지는 것 같아요. 막상 만나보

면 굉장히 재미있게 말씀해주시고, 글에도 유머가 있단 말이
죠. 교수님 본인이 생각하시기에 어느 쪽이신 거예요?

김　　　제가 어떻게 알겠습니까. 그런데 이걸 나눠진 것으로
말씀하셨는데, 사상사 연구자 입장에서 보면 그리 나눠지지도
않습니다. 이 지점이 사상사라는 분야의 매력이기도 한데, 모
든 것을 연구나 사유의 대상으로 삼습니다. '세상의 모든 것'
을 말이죠. 그러니 근본적으로 다학제적일 수밖에 없습니다.
사상사를 고전 읽기로 출발하는 모델이 있는데, 일종의 인류
학적 터닝 포인트를 지나면서 세상의 여러 사물과 일반, 즉 고
전이 아닌 것까지 확장해왔습니다. 사상사를 연구하는 사람들
은 기본적으로 고전도 보지만 이를테면 옛날 그림이나 편지도
다 분석 대상입니다. 만약 제가 영화, 미술, 건축, 그 어떤 것이
든 분석이나 해석한다 해도 기본적으로 사상사 연구자들은 사
상사 본령 안에 있는 일로 이해할 거예요. 실제로 지금 해외에
서 편집 중인 책 가운데 건축을 대상으로 하는 사상사 책도 있
어요. 가장 흔하게 고전에 대한 사상사 학자들을 떠올릴 수 있
고, 지난 몇십 년간 많이 늘어났던 흐름으로 회화에 대한 사상
사 저작들도 여럿 있고, 이제는 점점 확장해서 건축도 대상으
로 삼는 거지요. 업계 용어로 '의미사로의 전환'이라고 하는

데, 어디에든 무엇에든 대부분 어떠한 의미나 사상이 깃들어 있으니까요. 이런 차원에서 세상에 존재하는 거의 모든 것들이 곧 해석 대상이고 해석하는 것이 또 일이기 때문에, 저는 그 모든 게 수렴되는 위치를 가진 입장이 되지요.

글 쓰는 일에 관해서는 결과물을 낼 때 스타일을 유지해야 합니다. 다 그렇지는 않지만, 사회과학계 용어를 빌리자면 기본적으로 이 업계는 양적 접근을 통해 과학적인 작업을 한다기보다 질적 접근을 합니다. 결과로 드러나는 논문이나 글도 결국은 수식보다 문장을 사용하기 때문이죠. 따라서 가능한 한 문장을 비교적 잘 이해할 수 있고 앞뒤가 맞는 등 스타일 있게 쓰는 것이 중요한 덕목 중 하나입니다. 이런 관점에서라면 그저 제가 하는 일을 하는 것이죠. 나름의 질서를 가진, 통합되는 일들이라고 생각을 합니다.

송   범주와 시대가 전부 다 열려 있는 글쓰기를 하시는 거잖아요.

김   하는 일이 좀 그런 성격입니다.

송   흥미롭네요. 저희는 사람들 데이터를 관찰하는 직업이라 그야말로 갑남을녀의 일상을 보는 것이 일입니다. 민족지ethnography에서 해왔던 접근법을 취해왔는데, 기존 접근법에서 질적 연구의 기본은 곧 양적 연구를 할 수 없다는 점이 어려웠거든요. 그래서 저희는 이를 연결시켰습니다. 줌아웃해서 통계를 낼 수도 있고, 줌인해서 한 사람의 일상을 볼 수도 있어요. 이러한 방식을 새로운 운용법으로 간주하고 '네트노그라피netnography'라고 일컫습니다.

김　　　역사에서도 빅데이터 이야기가 있지만, 흔히 말하는 사상사는 자료를 양적으로 많이 모아서, 다양한 통계 기법을 이용하죠. 문학 연구 같은 데서조차 그렇습니다. 타 분야와 차이점이 있다면 최종에 가서는 결국 해석을 해야 한다는 것이죠.

송　　　맞습니다. 저희도 똑같아요. 그 속에 들어 있는 층위를 추상화하거나 개념화시키는 작업들은 해석자가 위험 부담을 지거든요. 그런데 현재 남아 있는 문헌은 옛날 그 시대의 지식인이 남긴 산물이잖아요. 예전 방식의 글쓰기를 생각해보면 당시 이러한 글을 저술할 수 있는 사람 수가 나름으로 정해져 있었습니다. 역사는 남겨진 기록을 보는 것이니, 이 문헌들을 현재에 와서 해석한다면 메타-메타가 될 텐데요. 그렇다면 우리가 이해할 수 있는 것은 상당히 높은 수준의 지적 활동을 했던 사람들의 정보를 보는 건가요?

김   지금까지 사상사의 주류가 그런 것이었습니다. 문서 작업을 하는, 소위 엘리트들이 그걸 남긴 사람들이었으니까요. 하지만 이제는 다양한 방식으로 옛날의 소위 피지배계층에도 접근하려는 시도가 이루어져왔기 때문에 그 범위가 반드시 국한된다고 보기는 어렵습니다.

송   예를 들어서 서한문 같은 것들인가요?

김   네, 서한이나 일기문은 기본이고요. 다양한 이미지뿐만 아니라 이야기나 설화 등도 분석 대상으로 삼습니다. 그 시대에 해당되는 일종의 흥미로운 대표성이 내포되어 있어요. 예컨대 우리나라 전국을 돌면서 무당들이 굿을 처음 시작할 때 읊조리는 이야기를 다 모아서 텍스트로 옮긴 경우가 있습니다. 굿은 일반에 해당되는 많은 이들을 대상으로 퍼포먼스를 펼치는 성격이 크기 때문에, 그걸 매개로 하면 사실 단체 엘리트층에만 국한되지 않을 수 있죠. 시작은 엘리트층이었다고 하더라도 이런 식의 다양한 접근법이 있습니다.

송　　멋지네요. 저희와 같은 일을 타임머신을 타고 가서 하시는 것 같아요. 저희는 20년 데이터가 있어요. 200년 데이터는 구글이 만든 엔그램 서비스가 있겠고요. 그런데 교수님은 때에 따라 500년 내지 1000년 전의 것들도 보시는 눈을 가지신 거네요.

김　　제가 그렇다기보다 저를 포함한 연구자 분들은 그런 눈을 갖고 싶어 하는 사람들, 갖고 싶은데 못 가져서 괴로워하는 사람 정도죠.

송　　그러려면 언어도 알고 계셔야 하고, 문자 해석도 가능하셔야 한다는 뜻인데요. 당시에 쓰이던 기호와 상징의 의미를 파악하려면 그것들이 통용되던 시대적 환경까지 이해할 수 있어야 하잖아요.

김　　그렇습니다.

송　　지난 〈노마딕〉 호에서 장남원 교수님과 했던 대담 내용 중에, 도자기 양식을 몇십 년 단위로 맞히실 수 있다는 말씀이 너무 재미있었어요. 정말 그쪽 분야에 해박해야 가능한 일이거든요. 장 교수님은 미술품이라는 한정된 분야에서 이야기해주셨다면 지금 김 교수님은 일상사까지 전부 확장하신 것인데, 너무 어렵지 않으세요?

김   어렵죠. 어렵습니다. 그게 질문이라면 어렵다, 이렇게 답할 수 있겠네요. (웃음)

송   놀랍네요. 인류학적 접근법이 역사에서 가능하며, 이를 기반으로 사상의 변천을 연구한다는 건 엄청난 아이디어입니다. 이런 생각을 처음에 하신 분은 대체 누구시죠?

김   사실 학문 전반에 있어서 인류학적 전환이 20세기에 많이 이루어졌습니다. 꼭 역사만 그런 것은 아닙니다만 사람들도 처음에는 엘리트들의 사고에만 관심을 갖다가 점차 영역을 넓게 되었죠. 어느 누구 한 사람이 시작했다, 라고 말하기 어려울 정도로 광범위하게 시작된 현상이에요.

'추석이란 무엇인가'는 무엇인가

송   칼럼 이야기를 해볼게요. "추석이란 무엇인가"라는 칼럼이 큰 박수를 받아서, 교수님께 '칼럼계의 아이돌'이라는 명칭까지 생겼어요.

김　　이 질문 안 하셨으면 굉장히 쿨했을 텐데. 하시고야 마시는군요. (웃음)

송　　반드시 해야 합니다. 메시지나 이메일을 엄청 받지 않으셨어요? 교수님 이메일 주소도 공개되어 있잖아요. 어느 부분에서 그 글이 가장 많이 공감받은 건가요?

김　　감상은 사실 읽은 사람에게 물어봐야 가장 정확할 텐데요. 저도 잘 모르겠지만 시의적절했다는 면도 있을 테고요. 명절은 다른 때보다 더 기뻐야 한다는 기대감이 올라가기 마련인데, 괴로운 수준은 더 심하죠. 이 간극이 심하다는 데에 꽤 공감하고 계신 것 같고요. 또 하나는 '글이 재미있다, 웃긴 사람이네?' 하는 반응도 있었고요. 세상에 알려진 무언가도 어느 수준까지는 설명이 되다가 나중에는 그냥 유명해서 유명해지는 게 있잖아요. 그런 식으로 일정 수준에 이른 다음에는 눈덩이 붇듯이 굴러갔다고 생각합니다.

송   '칼럼계의 아이돌'이라는 말을 들으면 어떤 생각이
드세요?

김   그것 혹시, 쓰실 기회가 있으면 명백히 밝혀주셨으면
합니다. 절대 제 입으로 한 말이 아니에요.

송   그거야 당연하죠. (웃음)

김   네, 잊을 만하면 꺼내시니 참 난망해요. 신문 기자가
처음 쓴 말이었는데, 기자 입장에서야 듣는 사람 기분이 어떻
건 본인이 한 번 써서 재미있으면 계속 쓰시잖아요. 처음에는
곤란해하다가, 언론계 용어로 '미다시'라고 해서 본인들 권역
으로 여기시니 제가 뭐라고 하는 데에 한계가 있죠. 비슷한 경
우로 제가 칼럼을 쓰더라도 제목은 제 것이 아니고요.

정당화를 필요로 하는 복잡한 존재

송   옛날에 사람들이 자기 생각을 펼치는 행위라면 막걸
릿집에서 술 먹고 떠들거나 용기 있는 대학생들이 대자보 쓰
거나 하는 일이었잖아요. 지금은 끝도 없이 인터넷에 뭔가를

올리고 있고, 포털 사이트 같은 경우는 우익들의 글이 더 많이 올라와요. 요즘은 작전을 짜기도 하고, 자신의 의견이나 주장을 표출하는 장, 그 자체가 커지고 있거든요. 이렇게 되면 뭐가 더 바뀌거나 나아지거나, 이런 경로를 통해서 현실 정치가 움직이는 일이 생길 수 있을까요?

김　　　나아질지 어떨지는 그다음에 무엇을 하느냐에 달렸습니다. 중간에 플랫폼 역할을 하거나 대의정치를 하도록 역할을 하는 사람들이 그 에너지를 어떻게 채널링하고, 걸러낼지에 달렸죠. 모든 사람이 시인이라 그 모든 사람이 시집을 출판한다고 생각하면요.

송　　　읽을 사람이 없는 거죠.

김　　　그렇죠. 어떤 것을 골라 읽어야 할지 모르게 되니까요. 마찬가지로 사람들이 의견을 표출하는 것까지야 자연스러운 일이지만, 그것들을 어떻게 다시 논평하고, 대단한 논의를 이끄느냐가 중요하죠. 이후에 이어지는 행동에 정치가 좌우되지 현상 자체만으로는 잘될 수도, 안 될 수도 있는 일이죠.

송   그런데 주장이 명문화되고 계측화될 수 있으면 그 자체가 압력으로 행사될 수도 있고, 구체화된 주장이 정책에 반영될 수도 있잖아요. 나쁘게 이야기하자면 결국 위정자 분들은 힘을 잃는 거거든요. 대의정치라는 게 필요한지에 대한 근원적인 문제까지 나올 수 있을 텐데요.

김   규모상 매개 장치는 있을 수밖에 없습니다. 위정자라고 부르든 뭐라 부르든, 그 사람들이 다중과 직접 만난다는 건 불가능하잖아요. 그러니 누군가는 대의를 할 수밖에 없는 거죠. 결국 매개 과정의 질에 따라 정치가 좌우되지, 이것만 갖고서는 어떤 변화로 이끌지 단언하기 어렵습니다.

송   현재의 대의정치는 민의보다 권력을 가진 사람들이 더 하고 싶은 대로 하는 시스템이 아니냐, 민중의 뜻을 실제로 반영하고 있느냐, 이런 음모론 내지 자조론이 많이 나와서 드리는 말씀이었어요.

김   그런데 또 그 사람들이 그렇게나 무소불위일 여지도 잘 안 보여요. 굉장히 강력하고 대단하고 멋있을 것 같지만 적당히 지질하고 적당히 무능할 겁니다. '좌지우지한다'는 말은 사람들이 투사한 이미지일 가능성이 있죠.

송　　유발 하라리가 '시스템이 너무 복잡해서 개인은 전체를 볼 수가 없다. 우리는 마구 살고 있는 거다'라는 취지의 이야기를 했었어요. 정치나 사회도 마찬가지이고 이제는 우리가 다 모를 만큼 복잡해진 건가요?

김　　적어도 다 알 수 있을 만큼 간단하지는 않은 것 같아요. 더 모를 사연들이 있기도 하겠죠.

송　　그러면 교수님, 이 시스템이 굉장히 불안정한 것 아니에요? 우리는 얼추 잘되고 있으리라 믿고 있는데, 생각보다 그걸 전체로 관여하는 사람이 없다면 말이에요. 영화 〈매트릭스〉를 보면 아키텍트가 있고 오라클이 있는 것처럼, 우리는 어떤 전체를 보는 사람이 있다고 상정하거든요. 그런데 그 자리에 아무도 없다면?

김　　반면 그게 있는 경우가 오히려 드물다는 관찰들이 있죠. 예컨대 우리의 뇌도 일종의 관제탑으로 생각하지만, 연구자들에 의하면 딱히 그렇지도 않다는군요. 뇌는 뇌 스스로가 관제탑이라는 '환상'을 심어주는 것에 상당히 능하고, 실제로 제어하는 능력은 굉장히 떨어진다고 해요.

송   (웃음) 많은 질문이 사라졌어요. 다들 즉흥적으로 막 살고 있었네요.

김   그런 의미는 아닙니다. 사람의 행동을 결정하는 요인은 그만큼 다양하다는 뜻이고, 이데올로기든 뭐든 어느 하나로 단조롭게 정리할 수 있다는 환상은 실제로 벌어지는 일과 거리가 있다는 뜻이에요. 충동에 맡겨서 마구잡이로 살 수 있다면 도인에 가깝다고 봅니다.

송   제가 알고 있는 의도된 삶에 대한 근본적인 회의가 들기 시작했어요. 이건 십분 이해해요. 왜냐하면 유명인들의 루머를 확인해보면 아닌 경우도 많거든요. 만들어진 루머들은 수도 많고 심지어 그럴싸한데, 막상 본인에게 확인해보면 아닌 것들이 많아요. 의도가 없었거나 사실이 아닌 것들도 집합적으로 만들어진 거죠.

김   기사를 쓸 때도 그렇지만 '의도' 그리고 '원인'이라는 말을 주의하는 편이 좋다고 생각합니다. 원인도 관계가 있고, 의도는 이후에 벌어진 행동이나 사태의 원인으로서 보기 때문에 자꾸 여기에 주목하게 됩니다. 이것도 업계 전문가들이 연구해보면 인과론은 상당히 자의적이라는 거죠. 우리가 실험 같은 검증 과정을 통해서 발견할 수 있는 건 상관관계에 불과하거든요. A와 B 사이에 일정한 관계가 있다는 것까지는 어느 정도 밝혀냈어도, 이게 정말 결과의 원인인가를 밝혀내는 경우는 드뭅니다. 누군가 그걸 원인으로 만드는 데에는 상당히 정치적인 목적이 있다고 봅니다. 부부싸움 할 때마저 '내 인생이 이렇게 개판인 건 너 때문이야'라며 싸우기 일쑤잖아요. (웃음) 가만 생각해보면 '인생이 개판'되기 위해서는 얼마나 많은 요인이 있겠습니까. 물론 상대와도 상관관계는 있겠지만, 대개는 한 사람에게 상대 인생을 좌우할 만큼 원인으로 기능할 힘이 있느냐고 묻는다면 사실은 잘 알 수 없죠. 다만 '네가 원인이야'라고 할 때는 책임을 몽땅 떠넘기고 싶은 마음, 그 사람을 괴롭히고 싶은 마음이 강한 거죠. 신문기사나 이런 걸 쓸 때도 그렇습니다. 그게 어떤 원인을, 사람을 지목하고 천사화하거나 악마화하면 지지자나 반대자들이 갈라서고, 열정이 솟아나 바깥으로 뛰쳐나가고 하지요. 그런 것에 경도되는 건 이해하지만 실제로 벌어질 때의 의도나 원인은 과대평가되고 있다고 생각합니다.

송   코릴레이션Correlation(상관관계)과 코절리티Causality(인과관계)를 이야기할 때, 코절리티를 선호하는 까닭은 설명할수 있으면 안심되기 때문이라고 해요. 그걸 모르면 불안하기때문이라고 이야기하더라고요. AI가 코릴레이션만으로 도는엔진인데, 그러다 보니까 인간이 불안해요. 그래서 요즘 XAI라는, 설명 가능한 인공지능explainable AI이라는 게 나오기 시작했어요. 사상사를 연구하시니까, 그런 측면에서 사상이라 함은 우리가 했던 행위의 총합을 설명하는 방식인 건가요?

김   사상사에서 사상을 다룰 때 인간상을 전제하고 있습니다. 인간은 완전히 사상이나 이념으로만 움직이지도 않으며, 완전히 물질적 동기나 경제적 이해로 움직이지도 않는, 그런 어느 하나로 환원되지 않는 존재로 다룹니다. 사람마다 차이가 있겠지만 일부 경제학적 모델에서는 사상이나 아이디어의 비율이 적을 수도 있고, 다른 철학 연구자 입장에서는 사상의 비율이 클 수도 있는 등 여러 극단을 상상해볼 수 있습니다. 사상사, 제가 공감하는 사상사에는 그게 다 있다는 것이죠. 정당화를 필요로 하는, 복잡한 존재인 겁니다. 쉽게 예로 들면 두 사람이 결혼하려는데 세속적인 관점에서 보면 '돈이 많은 사람이라 결혼하나 보다'라며 비판받는 상황이 있어요. 하지만 정작 당사자는 경제적인 걸 고려하면서도 "돈만 보고 결혼한다는 건 창피한 일이잖아. 나는 사실 상대의 인성도 보고 매력도 보는데" 하는 복잡한 존재라는 거죠. 스스로 정당화하기도 하겠습니다만. 인간을 그렇게 복잡한 존재로 볼 때, 사상은 신성시하지 않을 수도 있지만 동시에 무시할 수도 없는 것이죠. 예외적인 소수를 뺀다면 사람은 대부분 기본적으로 의미를 추구하는 존재이고, 그렇기에 사상의 역할이 분명히 있죠. 그러나 또한 그게 전부가 아닌 겁니다.

송 　　교육 시스템은 그런 생각의 얼개를 만들어주려고 노력하기 때문에, 학교에 다니며 국민교육헌장을 외우고 수많은 사건과 전쟁, 전통을 가르침 받아요. 그 시스템을 통해 단일화된 사고 체계를 희망하는 거잖아요.

김 　　그리고 머리가 크면 그걸 싫어하게 되지요. 국가는 통제를 원하는 성향이 있기 때문에, 국가 입장에서나 그렇지 대개 실패하죠. 그러다 보니 이렇게 좀 약간 어긋난 사람들도 있지 않습니까.

송   어느 분께서 그런 이야기를 들려주셨어요. 3년간 정신과 치료를 받으신 분인데 담당 정신과 선생님 말씀이 '이 세상을 살아가려면 안 미치고는 불가능하다'고, 그래서 오히려 정신과를 찾아오는 사람이 정상이고 그게 없이 살아가는 사람들은 정말 미친 사람들이라고 하시더라는군요.

김   일리 있는 이야기죠.

창의력은 거저 나오지 않는다

송   지금부터는 인터뷰로 낼 수 있는 게 얼마 안 나올 것 같아요. 제 개인적으로 여쭤보고 싶은 게 많아서요. 요즘 관료가 사회를 재단하고 기업을 양성하려 하고 있어요. 국가 단위로 펀딩을 하고 있거든요.

김   관료는 대개 창의적일 필요가 없는 그룹입니다. 나쁘다는 뜻이 아니라, 기본적으로 현상을 유지하고 루틴을 잘 관리하는 게 관료의 특성이자 덕목인 거죠. 그런데 말씀하신 그런 역할까지 맡고자 하는 모습은 어찌 보면 우리나라뿐 아니라 상당히 많은 국가에서 일어났던, 국가 주도의 역사를 떠올릴 수 있게 하거든요. 예컨대 러시아 정치연구자에게 들은 일례가 재미있었는데요. 보통 '시민 사회'라고 하면 국가와 명백히 분리되면서 동시에 공적 사안에 독자성을 가진 목소리를 내고 긴장 상태를 만드는 이들을 가리킵니다. 러시아에는 그런 게 아예 없다 보니, 정부에서 사람들을 불러다가 '돈도 주고 지원도 해줄 테니까 시민 사회 좀 만들어볼 수 없겠느냐' 한다는 거죠. (웃음) 그런 일이 일어난대요. 이게 참 그렇죠? 이것도 관련된 오랜 전통이 있어야 예상한 대로 굴러가고 워낙 그런 걸 해온 역사가 없으면, 결국 그걸 움직여내는 조직이 없으니까.

송 　　　　요즘은 관료 되기도 저희 때보다 훨씬 어려워졌어요. 2017년에 KBS와 같이 만든 프로그램 〈명견만리〉에 공시 쪽 이야기가 나온 적 있어요. 경쟁률이 어마어마했는데 제가 얼마나 놀랐느냐면, 40만 명이 준비하고 있대요. 노량진 가보시면 수험생들이 밤을 새는 광경을 볼 수 있어요. 이유가 교실에 앉는 자리 때문이에요. 교실이 앞뒤가 아니라 옆으로 넓으니까 가장자리로 갈수록 강사를 볼 수가 없어요. 그러니까 가운데 자리에 앉으려고 어떻게든 밤을 새고 티켓을 받아서 일주일 동안 여기 앉을 권리를 획득하는 거예요. 인터뷰하려고 찍는데 스무 살 남짓한 친구들이 앉아 있어요. 어떻게 왔느냐고 물으니 '고등학교를 졸업했는데 공무원이 되어야 먹고 산다고 해서 오게 됐다' 하는 이야기가 나오는 거예요. 그 정도로 이들은 열정적인 삶보다 안정을 원해서 관료로 왔는데, 이런 사람들이 역동성 있는 기업이나 국가의 새로운 프런티어frontier 같은 이야기를 할 수 있을지 회의가 드는 거죠.

김   어렵겠죠. 일단은 자연스러운 현상이에요. 불안한 때에 사람들이 최소한의 안정을 우선으로 확보하고자 하는 심리는 충분히 예상할 수 있죠. 대학생들 상당수가 로스쿨을 지망하는 심리와도 비슷하죠. 로스쿨에 진학하거나 로스쿨을 지망하는 학생들이 압도적으로 많은데, 좋아서 가는 학생들은 많지 않아요. 직원에게 동기부여를 할 때 '칭찬해주면 창의력이 촉진된다' 따위 이야기는 제대로 작동하기 어렵고, 위험 부담을 할 수 있을 정도로 최소한의 안전판이 있으면 그러한 방향을 설정하지 않는 경우도 많아지겠죠.

송   그래서 좀 견문 있고 생각이 깨어 있는 분들은 '그 역할을 국가가 해줘야 된다. 실패를 용인해주면서 더 나아갈 수 있어야 하고, 공부하는 친구들이나 직업이 없는 친구들도 최소한의 생계를 유지하게 해달라'는 말씀도 하시거든요. 그렇게 북유럽식에 가까운 형태를 교수님도 지지하시는 편이신가요?

김 우리나라의 복지가 그리 대단한 수준은 아니잖아요. '죽지는 않게 해줄게' 정도인데 그러면 그 누가 위험 부담을 하며 사나요. 그러니 복지 제도의 강화를 넘어서는 방안이 필요하겠죠. 복지는 인권 차원에서 필수이자 최소 요건을 확보하고자 하는 데에 그 목적이 있는 제도입니다. 따라서 안전판 이상의 수준으로 창의력을 발휘하려면 복지를 넘어서는 지원이 있어야 합니다. 구체적인 실현 방법은 생각해봐야겠지만요.

국가라는 애증의 대상을 사유하는 법

송 기본소득basic income의 전제조건 가운데 하나는 공무원 감축이라고 합니다. 누구를 줄지 선정하는 과정, 재원을 분배하는 과정에도 비용이 들기 때문에 그런 부차적인 절차를 모두 없애고 n분의 1씩 주자는 이야기죠. 그러니 한국에서 어려운 이유가 공무원이 반대해서 아예 안 될 거라는 이야기가 있어요. 정부는 왜 계속 커지는 거예요?

김　　　'커진다'고 하시면?

송　　　규모가 커진다, 확장된다는 이야기였습니다.

김　　　공무원 수를 말씀하시는 거죠? 이는 경제학자들이 주로 이야기할 주제인데 최근에는 어쨌든 일자리를 늘리는 차원에서 정부 크기도 늘어난 측면이 있어요. 다른 이유로, 일자리 창출을 위해 국가 규모를 키우는 게 합당한지는 경제학자들이 판단할 문제입니다만, 적어도 저는 무조건적으로 반대하지만은 않습니다. 전통적으로 우리나라는 국력이 강해본 적이 없어요. 여러모로 한반도에 그간 있었던 정부나 국가의 자원 동원력이 강했다고 보기는 어렵거든요. 세계사에서 참고했을 때 국가 자원 동원력의 척도는 기본적으로 전쟁 수행 능력 여부입니다. 한국 역사상 우리나라가 적극적인 주체로서 전쟁을 수행한 사례는 제한적이에요. 극적으로 변한 게 일제강점기입니다. 이는 소위 전쟁을 위한 총동원 같은 체험으로 확장된 힘을 겪은 것이죠. 자원을 가져다가 수치화한, 일종의 미증유 체험이었죠. 비극적인 일입니다만, 세계사를 보면 전쟁 이후 복지가 발전하거든요. 아무리 자원을 끌어모았어도 전쟁이 끝나고 나면 쓸 데가 없으니까요. '이걸 어디에 쓰나' 고민할 때

'복지에 쓰자'는 역사가 있어요. 복지는 기본적으로 많이 걷어서 부를 재분배하는 개념인데 그러자면 우선 자원을 걷는 능력이 있어야 하잖아요. 전쟁을 수행하면서 확장된 그 능력을 이제는 복지 제도 확충에 쓰는 거죠. 한국의 경우는 어땠는지 따져봐야죠. 현대사에서 적어도 국가가 확장하는 순간순간이 있었을 텐데, 그 필요가 사라졌을 때 남는 힘을 어디로 전향했을까 하는 질문들을 던져볼 수 있죠.

송   우리는 그런 사실을 전혀 배워본 적이 없네요, 교수님. 유럽사에서 교황과 국왕들 간의 알력 다툼, 푸거부터 메디치까지 항상 국왕은 국채를 발행하고 징발한 다음 갚지 않기를 반복했던 역사, 이런 이야기는 많이 들었거든요. 그런데 우리나라에서 전쟁 동원 능력을 기반으로 한 징발 능력을 들어본 적은 처음이에요.

김   말씀드렸듯이 국가를 상상할 때 빼놓을 수 없는 요소는 세금 수취 능력과 전쟁 수행 능력이죠. 다른 역할도 있겠지만 비교적 일반적인 현상으로 본다면요. 그래서 한국 국가를 논하는 데에서도 그 사안을 피해갈 수 없죠.

송   그럼 우리가 안보에 비용을 많이 내고 있다 한들 전쟁을 치러본 국가에 비하면 얼마 안 되는 거군요.

김   사실은 그러하지만 100퍼센트를 부담하는 것도 아니고, 설사 부담해야 한다고 하더라도 세금을 많이 걷는 필요와 이유를 인정하고 사회도 그렇게 바뀌어야죠. 그런데 사람들이 세금을 많이 내야 한다고 하면 거의 직관적인 거부감이 생기는데 이는 사회적으로 체험이 쌓여야 해요. '헛돈 내는 게 아니구나, 나에게 결국 돌아오는구나' 하는 경험치가 몇 번 쌓여야 조세 저항도 없죠. 일반화하긴 어렵지만 대체로 그런 점이 참 부족한 나라라고 할 수 있죠.

송   '헬조선'을 외치면서 '탈조선'하겠다는 사람들이 많고요. 거꾸로 세계 200여 개국 가운데 이 정도로 안전이 보장되고, 조세부담률이 낮은 나라도 없다고 생각하는 사람도 있어요. 왜 이런 형태로 국가에 대한 생각이나 합의가 안 되고 있는지 잘 몰라서 여쭤보았어요.

김   헬조선을 꼭 부정적으로만 쓰는 것 같지는 않아요. 제가 보면 한국이라는 나라에 애증이 있는 것 같습니다. 꼭 싫어하거나 미워하거나 좋아하거나 하는 것만이 아니라요. 헬조선이라는 말도 한편으로 정말 떠나고 싶은 느낌이지만, '헬' 자가 붙으면 또 멋있어 보이지 않나요? 그리고 한국 사람들에게 열정 같은 게 있잖아요. 밤새 놀고 밤새 가게에서 일하고, 치킨도 심야에 주문할 수 있죠. 여하튼 헬조선을 반드시 부정적으로 보기보단 긍정과 부정이 다 있고, 저희도 이곳에 애증을 갖는 거죠.

송   애증이라는 말 자체가 적절한 말씀이신 것 같아요.

김   우리는 국가를 미워하고 국가에 저항하는 데에 굉장히 익숙합니다. 하지만 국가는 가족이나 개인 간의 갈등을 매개할 조직을 상상하는 과정에서 탄생했기 때문에 사실은 요청한 개념에 가깝다는 게 이론가들의 생각입니다. 그러지 않으면 각자도생으로 살아야 하는데 어려우니까요. 국가가 강해지면서 우리에게 보다 익숙한 느낌은 국가에 맞서는 저항, 이런 것이 됐지만 국가 역시 애증의 대상인 거죠.

역사의 교훈을 얻겠다는 강박에서 벗어나야

송   그렇다면 교수님, 역사는 반복되는 거예요?

김   보통 학생들이 그렇게 물어볼 때면 '역사에게 물어
봐' 하죠. (웃음) 왜 나한테 그렇게들 어려운 질문을 하는지.

송   정치학과에서 역사를 연구하는 분을 원하는 이유가,
지금의 여러 가지 문제와 사회적인 해결 자체에서 교훈을 얻
으려는 동기 때문인가 해서요.

김   그도 그렇지만, '우리가 역사에서 교훈을 얻어야겠
다'라며 정교한 계획을 세웠다기보다 당대 트렌드에 따른 것
이기도 하고요. 주신 질문의 핵심은 '역사로부터 우리가 교훈
을 얻을 수 있느냐'는 뜻이지 않나 싶은데, 저는 거기에 강박
을 가질 필요가 없다고 생각합니다. 역사란 사람이 교훈을 얻
겠다고 결심하면 좀 망치는 분야거든요. 취업 면접을 망칠 수
있는 첩경은 반드시 붙어야 한다는 절박감이잖아요. 만약 친
구의 면접을 망치고 싶다면 "이건 정말 중요한 순간이야, 일생
일대의 다시 안 올 기회니까 절대 실수하면 안돼"라고 당부하

시면 되고요. (웃음) 역사 연구에서도 마찬가지로 '자, 나는 여기 역사학계에서 교훈을 뽑아내고 말 거야' 하는 태도는 사람에게 스트레스만 주고 역사를 오히려 못 하게 만들어요. 그러니까 순수한 지적 쾌감('순수'라는 말에 어폐가 있습니다만) 그걸 따라 공부하고, 가능한 한 헛소리를 하지 말고, 확실한 지식을 추구해보겠다는 마음이 어찌 보면 더 낫죠. 그렇게 해서 어떤 지식을 창출하고 나면 어떤 현실적인 필요를 느낀 사람이 그걸 사용하겠죠. 그 순간에 역사의 교훈이든 무엇이든 쓸모가 생겨나는 것이지, 교훈이 연구하는 과정에서 갑자기 떠오른다고 생각하지 않는 편입니다.

자유인으로 살아가는 게 제일 좋을까요?

송   이야기를 듣다 보니 그런 생각이 들어요. 조직과 시스템, 필연과 거기에 따른 의도, 이런 것들이 다 아니라고 말씀하고 계세요. 지금 계속, 자유인으로 살아가는 게 제일 좋다는 느낌을 받고 있어요.

김   아유, 저 옷차림부터 자유가 아닌걸요. 그런 것들을 과장할 필요가 없다는 이야기였죠.

송   한국에서는 존엄을 유지하고 살기가 너무나 어렵거든요. 나중에는 '자연인'이라면서 전부 다 산으로 가 있어요.

김   존엄을 지키고 살기가 어렵죠.

송   한국 사람들이 이렇게 힘든 것은 자유를 속박하는 데에 익숙해진 걸까요, 아니면 근대 사회에서 이런 일이 생겼던 걸까요.

김   인터뷰 끝났죠? 모릅니다. 제가 어떻게 알겠어요. (웃음)

‡ 이 글은 〈도무스 코리아〉(2019년 겨울호 N.04)에 실린 소셜 빅데이터 전문가 송길영과의 인터뷰 전문이다.

행복보다 소소하게 불행한 삶을
꿈꾸는 이유

— 〈신동아〉 송화선 기자와의 인터뷰

거칠다. 불편하다. '쎄다'. 영화 〈박화영〉에 대한 인상이다. 가출 청소년의 삶을 다룬 이 작품은 거의 모든 대사가 욕이다. 주인공들은 무시로 담배를 피우고, 물리적, 정서적 폭력을 주고받는다. 〈박화영〉의 세계에서 인간은 잔인하거나, 비열하거나, 너절할 뿐이다. 그 실상이 상영 시간 내내 관객의 심장을 옥죈다. 정치사상 연구자 김영민 교수는 왜 이 영화를 세상에 소개하고 싶었을까.

"영화가 많이 쎄죠?"

〈박화영〉에 대해 이야기 나누기로 하고 마주 앉았을 때 김영민 서울대 정치외교학부 교수가 처음 한 질문이다. "사실 좀 놀랐다"고 하자 그는 "나도 그랬다"고 했다.

"하지만 영화를 다 보고 나면 그런 장면들이 필요했다는 생각이 들지 않나요?"

김 교수가 다시 물었다. 고개를 끄덕일 수밖에 없었다.

알 '필요'가 있지만 외면하고 싶은 현실. 〈박화영〉은 바로 그것을 보여주는 영화다. 김 교수는 대중적으로 널리 알려지지 않은 이 작품을 좀 더 많은 이가 찾아보면 좋겠다며 입을 열었다.

김 교수는 요즘 우리나라에서 가장 핫한 칼럼니스트 중 한 명이다. 신문 잡지에 기고하는 글마다 소셜네트워크서비스 SNS 등에서 화제가 된다. 9월 추석을 앞두고 발표한 "'추석이란 무엇인가' 되물어라"라는 칼럼이 특히 히트를 쳤다. 명절 때 가족이 모이면 으레 벌어지는 관행적 무례를 꼬집는 내용이다. 이후 젊은 층을 중심으로 그의 과거 칼럼을 찾아 읽는 일종의 팬덤이 생겼다. 한 언론사는 공식 홈페이지에 '(김영민 교수의) 지난 칼럼 정주행을 원하신다면……'이라는 링크까지 만들었다.

김 교수는 "요즘 언론사 인터뷰 요청도 종종 받는다"고 했다. TV프로그램 출연 제안도 있다고 한다. 그때마다 거의 매번 "잘생기지도 않은 제가 무슨……" 하면서 거절해온 터다. 그가 〈신동아〉 인터뷰에 나선 건 "영화를 출발점 삼아 다양한 얘기를 나눠보자"는 제안에 흥미를 느꼈기 때문이다.

널리 알려지지 않았지만 김 교수가 처음 필명을 떨친 분야는 영화평론이다. 1997년 〈동아일보〉가 국내 종합일간지 중 최초로 신춘문예 영화평론 부문을 만들었다. 이때 당선자가 바로 김 교수다. 당시 그는 미국 하버드대 대학원에서 정치사상사를 공부하고 있었다. 논문자격시험을 치르고 잠시 귀국한 참이었다. "학위논문을 쓰기 전에 한 템포 쉬고 싶다는 생각"

에 영화제작을 배우고, 동료들과 영화를 만들어보기도 했다고 한다. 그러다 신춘문예 소식을 듣고, 영화 〈안토니아스 라인〉에 대한 평론을 써 보냈다.

김 교수는 당시 당선 소감에서 "나는 영화의 완성도에 대해 가타부타하는 데는 그다지 관심이 없다. 내가 관심 있는 것은 영화를 매개로 내 곁의 사람들과 함께 사는 일에 대해 떠드는 것"이라고 했다. 이후 하버드대에서 박사학위를 받은 그는 정치사상학자가 됐고, 미국 브린모어대 교수를 거쳐 2006년부터 서울대 강단에 서고 있다. 바쁜 일상 때문에 영화제작 또는 평론에 본격적으로 뛰어들지는 못했다. 하지만 여전히 영화를 보는 것, 그리고 그것을 매개로 '사는 일에 대해 떠드는 것'을 남달리 좋아한다.

김 교수가 '함께 얘기 나눠보고 싶은 영화'로 〈박화영〉을 꼽은 것만 봐도 알 수 있다. 〈박화영〉은 2018년 7월 개봉 후 평단과 마니아들 사이에서 적잖이 화제를 모은 작품이다. 하지만 예술영화 전용극장 위주로 상영돼 대중의 관심을 얻진 못했다. 김 교수도 "〈박화영〉을 본 뒤 인상적인 부분이 많아 강의 시간에 얘기를 꺼냈는데 학생들이 영화 존재 자체를 모르더라"고 했다.

"나는 개봉 영화를 늘 체크한다. 볼 만하다 싶은 건 다 챙겨 보는 편이다."

"이 영화의 주인공들이 처해 있는 완전한 무질서 상태에 눈이 갔다. 정치사상 연구자는 사람들이 어울려 사는 공동체에 주목한다. '인간이 무질서 상태에서 어떻게 질서 상태로 이행하는가'가 정치학의 큰 주제 중 하나다. 우리가 현실에서 완전한 무질서를 경험하기란 쉽지 않다. 보통은 상상에 그친다. 그런데 〈박화영〉에 바로 그게 있더라. 영화를 보면서 '우리 사회의 어떤 사람들은 실제로 무질서를 경험하고, 거기서 어떤 형태로든 정치 상태로 이행하는구나'라는 걸 느꼈다."

영화 〈박화영〉의 주인공 화영은 이른바 비행 청소년이다. 등장부터 거친 욕설을 쏟아낸다. 엄마에게 칼을 휘두르며 돈을 요구하고, 담배를 피워 문 채 교무실에 들어가 자퇴 의사를 밝힌다. 경찰도 그에겐 못 당한다. 경찰이 막으려 들면 "어디를 만지냐"며 오히려 패악을 떤다. 혼자 사는 화영 집엔 그와 다를 바 없는 가출 청소년들이 모여 든다. '아이들'이 그들만의 새로운 질서를 만드는 장소다.

대장은 주먹을 휘두르는 영재. 미정은 그와 사귀며 여왕 노릇을 한다. 남자는 힘, 여자는 성性적 매력을 무기로 삼는 세계에서, 덩치 크고 예쁘지 않은 화영은 존중받지 못하는 존재다. 무료로 제 집을 내놓고 밥까지 차려주며 자기 가치를 확인하려 들지만 돌아오는 건 멸시와 비아냥뿐이다. "집 있어서 몇 번 어울려줬더니 니가 보기엔 내가 친구 같냐"는 소리를 들어도 웃음으로 넘겨야 한다.

관객은 가정, 학교, 공권력 등 기성 질서 앞에서 거칠 것 없이 용감하던 화영이 영재에게는 대들려는 시도조차 못 한 채 얻어맞을 때, 불안하게 흔들리는 그의 눈동자에서 화영에게 강요된 새로운 질서를 본다. 그는 '가출팸'의 피식자, 먹이사슬의 말단에 있는 존재이며 도리 없이 그것을 받아들인다.

보통은 이 영화에서 가출 청소년 문제의 심각성을 볼 것 같다. '정치의 탄생'을 생각하는 게 새롭다.

"물론 사회 안전망에 대한 고민도 하게 된다. 동시에 이 영화가 정치학이나 정치사상의 핵심 주제를 건드리고 있다고 보는 거다. 사람은 죽지 않는 한 어떤 식으로든 질서를 만든다. 〈박화영〉에서 기존 질서 밖으로 튕겨나간 아이들이 그러하듯 말이다. 질서를 싫어할 수는 있지만 그것에서 완전히 벗어나기 어려운 게 인간 조건이라면, 우리는 어떤 질서를 만들어야 하는가에 대해 좀 더 진지하게 고민해야 한다.

권력에 대해서도 마찬가지다. 우리는 권력을 싫어하는 데 익숙해져 있다. 하지만 인간 사회에서 권력은 불가피하다. 그렇다면 무작정 싫어할 게 아니라 어떻게 선용할 것인가를 생각해야 하지 않을까. 이런 것이 정치학의 주된 주제라 〈박화영〉을 강의 교재로 사용할 수도 있겠다 싶었다.”

권위적 기존 질서에서 탈주한 화영이 결국 더 거대한 폭력 안에 갇히는 걸 생각하면 가슴이 먹먹하다. 인간 사는 게 그렇다고 생각하면 어쩐지 쓸쓸하다.

“많은 사람이 기존 질서를 거부하고 대안을 원하지만, 대안을 만드는 건 매우 어렵다. 〈박화영〉은 그 사실을 깨닫게 한다.”

현대 한국 사회의 단면을 포착한 영화가 정치사상 설명의 텍스트가 되는 게 흥미롭다.

“정치사상은 철학과 정치학을 매개하는 학문 분야다. 철학자는 추상적인 사고를 하는 경향이 있다. 정치학은 굉장히 경험적인 세계, 지금 신문지상에 오르내리는 세계에 치중한다. 정

치사상을 연구하면 현실을 바라보면서 상당히 추상적인 생각
도 해볼 수 있다."

학부에서 철학을 전공한 것으로 알고 있다. 대학원에 진학해
정치사상사를 연구한 건 바로 그런 이유에선가.
"그렇다. 정치사상사 중에서도 특히 동아시아 정치사상을 전
공했다. 시기적으로 조선 시대에 해당하는 중국 명-청대 사상
이다. 연구자로서 내 관심사는 내가 속한 정치공동체다. 한국
만 공부하면 오히려 실패할 수 있을 것 같아 동아시아에 관심
을 뒀다. 동시에 서양에 대해서도 연구한다. 공부는 폭넓게 해
야 한다는 게 내 생각이다."

문득 김 교수가 2007년 개인 블로그에 올린 칼럼 "왜 동아
시아 정치사상인가?"의 한 대목이 떠올랐다. 그는 이 글에서
"정치학, 정치사상을 공부하는 일이 중요한 것은 그것이 바로
자신의 운명과 직결돼 있기 때문"이라고 썼다.

"인간의 불가피한 운명 중의 하나는, 남과 공존해야 한다는
사실이다. 이것은 당신이 집단생활, 공동체적 삶을 싫어하
건 좋아하건, 상관없다. 어떤 식으로든 타인과 '공존'하지

않고서는 삶은 유지되지 않는다. 그런 면에서, 타인과의 공존은, 운명이다. 정치학이란 그 운명을 사랑하는 법을 배우는 일이다. 정치사상이란, 그 운명의 사랑에 대해 근본에서부터 생각해보는 일이다. (중략) 그렇다면 왜 동아시아 정치사상인가? (중략) 동아시아 정치사상의 공부가 중요한 것은, 그것이 동아시아라는 자신의 정체성의 '일부'를 사랑하기 위한 한 방법이기 때문이다."

그래서 김 교수는 전문 분야를 연구할 때뿐 아니라 〈박화영〉 같은 영화를 보거나 책을 읽을 때도 '정치'를 떠올린다. 최근 그가 조선 시인 이언진을 둘러싼 국문학계 논쟁에 적극적으로 뛰어든 것도 같은 이유에서다.

중인 계급 출신 역관으로 27세에 요절한 이언진은 근간에 '천재 시인'으로 재평가 중인 인물이다. 박희병 서울대 국문과 교수는 그를 '신분차별이 당연시된 조선 시대에 인간의 자유와 평등, 다원적 가치와 인간의 자율성을 논한 선구적 인물'이라고 평했다. 반면 김명호 서울대 국문과 교수는 '이언진의 문학이 과대평가됐다'는 의견이다. 그는 이언진의 세계관이 성리학의 범주를 크게 벗어나지 않아 '반체제적 인물'로 보기엔 한계가 있고, 시의 상당 부분을 다른 문헌에서 차용해 써서 예술성 또한 부족하다고 반박했다.

여기까지 보면 국문학계 내부의 논의 같다. 그런데 김 교수는 이들이 이언진의 시 세계를 분석하며 '조선체제'에 대해 언급하는 데 주목했다. 8월 학술지 〈일본비평〉에 "국문학 논쟁을 통해서 본 조선 후기의 국가, 사회, 행위자"란 논문을 기고함으로써 이 토론의 한 당사자로 참여한 이유다.

〈일본비평〉 편집자주를 보니 '사회과학자가 인문학 분야, 그것도 전근대 시기 논쟁에 참여하는 것은 매우 희귀한 일'이라는 대목이 있더라. 어떻게 이 논문을 쓸 생각을 했나.

"앞서 말했듯 정치사상사는 연구 분야가 매우 넓다. 좁은 의미의 사상서뿐 아니라 문학 작품도 연구 대상이다. 이번 논쟁도 처음에는 호기심에 들여다봤다. 그런데 박희병 교수가 '이언진의 미학은 그 본질상 정치학'이라고 하는 등, 국문학자들이 사실상 '정치학 논쟁'임을 천명하고 있었다. 그 과정에서 오고가는 조선 정치에 대한 논의 가운데 동의할 수 없는 부분이 많아 차제에 이에 대한 글을 쓰기로 했다. 어디에 발표할지는 정하지 않은 상태였는데 〈일본비평〉 편집자인 박훈 서울대 동양사학과 교수가 적극적으로 원고 게재를 원했다."

논문을 보면 조선 후기 정치구조의 특징을 분석하는 데 그치지 않고 이언진의 시를 새로 번역해 기존 국문학자들의 풀이에 오류가 있다고까지 지적한다. 다른 전공 연구자가 이렇게까지 하는 것은 더욱 '희귀한 일' 아닌가.

"이언진은 시를 쓸 때 《논어》, 《맹자》 등 성리학 경전을 적극적으로 차용했다. 그 맥락을 알아야 시를 제대로 이해할 수 있다. 국문학계 논쟁에 참여하기로 결정한 뒤 '당신들 전문 분야로 알려진 옛날 시를 내가 완전히 다른 방식으로, 그렇지만 설득력 있게 읽어보이겠다'고 마음먹었다. 그래야 상대의 존중을 받고 좀 더 심도 있는 대화를 나눌 수 있을 것으로 봤다."

이에 대한 다른 학자들 반응은 어떤가.

"논문 초고를 완성한 뒤 관련 분야 학자 여러분께 검토를 요청드렸다. 여러분이 내 뜻에 동의하고 좋아하셨다. 그런데 한 분이 내용 중 상당 부분을 빼달라고 요구하시더라. '내 얘기 중 잘못된 게 있나' 여쭸더니 '그렇지는 않다. 하지만 국문학계를 그렇게 심하게 비판하지는 말았으면 좋겠다'고 했다. 내게는 그 말이 '우리 편이 비판당하는 게 싫다'로 들렸다. 굉장히 실망스럽고 마음 아팠다."

김 교수는 이 대목에서 여러 번 말을 멈췄다. 이야기를 이어가는 게 맞는지 고민하는 듯했다. 그러다 결심한 듯 "학자는 명색이 진리를 추구하는 사람 아닌가"라고 다시 입을 열었다.

"학계를 지탱하는 기본 규칙은 상대의 주장이 맞는다고 생각할 때 깨끗이 수긍하고 받아들이는 거다. 이 불문율이 깨지면 학계 근간이 흔들린다. 나는 세상에 알려 비판적 인식을 공유하고 싶다."

김 교수가 칼럼니스트로 이름을 알리는 데 한 계기가 된 칼럼 "위력이란 무엇인가"의 한 부분이 떠올랐다. 이 글에는 김 교수가 국내 한 대학원에서 논문심사를 받던 날의 이야기가 담겨 있다.

> "몇 가지 질의응답이 오가기 시작했고, 난 곧 깨달았다. 이 선생님들께서 내 논문을 읽지 않고 이 자리에 앉아 있다는 것을. 선생이 논문을 채 다 읽지도 않은 채 심사를 하려 드는 것은 학생이 논문을 채 다 쓰지도 않고 심사를 받으려 드는 일만큼이나 어처구니없는 일이었지만, 나는 웃는 돌처럼 무기력하게 앉아 있었다. (중략) 그 시공간이 일상적으로 떠먹여주는 무기력을 더는 삼킬 수 없을 것 같아서, 나는 다

른 나라로 공부를 하러 갔다."

20대 중반의 나이에, 그는 마치 박화영처럼 자신을 둘러싸고 있던 견고한 세계에서 튕겨져 나갔다. 그리고 기존에 공부하던 철학을 지나 정치사상의 세계에 발을 들였다.

'위력'에 대한 칼럼을 흥미롭게 읽었다. 거의 30년이 지난 지금도 우리 학계에 학자를 좌절시키는 분위기가 있다는 게 마음 아프다.

"그 칼럼이 신문에 실린 뒤 이메일을 많이 받았다. 여전히 우리나라 대학원에서 비슷한 일이 벌어지고 있다는 거다. 나는 논문을 읽지 않고 심사장에 들어가는 교수를 경멸한다. '경멸'이 좋은 감정은 아니지만, 그들은 경멸할 만한 대상이라고 생각한다."

그런 칼럼을 발표하고, 다른 분야 교수들을 공격하고 하면 학계에서 '왜 저렇게 튀나' 하는 시선을 받지 않나.

"뒤에서 어떨지는 모르지만 직접 얘기하는 사람은 없다. 앞선 이야기에 조금 첨언하자면 나는 우리 학문이 좀 더 발전하려면 학자들이 자기 전공에 갇히지 말고 여러 분야를 넘나들어야 한다고 생각한다. 그러자면 물리적으로 섞일 수 있는 환경을 조성해야 한다. 학문마다 공분모가 많다. 정치인류학이라는 게 있고, 정치사 전공자 가운데 문학 논문을 쓰는 사람도 있다. 이런 학자를 해당 학과에서 교수로 뽑아야 한다. 인류학 박사가 정치학과 교수가 되고, 정치학자가 국문과 교수가 되는 식으로, 다른 분야에서 학위를 받은 사람들이 한 학과에 모이면 여러 학문을 오가는 좀 더 진지한 대화가 가능해질 거다."

김 교수가 〈박화영〉에서 깊은 인상을 받은 건, 그 자신이 기존 질서를 넘어 대안을 꿈꾸기 때문이라는 생각이 들었다. 김 교수가 2007년 〈한국정치학회보〉에 발표한 논문 "정치사상 텍스트로서 춘향전"에는 "본 논문의 목적은 고전 문학 텍스트의 하나로 간주돼온 춘향전을 특정 역사적 맥락 속의 정치사상 텍스트로 해석하는 것"이라는 대목이 있다. 그는 기성 사회의 각종 모순을 날카롭게 지적하는 칼럼으로 대중의 인기를 얻기 전부터, 이미 학문 세계 안에서 다양한 시도를 하고 있던 셈이다. 그에게 최근 언론 지면을 통해 대중적 발언을 하게 된 계기가 있는지 물었다.

"2006년 미국 생활을 마치고 돌아왔을 때부터 칼럼 게재 제안을 종종 받았다. 초반엔 '귀국한 지 얼마 안 됐는데 한국 사회에 대해 얘기하는 건 주제 넘는 것 같다'고 거절했다. 그 후로 종종 하고 싶은 얘기가 있긴 했지만, 연구 시간을 빼앗기기 싫어 쓰지 않기도 했다. 그런데 문득 이렇게 계속 아무 말 안 하고 살다 죽으면 어쩌나 하는 생각이 들더라. 그 무렵 마침 일간지 칼럼을 써달라는 제안을 받아 '그러지, 뭐' 했다. 젊은 사람들 사이에서 그걸 좋아해주는 사람이 좀 있어서인지 이후 여기저기 청탁을 받았고 여기까지 오게 됐다."

지금은 학자로서 세상과 소통하고 사회적 발언을 하는 게 의미 있다고 생각하나.

"충분히 그렇다. 내가 하는 연구가 사회와 유리된 게 아니다. 칼럼을 쓰는 게 일종의 연구 활동이 되기도 한다. 내 글에 대한 반응을 보면서 한국 사회를 좀 더 이해하게 된다. 이러다 어느 순간 또 갑자기 그만 쓰게 될 수도 있고, 매체에서 불러주지 않을 수도 있다고 생각한다. 기회가 있고 할 만할 때까지 하려고 한다."

개봉 영화를 거의 다 보고, 꽤 많은 글도 쓴다. 그것이 학문과 연결된다 해도, 연구 강의까지 하면서 무척 바쁠 것 같다.

"나는 만화도 무척 좋아한다. 이런 걸 다 하려면 분명 시간이 필요하다. 나는 보통의 내 또래 한국 남자가 하는 많은 일을 하지 않아서 가능하다. 나는 동창회에 안 나가고 경조사에도 잘 안 다닌다. 몰려다니면서 술 퍼마시는 것을 좋아하지 않는다. 술 대신 디저트를 먹는 편이다. 나랑 뜻이 맞는 동료들이 있어 'sweet solidarity'라는 점조직을 만들었다. '달콤한 연대'라고 번역할 수 있는데 맛있는 디저트를 찾아다니면서 먹는 모임이다."

멤버가 몇 명인가.

"점조직이라 밝힐 수 없다. 내 또래 남자를 만났을 때 디저트를 먹자고 하면 보통은 환영하지 않는다. 하지만 일부 호응해주는 이가 있고 그런 분들이랑 다닌다. 미술관 가는 것도 좋아한다. 한국 남자들은 미술관에도 잘 안 가서, 가보면 압도적으로 여성이 많다."

한국 사회의 일반적인 남자들과 다른 경험을 하게 된 계기가 있을까.

"나는 일찍부터 어두운 반지하에서 술을 퍼마시는 걸 힘들어했다. 노래방도 적극적, 능동적으로 가지 않았다."

김 교수는 쉽게 말 놓는 사람, 걸핏하면 동문 운운하는 사람도 경계한다고 했다. 여러 칼럼을 통해 드러났듯 그는 개인의 취향을 존중하고 자유를 중시하는 사람이다. 그에게 '인생 목표가 행복인지'를 물었다.

"행복보다는 불행하지 않기를 바라는 쪽이다. 행복이 단지 기분이 좋은 걸 의미한다면, 나는 우리 사회에서 행복이 지나치게 과대평가돼 있다고 생각한다."

김 교수는 찰나의 행복보다는 차라리 '소소한 근심'을 누리며 살기를 원한다고 했다. "'왜 만화 연재가 늦어지는 거지', '왜 디저트가 맛이 없는 거지' 같은 '소소한' 근심을 누리는 건, 그것을 압도할 큰 근심이 없다는 것"이기 때문이란다.

김 교수가 〈박화영〉과 함께 보기를 권한 영화 〈꿈의 제인〉(2016)은 바로 이 주제를 다루고 있다. 이 영화의 주인공은 세상 어디에도 마음을 두지 못한 채 혼자 떠도는 소녀 '소현'이다. 가출팸을 전전하며 사는 그 앞에 어느 날 꿈처럼 나타난 제인은 "우리 함께 '시시한 행복'을 꿈꾸자"며 손을 내민다. 제인 집에는 소현 같은 아이들이 모여 살고 있다.

"난 인생이 엄청 시시하다고 생각하거든. 태어날 때부터 불행이 시작돼서, 그 불행이 안 끊기고 쭉 이어지는 기분? 근데 행복은 아주 가끔, 요만큼, 드문드문, 있을까 말까. 이런 개같이 불행한 인생 혼자 살아 뭐하니."

가출팸을 만든 이유에 대한 제인의 설명이다. 이 영화에서 그가 근무하는 이태원 클럽 '뉴월드'에 들어가려면 손목에 'UNHAPPY(불행)'라고 쓰인 도장을 찍어야 한다. 세상에서 불행한 이들은 그 공간에서 '어쩌다 한 번' 행복을 느끼고, 다시 일상으로 돌아간다. 살아남는 것이 매 순간 전쟁인 곳, 따뜻한 먹을거리를 구하고 내 한 몸 부릴 공간을 마련하는 것조차 불가능한 이들이 서로를 공격하며 거리를 떠도는 곳이다.

한국 사회, 혹은 인간 사회 전반의 외면하고 싶은 단면을 날것으로 드러내 보이는 두 편의 영화를 통해 김 교수가 얘기하고자 하는 건 결국 정치의 중요성이다. 그는 "인간이 평생 다만 목숨을 부지하는 데 급급하면 불행해지기 쉽다. 살아남는 게 직업이 되면 안 되는데 지금 우리 사회에서 적잖은 사람이 그런 지경에 몰리고 있다. 이때 정치가 필요하다"고 했다.

"정부가 사회적 안전망을 충분히 구축해야 한다. 〈박화영〉과 〈꿈의 제인〉을 통해 드러나는 우리 사회의 문제를 해결하려면 재원이 필요하다. 그러자면 국민이 세금을 더 많이 내야 한다. 문제는 많은 사람이 국가 자체를 악으로 보는 경향이 있다는 점이다. 세금이 제대로 쓰이는 꼴을 못 봤다는 생각에 증세에 대한 저항감도 크다. 지금 집권한 분들은 이걸 불식할 책임이 있다. 권력이 제대로 작동할 수도 있다는 걸 보여줘야 한다. 정작 권력을 잡아놓고 권력은 불필요한 것이라고 생각하면 자기모순에 빠진다. 〈박화영〉에서 봤듯 인간이 정치 없이 사는 건 불가능하다."

"세상에 그렇게 딱 정해진, 기성복처럼 우리가 입기만 하면 되는 것은 존재하지 않는다. 누군가가 마치 그런 게 있는 것처럼 주장하면 그 사람을 의심해보라고 권하고 싶다. 사기꾼일 가능성이 크다. 중요한 건 많은 책을 읽고 다양한 참고체계를 바탕으로 스스로 생각하는 것이다."

그래서 김 교수는 우리나라에 〈런던 리뷰 오브 북스〉, 〈뉴욕 리뷰 오브 북스〉 같은 고급 서평지가 창간되면 좋겠다고 말했다. 사람들이 지적인 에세이를 발표할 수 있는 공간에서 활발한 논의를 벌이며, 최소 과거 100년의 지성사를 정리할 수 있는 계기가 마련되기를 바란다고도 했다.

마지막으로 그에게 '스스로 생각하려는 사람'에게 참고가 될 책들을 추천해달라고 청했다. 그는 "앞서 언급한 서평지들을 찾아 읽으면 좋겠다. 현대 사회의 교양이라 할 수 있는 페미니즘 책도 읽기 바란다. 만화 중에도 생각의 폭을 넓혀줄 수 있는 작품이 많다. 마영신, 기선, 일본 작가 모로호시 다이지로諸星大二郎의 작품을 추천한다"고 하다 문득 "사람들이 저예산 영화도 많이 봤으면 한다"고 말을 이어갔다. "최근 작품 중 〈살아남은 아이〉(2017), 〈땐뽀걸즈〉(2017) 등을 추천한다. 멀티플렉스에서 상영하지 않는 영화 중 좋은 작품이 많다"는 것이다.

그렇게 책을 읽고 만화를 보고 더 많은 사람이 극장을 찾으면 세상이 좀 더 좋아질까. 한국 사회의 고통스러운 단면을 조명한 영화를 본 뒤라 이 질문을 하고 싶어졌다.

"적어도 각자의 삶은 좀 더 즐거워질 것이다. 아니, 즐겁기보다는 풍요로워진다는 표현이 맞겠다. 적어도 내 삶은 좀 더 풍요로워졌다."

김 교수의 답이다.‡

‡ 이 글은 〈신동아〉(2018년 11월호)에 실린 송화선 기자와의 인터뷰 기사다.

김영민이란 무엇인가

— 〈문화일보〉 나윤석 기자와의 대화

명절 밥상에서 날아드는 불편한 질문에 대처하는 요령을 일러준 칼럼 "추석이란 무엇인가"로 통쾌한 해방감을 안겨준 김영민 서울대 정치외교학부 교수에겐 다양한 수식어가 붙는다. 그는 《아침에는 죽음을 생각하는 것이 좋다》, 《우리가 간신히 희망할 수 있는 것》, 《공부란 무엇인가》를 펴낸 에세이스트인 동시에 2021년 2월 《중국정치사상사》를 출간한 정치사상 연구자다. 2020년 말 창간한 서평 계간지 〈서울리뷰오브북스〉엔 '김영민의 먹물 누아르'라는 시리즈 문패를 걸고 두 편의 단편소설을 실었다. 그는 학자인가, 소설가인가, 칼럼니스트인가.

최근 서울 마포구 사회평론아카데미에서 만난 그에게 물었다. "김영민의 정체성은 무엇인가." 그는 이렇게 답했다. "모든 글쓰기는 '연구자 김영민'으로 통합·수렴된다." 칼럼도, 에세이도, 소설도 결국은 '더 나은 연구'를 위한 마중물이라는 얘기일까. 한 번의 만남과 추가로 진행한 짧은 서면 문답으로 '김영민이란 무엇인가'에 대한 온전한 답을 구하진 못했지만, 어디서 무엇을 하든 '연구자 김영민'의 정체성이 흔들리는 일은 없을 것이라는 느낌을 받았다. TV 출연 같은 외부 활동에 기대지 않고 오직 '글'만으로 이름값을 쌓아올린 '연구자 김영민'과의 대화는 봄학기 캠퍼스 풍경에서 시작했다.

온라인 수업엔 좀 적응이 됐는지.

적응이 안 됐을 뿐만 아니라 적응되면 안 될 것 같다. 온라인 수업을 '뉴노멀new normal'이라고 포장하는 것에 반대한다. 영원히 대면할 수 없는 상황이 되면 어쩔 수 없이 받아들여야겠지만, 온라인 수업을 너무 쉽게 수용하면 '만남'을 통해 이뤘거나 배운 것들을 잊게 될 공산이 크다. 학교로 오며 떠올리는 생각부터 수업에 들어오기 전 친구·선생님과 나누는 얘기들까지 여러 제반 상황에서 얻어지는 진짜 '배움'이 있다. 그런 환경을 조성하는 뼈대가 수업인데, 온라인 수업엔 '뼈'만 있고 '살'이 없다. '인터넷 강의'는 보다 나은 것을 하지 못해서 할 수 없이 하는 차선책이라는 의식을 버리지 않으려고 한다.

칼럼과 학술서에 소설까지 매우 많은 글을 쓰는데 시간이 모자라진 않나.

글 쓰는 건 연구자로서 평생 해온 일이라 다른 사람보단 시간이 덜 걸린다. 또 남들이 쓰는 시간을 안 쓰면 '시간 관리'를 잘할 수 있다. 경조사를 드물게 가고, 한국 중년 남성들이 흔히 하는 동창회-골프-술자리를 다 멀리하는 편이다. 차 수리나 관리에 시간을 뺏기기 싫어 운전도 하지 않는다. 오늘 인터뷰 장소에도 택시를 타고 왔다.

'좋은 글'은 어떤 글인가.

에세이, 논술문, 논문, 보고서 등 다양한 형태가 있으니 모든 종류의 글에 적용되는 공통점을 찾기는 힘들다. 다만 한 가지만 꼽자면 '비문'을 쓰지 않아야 한다는 것이다. 비문의 형식을 적극적으로 활용하는 시가 아니라면 말이다.

'쉬운 글', '어려운 글', '흥미로운 글' 중에 어떤 글을 지향해야 하나.

너무 쉽게 느껴지는 글은 자기가 이미 알고 있는 내용이나 편견을 확인하는 글에 불과할 수도 있다. 좀 어렵긴 해도 흥미로워 자꾸 읽고 싶어지는 글이 좋지 않을까.

에세이집 《공부란 무엇인가》에서 공부라는 행위를 '무용해 보이는 것에 대한 열정'이라고 표현했는데.

우리에게 익숙한 공부는 수단화된 공부 아닌가. 대표적인 예로 '입시공부'를 들 수 있다. 하지만 진짜 중요한 건 '기적'을 바라지 않고 특별한 목적 없이 공부하는 것이다. 별생각 없이 공부하다 보면 뭔가가 일어난다. 사람 만나는 것도 그렇지 않나. 목적이 있는 만남도 있지만, 목적 없는 만남이 반복될 때 사람 관계가 더 깊어질 수 있다.

학창 시절 '목적 없는 공부'의 재미를 어떻게 찾았나.

고등학교 때 매주 시립도서관의 독서회에 나가 싼값으로 구할 수 있던 삼중당 문고를 읽었다. 돌이켜보니 입시공부보단 그런 독서가 '지적 성장'에 더 도움이 됐다.

그는 최근 〈서울리뷰오브북스〉 창간 준비호(0호)와 창간호에 단편 〈이것은 필멸자의 죽음일 뿐이다〉, 〈불타는 전두엽의 최후〉를 발표하며 소설가로 데뷔했다. 각각 'PDF 파일로 변한 책', '노벨문학상을 목표로 K-팝 아이돌처럼 육성되는 노벨돌'을 소재로 통렬한 유머 감각과 까칠한 반골 기질을 드러낸다. 지성과 예술의 종말에 대한 씁쓸한 블랙 코미디로 읽었다. 우리 시대에 대한 풍자인가.

독자의 상상에 맡기겠다. 문학적 형식을 사용한 이유는 '굳이' 설명하고 싶지 않아서다. 소설을 써놓고 '지금부터 내가 해설해줄게'라고 말하는 소설가는 별로 없을 것이다.

소설 구상은 어떻게 하나. 앞으로도 계속 쓸 건가.

산책할 때 차마 입에 담을 수 없는 잡생각을 많이 한다. 이런 생각의 조각들을 메모해뒀다가 적당한 시점이 되면 소설을 쓴다. '김영민의 먹물 누아르'라는 시리즈로 꾸준히 쓰려고 한다.

2021년 2월 국내 학자의 첫 중국정치사상 통사인 《중국정치사상사를》 냈다. 왜 하필 중국인가.

한국을 잘 이해하려면 오늘의 모습에 이르게 된 역사를 알아야 한다. 한국인들의 생각과 정치사상에 큰 영향을 미친 '언어' 자체가 중국에서 발달한 개념에서 비롯된 것이다. 그 세계를 모르면 한국의 역사도, 사상도 이해하기 어렵다.

책은 2017년 나온 영어판 《A History of Chinese Political Thought》을 수정·보완한 920쪽짜리 대작으로 중국을 전제국가로 보는 기존 패러다임에 반기를 든다. "유교를 단일한 덩어리로 여기면 중국정치사상의 복합성을 제대로 파악하기 힘들다"는 건 어떤 뜻인가.

소위 '유교 전통'은 한두 해 만에 생긴 게 아니다. 2000년 이상의 긴 전통이 있고, 그 속에서 변화가 없을 수 없다. 그 복합적 의미를 제거한 채 긍정적이든 부정적이든 유교를 단순화시켜 설명하는 건 실체 파악에 도움이 안 된다.

기존 중국 학자들이 반복한 "중국 역사는 세기를 걸쳐 내려온 연속체"라는 관념에도 이의를 제기하는데.

사실이 아닌 그 주장을 받아들이면 인간이 역사적인 존재라는 것을 부정하는 꼴이 된다. 중국 정부가 강조해온 '통일성'이란 아슬아슬한 균형 상태에 불과하고, 청나라, 대한제국, 한국, 일본, 베트남은 각기 다른 관념으로서의 '중화'를 주장했다. 중화를 제대로 살피려면 중국 민족사의 틀에 갇혀선 안 된다.

학부에서 철학을 전공했다가 대학원에서 동아시아 정치사상으로 방향을 튼 계기는?

(철학이나 정치사상이나) 다 비슷하지만, 정치사상은 순수한 관념적 주장만 다루지 않고 현실 속에서 작동하고 수용되는 사상을 둘러싼 역동적 과정을 공부한다. 정치사상이 현실과의 교섭 안에 있는 것이라면, 어떤 정치공동체의 사상을 택할 것인가의 문제가 남는다. 한국인으로서 한국 정치에 가장 관심이 있으나 한국만 공부한다고 잘 이해할 수 있는 게 아니기에 (동아시아로) '우회'하는 것이다.

학문적으로는 한국정치사상사를 쓰는 것이다. 하지만 세상일이 마음먹는다고 이뤄질 수 있는 건 아니니 장담할 순 없다.

대상이나 상황을 무비판적 태도로 받아들여 문제가 없다면 괜찮지만, 어떤 문제가 감지된다면 당연해 보이는 것, 당연시하던 것을 재고하는 데 이는 가장 적절한 방식이다. 뭔가가 잘 풀리지 않을 때 '우리는 누구이며 무엇을 하는 사람인가'라는 근본적인 질문이 유효하다.

부분적으로 다를지 몰라도 궁극적으론 질문하고 탐구하는 존재, 즉 연구자의 정체성으로 통합–수렴된다. 미국 정치사상 연구자인 마이클 왈저Michael Walzer가 명료하게 얘기했듯, 비평 활동은 정치사상의 핵심적 행위다. 칼럼 쓰기도 비평 활동의 일종이다. '학자가 쓰는 소설'은 일견 낯설 수 있지만, 과거 정치사상가들도 자신의 사상을 표현할 때 소설이나 희곡 같은 예술 장르를 적극적으로 활용했다. 《군주론》으로 유명한 마키아벨리도 〈만드라골라〉라는 희곡을 썼다.

《공부란 무엇인가》에서 "내 연구의 관심사는 권력자도, 하위 주체도 아닌 '모순적으로 보이는 대상'"이라고 했다. 요즘 주목하는 '모순적인 대상'은?

일반적으로 '통치자'와 '저항하는 사람'의 관점-어투는 다르다. 그런데 한국 사회에선 다스리는 사람이 여전히 비판과 저항의 언어를 많이 사용하는 게 일견 모순인 듯해 흥미롭다. 비판자 역할을 오래 하다가 권력을 손에 쥐면서 생긴 현상 같다. 다만 연구자로서 이런 모순에 지적 흥미를 느낀다는 것일 뿐 '그렇게 하면 된다', '안 된다'를 얘기하는 게 아니다.

공존과 협력은 힘들어지고 냉소와 적대가 만연한 세상을 보는 정치학자의 마음은 어떤가.

협력은 늘 잘 안 됐으니 특별히 과장할 필요는 없다. 다만 '촛불 정권'이 시민들의 기대 수위를 한껏 높여놓았는데 적절한 결과로 이어지지 않으면 앞으로 냉소주의가 퍼질 개연성은 있다. 냉소나 실망은 높은 기대가 충족되지 않았을 때 생기는 반응 아닌가. 하지만 어떤 상황이든 '냉소'는 추천할 만한 태도가 아니다. 본인 정신을 갉아먹을 뿐 아니라 냉소를 당한 사람도 냉소에 담긴 비판을 수용해 개선되길 기대하긴 힘들다.

냉소주의를 극복하려면 어떻게 해야 하나.

시민들 각자가 무임승차를 하지 않고, 중요한 정치-사회 이슈에 참여하는 '성숙한 정치적 주체'가 돼야 한다. 참여 자체가 어느 정도의 행동을 전제한 말이지만, 행동만큼이나 중요한 것은 생각과 성찰이다.

'추석이란 무엇인가'부터 '공부란 무엇인가'까지 '○○이란 무엇인가'라는 문장으로 늘 질문을 던져온 김 교수에게 마지막으로 요즘 품고 있는 질문은 무엇인지 물었다. 그는 "없습니다"라고 짧게 답했다. '그래도 한마디만……'이라는 표정으로 간절한 눈빛을 보내도 "지금 막 던지고 싶은 질문이 있지는 않다"는 답만 돌아왔다. '마무리를 제대로 못 한 건 아닌가'라는 불안을 안고 돌아오는 길, 그와의 대화를 찬찬히 복기했다. 어떤 사회현상에 대한 의견을 묻는 질문에 그는 이렇게 말했다. "사람들은 결정적인 인과관계와 시원한 처방을 얘기해주길 기대하지만 학자들은 대부분 잘 모른다. 연구자의 자세를 견지한다면 할 수 있는 얘기보다 할 수 없는 얘기가 더 많다." 이 답변을 떠올리자 마지막 말의 의미가 달리 다가왔다. '막 던지고 싶은 질문이 있지는 않다'는 얘기를 뒤집으면 '약간' 던지고 싶은 질문이 '없지는 않다'는 뜻도 되지 않나. 이 예민하고 신중한 연구자에게 당장 '꺼낼 수 있는 질문'은 없어도 아마 머릿속엔 여러 물음표가 날아다니고 있을 것이다. 언젠가 그는 이 가운데 하나를 낚아채 다시 질문을 던질 것이다. 그렇게 당도한 질문은 거울처럼 우리 민낯을 비추고, 뒤통수를 때리는 망치처럼 우리를 각성시킬 것이다. 추석에 대한, 공부에 대한, 아침에 대한 물음이 그랬듯이.

‡ 이 글은 〈문화일보〉(2021년 4월 2일)에 실린 나윤석 기자와의 인터뷰 기사다.

책이 나오기까지

태양이 불필요하게 찬란하고, 달걀 껍데기가 유난히 잘 까지던 날이었다. 진실은 주로 야산에서 발견된다기에, 그간 쓴 글 원고와 삶은 달걀을 신문지에 싸서 야산으로 소풍을 갔다. 신촌이 내려다보이는 노고산 둔덕에 앉아, 삶은 달걀을 천천히 먹기 시작했다. 이 달걀은 암탉이 될 운명이었을까, 수탉이 될 운명이었을까. 아직 자신의 성정체성을 감추고 있는 달걀을 다 먹어치운 뒤, 황사처럼 닥칠 식후의 피로를 조용히 기다렸다. 피로가 통증처럼 지나가고 마침내 신문지에 불을 붙여 원고를 태우려는 찰나, 저 멀리서 배우 전도연 씨가 등 파인 드레스를 입고 헐레벌떡 뛰어왔다. 누군가 저하고 똑같이 생긴 사람이 야산에서 책 원고를 태운다고 하기에 부랴부랴 달려왔어요. 이런 데서 불장난하면 아니 되어요. 오, 그런데 당신은 저하고 정말 똑같이 생기셨군요.

차라투스트라는 야산에서 이렇게 말했다. 저와 닮은 전도연 씨. 이건 불장난이 아니라 오독誤讀을 피하려는 구마驅魔 의식이랍니다. 글에서 읽고 싶은 것을 읽는 것은 저자가 어찌할 수 없는 독자만의 특권일 터. 책을 출판하면, 독자들이 너무 그럴싸한 메시지를 책에서 읽어낼까 두렵습니다. 전 인생의 확고한 의미에 대해서 설파하는 책이나, 한국을 부흥시킬 분명한 청사진을 제시하는 책이나, 인류 문명의 향방에 대해 확실한 예측을 하는 책 따위는 읽고 싶지도 쓰고 싶지도 않아요. 저는 많은 것들에 대해 확신이 없지만, 그러한 책들의 주장에는 특히 확신이 없거든요. 그런 책들은 확신할 근거가 없는 것들까지 확신하기에, 그런 책들을 확신할 수 없죠. 저는 차라리 불확실성을 삶의 조건으로 받아들이며, 그나마 큰 고통 없이 살아가기를 원해요.

전도연 씨가 어이가 없다는 듯이 까르르까르르 웃었다. 무슨 그런 말도 안 되는 이야기를 그토록 침착하게 하세요. 자신이 못생긴지도 모르고 책표지에 자기 얼굴을 인쇄한 저자들도 세상에 널렸는데, 책 한 권 출판하는 일에 왜 이렇게 소심하게 굴어요. 배우가 등 파인 드레스를 입고 관객 사이를 지나는 일은 쉬울 것 같나요? 등에 칼 맞을 각오를 하는 동시에 관객들에게 웃음 짓는 게 만만한 일 같던가요? 그리고 당신은 복날 쉬는 삼계탕집처럼 경영 감각이 형편없군요. 지옥의 가장 뜨거운 자리는 팔릴 책인데도 출판하지 않는 저자에게 예약되어 있어요. 제가 열 권 이상 사서 주변에 선물할 터이니, 걱정일랑 말고 출판하세요!

차라투스트라는 긴 혀로 입가에 묻은 달걀 조각을 빠르게 걷어가며, 이렇게 말했다. 저자가 된다는 것은 스스로 훼손할 수 있는 책을 가지게 된다는 뜻 아닌가요. 이렇게 태우지 않으면, 제 글에 대한 치명적인 오독을 피할 수 없을 것 같아요. 저는 오래전부터 동상보다는 동상이 놓였던 자리를 좋아했어요. 그것은 동상을 끌어내린 흔적이니까요. 저는 제가 쓴 글을 파괴할 권리가 있어요. 저를 말리지 마세요.

전도연 씨가 임플란트를 거부하는 코끼리처럼 결연하게 말했다. 제가 읽기 전에는 절대 태울 수 없어요. 당신하고 쌍둥이처럼 똑같이 생긴 제 말을 들으세요. 법의 테두리 내에서 최대한 당신을 응원할게요. 당신이 출판을 결정할 때까지 저는 이 자리를 떠나지 않고 요들송을 부르겠어요. 당신을 위한 응원가예요.

그녀의 요들송은 네덜란드를 떠난 풍차처럼 촌스러워서 나는 너무 민망한 나머지 갑자기 이름 모를 춤을 추었다. 당신이 요들송을 부른다면, 할 수 없죠. 출.판.할. 수.밖.에. 나는 도리가 없다는 듯 내뱉었다. 일단 출간을 결심하자, 내가 책을 내는 일은, 목도리도마뱀이 목도리를 하는 것만큼이나 자연스러운 일로 여겨졌다. 마음껏 부풀어라, 내 마음이여. 나의 자긍심은 풍선껌처럼 부풀어 올랐다. 그 모습을 본 전도연 씨는 드레스를 걷어 올리고 허벅지 옆에 숨겨둔 검은 리볼버를 꺼내더니, 한껏 부풀어 오른 풍선껌을 겨냥했다. 이 사랑스러운 배신자 같으니라고. 탕! 그 순간 폭죽이 터지듯 나는 꿈에서 깨어났다.

이리하여 이 책은 세상에 나오게 되었다. 그 과정에서 많은 이들의 도움이 있었다. 특히 원고를 읽고 조언해준 폴리나와 강태영 선생님을 기억한다.

신간, 전시회, 답사, 강연, 북클럽, 특별 프로젝트 등
김영민 교수 관련 소식을 받고 싶은 독자분들은 아래를 참고 바랍니다.

홈페이지 http://polisci.snu.ac.kr/kimym/main.html
페이스북 https://www.facebook.com/profile.php?id=100001487246697
인스타그램 @kimyoungmin_photo_archive
메일링 리스트 homobullahomobulla@gmail.com
(이메일을 보내주시면 소식용 메일링 리스트에 가입됩니다)

아침에는 죽음을 생각하는 것이 좋다 개정판

초판	1쇄 발행	2018년 11월 30일
	19쇄 발행	2023년 1월 4일
개정판	1쇄 발행	2023년 9월 15일
	3쇄 발행	2025년 1월 10일

지은이 김영민
발행인 김형보
편집 최윤경, 강태영, 임재희, 홍민기, 강민영, 송현주, 박지연
마케팅 이연실, 송신아, 김보미 디자인 송은비 경영지원 최윤영, 유현

발행처 어크로스출판그룹(주)
출판신고 2018년 12월 20일 제2018-000339호
주소 서울시 마포구 동교로 109-6
전화 070-5080-4113(편집), 070-8724-5877(영업) 팩스 02-6085-7676
e-mail across@acrossbook.com

ⓒ 김영민 2023

ISBN 979-11-6774-116-5 03100

* 잘못된 책은 구입처에서 교환해드립니다.
* 이 책은 저작권법에 따라 보호를 받는 저작물이므로 무단 전재와 무단 복제를
  금지하며, 이 책의 전부 또는 일부를 이용하려면 반드시 저작권자와
  어크로스출판그룹(주)의 서면 동의를 받아야 합니다.

만든 사람들
편집 강태영 교정교열 윤정숙 디자인 석윤이